西南大学研究生含弘论丛

总主编 黄蓉生　副主编 徐晓黎 李 明 崔延强

马克思主义与中国问题研究

——重庆市研究生马克思主义论坛

本册主编 黄蓉生

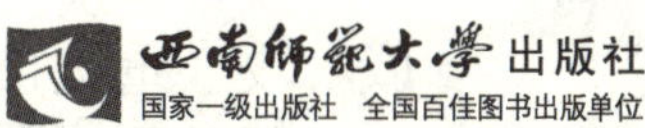

西南师范大学出版社
国家一级出版社　全国百佳图书出版单位

《含弘论丛》编委会

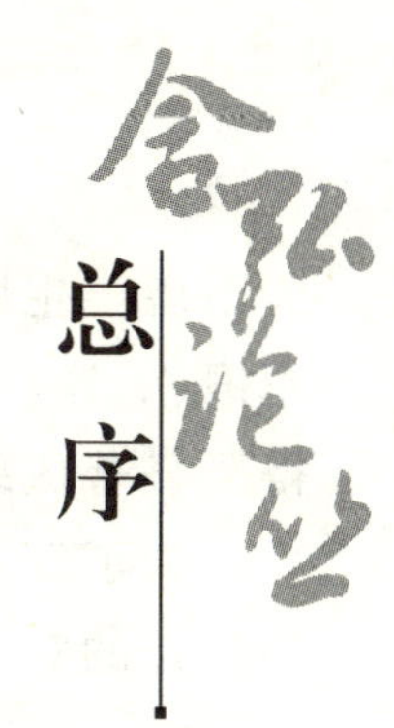

总序

研究生教育是学校教育的最高层次，担负着培养"信念执著、品德优良、知识丰富、本领过硬的高素质专门人才和拔尖创新人才"的重任。思想政治教育是研究生教育的重要有机组成部分。加强和改进研究生思想政治教育，是全面提升研究生教育质量，培养社会主义合格建设者和可靠接班人的内在需要。而学术活动和社会实践是研究生培养的基本环节，也是思想政治教育的重要载体。加强社会实践，突出实践育人，就是要把政治理论教育与社会实践相结合、知识能力培育和价值观培育相结合、科学研究与服务社会相结合、课内教育与课外教育相结合，是研究生成才规律与思想政治教育规律的内在要求。

我国研究生教育经过 20 多年的改革与发展，成绩斐然，特别是在规模上已经进入了世界研究生教育的大国之列，但在创新能力培养方面，我国研究生教育与发达国家仍存在较大差距。随着我国从人力资源大国向人力资源强国的战略转移，高等学校的研究生教育面临着为国家培养大批拔尖创新人才和承担国家自主创新的艰巨任务。自 2006 年始，而现今推广至全部中央部属院校的研究生培养机制改革，正是以培养质量为目标，以创新能力培养为核心的新型培养模式的有益探索。实践促进创新，没有实践的创新不过是闭门造车，纸上谈兵。突出实践教育环节，是研究生创新能力培养的必然要求，是新型培养模式的必然选择。

西南大学有着重视研究生思想政治教育工作的优良传统和突出研究生实践育人环节的典型模式。自《中共中央国务院关于进一步加强和改进大学生思想政治教育的意见》颁布实施以来，尤其是学校组建以来，学校党委和行政全面贯彻党的教育方针，认真落实中共中央、国务院和教育部精神，坚持育人为本、德育为先的人才培养方针，深入贯彻实践科学发展观，出台了《西南大学关于进一步加强和改进研究生思想政治工作的意见》，建立健全了研究生思想政治教育工作校院两级管理体制和运行机制，组建了专兼职相结合的研究生工作队伍，紧紧以培养质量为目标，把研究生思想政治教育与科学研究、社会实践相结合，突出实践育人环节，打造实践锻炼平台，先后组建了西南大学研究生新农村服务团、重庆市博士生服务队、研究生支教团、博士生理论学习宣讲团等实践团队，通过挂职锻炼、调查研究、顶岗支教、技术攻关等方式，广泛深入开展社会实践锻炼，取得了显著成绩，也得到了社会各界和上级有关部门的高度认可。

为了深入贯彻落实《中共中央国务院关于进一步加强和改进大学生思想政治教育的意见》、全国加强和改进大学生思想政治教育工作座谈会精神，激励广大研究生深入实践，进一步在实践活动中受教育、长才干、作贡献，增强社会责任感；巩固研究生创新实践的理论成果、激发研究生大胆创新，进一步拓展研究生群体创新实践能力和科研素质，党委研究生工作部携手西南师范大学出版社，联合推出西南大学研究生《含弘论丛》书系。书系将结合我校研究生群体创新实践活动的开展情况，每年出版两本论文集。每本论文集将汇集出版我校广大研究生群体在创新实践过程中所凝练的阶段性成果。每一篇成果都体现着研究生学以致用的不懈求索，凝结着研究生实践创造中的真知灼见，绽放着研究生关注民生、服务社会的大爱之光。

西南大学研究生《含弘论丛》书系的问世，是我校拔尖创新人才培养模式的积极探索，是研究生思想政治教育工作新途径的大胆尝试，必将照引着更多研究生积极投身创新实践，为其他高校创新研究生培养模式、开展研究生思想政治教育工作提供有益借鉴。

黄蓉生

2010 年 11 月

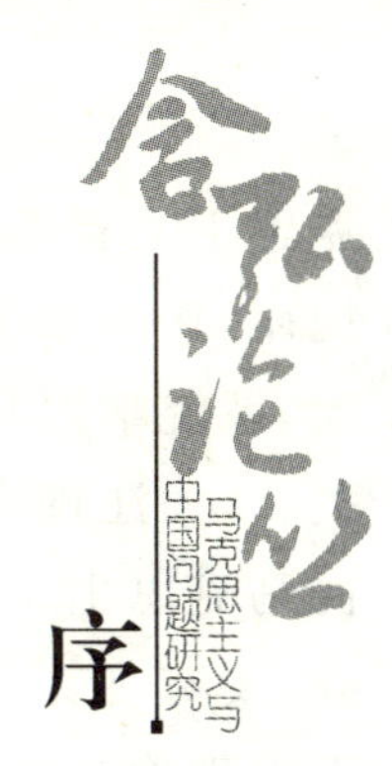

序

《重庆市研究生马克思主义论坛丛书:马克思主义与中国问题研究》是《含弘论丛》书系推出的首本研究专辑,是重庆市研究生马克思主义论坛的首个成果。“重庆市研究生马克思主义论坛”是为落实《中共中央关于繁荣发展哲学社会科学的意见》精神,促进马克思主义理论研究与建设事业的发展,由西南大学倡议,西南大学、重庆大学、西南政法大学、重庆师范大学、重庆邮电大学、重庆交通大学、重庆理工大学、中共重庆市委党校八所院校共同发起主办的学术平台。论坛倡导解放思想,学术争鸣,促进马克思主义理论相关专业研究生研究探讨马克思主义理论。这是一件很有意义的事情。

马克思主义是科学的世界观和方法论,是反映客观世界特别是人类社会的本质和规律的科学真理。马克思主义理论是一门从整体上研究马克思主义基本原理和科学体系的学科。它研究马克思主义基本原理及其形成和发展的历史,研究它在世界上的传播与发展,特别是研究马克思主义中国化的理论与实践,同时把马克思主义研究成果应用于马克思主义理论教育、思想政治教育和思想政治工作。马克思主义理论学科在研究生教育中,旨在培养德智体美全面发展、政治素质高、理论方向正确、具有较高的马克思主义素养和理论功底,并能比较好地运用马克思主义立场、观点和方法分析研究当代现实问题的硕士研究生和博士研究生。“重庆市研究生马克思主义论坛”的设立和《重庆市研究生马克思主义论坛丛书》的出版,表明重庆市高等教育战线对繁荣发展马克思主义理论研究和建设事业的高度自觉,对培养马克思主义理论专业的科学研究、高等教育和党政实际工作部门的专门骨干人才的积极实践。

学习研究马克思主义理论,秉承马克思主义理论与时俱进的理论品格,进一步促进马克思主义理论研究与建设事业的繁荣发展,既是马克思主义理论学科研究生的学术使命,也是政治使命。马克思主义理论学科的研究生,无论是博士研究生,还是硕士研究生,要有马克思主义的坚定信仰,不仅把马克思主义作为研究对象,而且把马克思主义作为人生信仰,同时具有坚定的社会主义信念,坚定不移地坚持走中国特色社会主义道路;要有坚实的马克思主义理论功底,对马克思主义有系统深入的把握，熟悉马克思主义经典著作，理解马克思主义发展的规律，比较系统地掌握马克思主义在不同时期的发展情况和特点，了解其历史进程，系统掌握马克思主义中国化的发展进程与理论成果；要有马克思主义的现实关怀，关注现实，关心当代中国社会的改革与发展，真正做到理论联系实际；要掌握马克思主义的研究方法，坚持用马克思主义的立场、观点和方法指导理论研究；要有马克思主义理论学科的学术视野，关注和研究马克思主义学科领域中的重大理论与现实问题，秉承学科特性与操守。“重庆市研究生马克思主义论坛”的设立和《重庆市研究生马克思主义论坛丛书》的出版，无疑为马克思主义理论学科的研究生以及相关专业研究生，学习研究马克思主义理论提供了重要的学术平台和阵地。

“重庆市研究生马克思主义论坛”的设立和《重庆市研究生马克思主义论坛丛书》的出版，是探索完善联合培养重庆市高校相关专业研究生有效机制的一大举措。根据论坛组委会确定的论坛宗旨和运行机制，论坛由八所院校“共同主办、轮流承办”，每届论坛设立研究主题，面向重庆市相关专业研究生广泛征稿，学生自主选题完成论文并提交论坛秘书处，秘书处组织专家评选论坛的入选论文和获奖等级，入选论文的大会和小组发言均有专家点评，获奖论文在导师指导下修改后结集出版。研究生参加论坛发表成果，既是不同高校研究生相互学习交流提高的过程，也是用同一学术水准和平台培养研究生潜心研究的过程。衷心希望能够通过探索这种建设性的、实践性的研究生培养机制，逐步打造出特色鲜明的学术活动品牌。

“重庆市研究生马克思主义论坛”的设立和《重庆市研究生马克思主义论坛丛书》的出版，是繁荣发展重庆市高校马克思主义理论研究与建设事业的一件盛事。论坛组委会应以高度负责的精神，倾心尽心地扶持“论坛”和支持“论坛丛书”的出版，使之成为重庆市高校相关专业研究生提高培养质量的一种有效机制和途径。借此机会，我代表论坛组委会，向为论坛的举办及论坛丛书的出版付出大量心血和辛勤劳动的领导、导师、编辑和工作人员，表示诚挚的感谢。

谨为序。

黄蓉生

二〇一〇年十一月十九日

目录

论马克思实践的"时间思想" 杜晓青 …… 001
自由时间——开启人的自由而全面发展的钥匙 张俊 …… 006
论马克思主义的实践和谐观 赵杨坤 …… 010
构建社会主义和谐社会呼唤新的哲学思维方式 庞仁松 …… 015
从实践理解的新视角看社会主义和谐社会 袁泉 …… 019
从马克思人的发展理论看和谐社会的构建 刘海涛 …… 023
统筹城乡发展的哲学底蕴——以历史唯物主义的视角 唐艳妹 …… 028
统筹城乡发展中农民工城市融入问题的哲学思考 吴杰 …… 032

马克思货币理论对我国和谐社会建设的启示 沈秉梅 …… 037
马克思异化思想在构建和谐社会中的内涵和价值探析 史俊 …… 041
马克思交往理论视阈下的社会主义和谐社会建设 刘平 …… 044
马克思主义视阈中的社会主义社会平等问题研究 任政 …… 049
马克思主义视阈下的中国新生代农民工交往转型分析 荆晓艳 …… 053
马克思主义生态文明观解析及实践 贾亚青 …… 058
浅析马克思主义的生态理论对我国建设生态文明的启示 乔妮 …… 063
论马克思主义阶级分析方法在当代思想政治教育中的深化 郭玉婷 …… 067
关于马克思主义时代化的多维度思考 李年鑫 …… 074
"以人为本"是马克思主义价值诉求的中国化表现形态 邵军 …… 078
浅析胡锦涛同志的劳动观 胡小伟 …… 082
在普通群众中推进当代中国马克思主义大众化的问题、原因及对策 李莎莎 …… 085
在党员中推进当代中国马克思主义大众化的问题及对策研究 张靖伟 …… 089
在大学生中推进当代中国马克思主义大众化的问题分析及对策 刘小菊 …… 095
当代大学生对马克思主义指导思想认同的现状研究 邓钧升 何跃 …… 099
网络意识形态斗争中马克思主义大众化面临的机遇与挑战 何海涛 …… 106
当代大学生马克思主义信仰的缺失与重构 司树鹏 …… 112
论当代大学生马克思主义精神的重塑 陈丽萍 …… 116

从历史进步和历史代价的双重维度看中国的改革开放　赵华飞 ………………………… 121
延安时期党的学习活动对马克思主义学习型政党建设的价值反思　杜和军 ……… 125
中国特色社会主义共同理想在社会主义核心价值体系中的地位和作用　严春蓉 ……
…………………………………………………………………………………………… 129
基于科学发展观的我国低碳经济政策研究　费珊珊 ……………………………… 133
完善中国特色政党制度的法律思考　王娟 …………………………………………… 139
论思想政治教育在提升国家软实力中的作用　杨远旺 …………………………… 145
注重人文关怀 培养人文精神——高校思想政治教育再思考　陈俊良 ………… 149
推进高校思想政治理论课"05 方案"实施的几点思考　张维薇 ………………… 154
试论思想政治教育在群体性事件中的作用　杨瑶瑶 ……………………………… 159
论网络时代思想政治教育主体的素质开发　许人冰 ……………………………… 163
手机上网对青少年思想品德的不良影响和对策探析　梁钧泉 ………………… 170
农民工思想政治教育缺失及对策探析　黎明艳 …………………………………… 175
浅论新生代农民工的思想政治教育　冯丹 ………………………………………… 179

试论中国现代化与人的现代化的互动关系　陈淑丽 ……………………………… 184
中国教育公平思想的理论基础及现实思考　喻俊娇 ……………………………… 188
中国城市社区自治的现状及对策探讨
——以政府、居民(居委会)与中间组织的关系为视角　刁婵娟………………… 192
加强我国农村养老机构建设的对策探讨　姜彦国 ………………………………… 197
在统筹城乡发展中扩大农村消费　杜中杰 ………………………………………… 202
新形势下研究生自身素质与能力的现状与对策分析
——以马克思主义理论学科研究生为例　袁国贤　张领 ……………………… 206
"重庆模式"及其对马克思主义中国化的发展　万山雄 ………………………… 210
重庆统筹城乡发展中的制度屏障及其破解
——基于户籍制度改革的途径研究　刘倩 ……………………………………… 214
"唱读讲传":我国社会主义核心价值体系建设的有益探索　赵静………………… 218
公共政策制定中的利益博弈分析　赵宇…………………………………………… 222

论马克思实践的“时间思想”

杜晓青

（西南大学，重庆，400715）

对于时间，成熟时期的马克思首先站在一个唯物主义者的立场上，承认时间是自然存在的，认为时间与物质世界是具有共生性的，抽离了时间，世间的万物就丧失了存在的形式。我们把这种作为物质存在形式的时间称为自然时间。自然时间表征和测度的是地球运转以及地球上的自然事物运动的顺序性和过程性，[1]自然时间对人和人类社会始终具有先在的基础作用。马克思在论述人与自在自然关系时曾说：“全部人类历史的第一个前提无疑是有生命的个人的存在。因此，第一个需要确认的事实就是这些个人的肉体组织以及由此产生的个人对其他自然的关系……任何历史记载都应当从这些自然基础以及他们在历史过程中由于人们的活动而发生的变更出发。”[2]

自然时间所表征的物质运动是按照物质本身所具有的自在规律自在地、均匀地进行的，这种按物质自在运动规律自在进行着的时间是不受人左右的，它不会因为人们的快乐而停滞不前，也不会因为人们的痛苦而快步前行。然而，诚如认为只有“在人类社会历史中，即在人类社会的形成过程中生成的自然界，是人的现实的自然界”[3]一样，马克思同样清楚地认识到，作为物质存在形式的自然时间对于人来说是抽象的、无现实意义的。如果简单地将人类社会中的人放在自在自然的自在物的时间框架中，会在很大程度上抹灭人的主体性和创造性。因此，马克思始终认为只有与人紧密相连的时间对人来说才是现实的、有意义的时间。这种与人类紧密相连的时间“不同于可以衡量其长度、表现为一定的时刻或时期的时间”，[4]它所表征和测量的是人类社会中发生的社会事物、社会事件的顺序性和持续性，而社会事物、社会事件是人类社会实践的结果。因此，社会时间就是人类实践活动的持续性和过程性的集合。本文探讨的时间是相对自然时间的社会时间，它在本质上是实践的。

一、实践使人成为唯一具备时间感的存在物，时间是现实的人的时间

所谓时间感，简而言之就是对时间的感悟。感悟从本质上说是一种认识，对于人之外的其他生物来说，它们只是按照自我本能维持自身的生存和后代的繁衍，在这种自在的本能生存活动中，“动物不对什么东西发生‘关系’，而且根本没有‘关系’，对于动物说来，它对他物的关系不是作为关系存在的。”[5]在这种无关系的生存环境中它们根本不可能形成关于自身和他物的任何认识，而“凡是有某种关系存在的地方，这种关系都是为我而存在的”。[6]正是在特属于人的各种内涵丰富的“关系”中，人才形成了关于以他物为认识对象的对象认识和以自身为认识对象的自我认识。所以，认识只是人的认识。

认识是人的认识，它是主观对客观的反映，这是唯物主义的一个基本命题，马克思也说过："观念的东西不外是移入人的头脑并在人的头脑中改造过的物质的东西而已。"[7]那么，物质性的东西是怎样移入人的头脑的呢？是像照镜子那样的直接反射吗？显然不是的。马克思在《关于费尔巴哈的提纲》中就批评了这种直接反映论："从前的一切唯物主义－包括费尔巴哈的唯物主义－的主要缺点是：对事物、现实、感性，只是从客体或者直观的形式去理解，而不是把他们当作人的感性活动，当作实践去理解。"[8]在马克思看来，如果人们"从历史运动中排除掉人对自然界的理论关系和实践关系，排除掉自然科学和工业"，就无法认识历史现实存在（具体存在的"物质"客体），更重要的是，假若"不去认识（比如说）某一历史时期的工业和生活本身的直接的生产方式"，也就不可能"真正认识这个历史时期"。[9]因此，我们可以说，是人类的实践而不是其他东西构成人类生活的全部内容（包括人们的认识），"实践是全部生活的基础，因而也是全部人类知识的基础"。[10]正是在实践中，人类感受到某一事物或某一事件的产生、发展和灭亡；感受到了万物的欣荣更替、生老病死之快，发出"人生苦短"的感叹；从而产生对他物和自身的时间性认识。而对于人之外的其他生物来说，它们不可能有时光如梭、时间一去不复还的感受，它们只是在被动地完成自我的特定的生命周期。实践是人类获得时间感的根源，实践使人类成为唯一具备时间感的存在物，时间只是人的时间。

二、人的实践内容的复杂性造就了人的时间结构的多样性

所谓时间结构就是指人们"满足不同需要的各种活动在人的整个时间中所占的比例"。[11]人类的不同需要是人类具有多样时间结构的原因，然而，需要的满足以及新的需要的产生都依赖于人的实践活动，"我的劳动满足了人的需要"。[12]因此，我们可以说：人类多层次的需要产生了多样的实践活动，不同的实践活动在人的固有的生命时间中占据不同的比例，从而生成不同的时间内容和时间结构。根据人类最基本的需要层次，人类的时间结构大体可以区分为以下几个层次：

（一）人类的第一需要及其引发的实践，使时间产生劳动时间和非劳动时间的划分

"一切历史的第一个前提"是"人们为了能够'创造历史'，必须能够生活"，为了生活，"第一个历史活动就是生产满足这些需要的资料，即生产物质生活本身"。[13]在这里，人类为"生产物质生活本身"而花费的时间就是劳动时间，简单地说，劳动时间就是人类为了维持生存和自身再生产需要而进行物质生产所耗费的时间。[14]劳动是人之为人的本质所在，它是使人类从万物中脱颖而出、成为时间性存在的根本前提。劳动时间是人类首要意义的时间，没有劳动时间以及劳动时间内的劳动，人类和人类社会根本不可能向前发展。

然而，人并非永动机，他不可能不间歇地一直劳动着。人在劳动时间之外，还有非劳动时间。由于受到自然规律的支配，人的体力和精力是有限度的，人的自然属性决定了他在一定时间的劳动之后，"每天必须有一定的休息、睡觉，也必须有一定时间满足其他的生理需要，如吃饭、穿衣、保持清洁等"，[15]这部分人类用于休养生息的休息时间可以

帮助人类恢复机体能力，保证在劳动时间内有充足的体力和精力。因此，休息时间是人存在的自然需要，是客观自然规律对人的必然要求，任何社会的任何阶段的任何个体都离不开一定的休息时间，它是人类得以不断劳动的自然保障。

（二）人类的发展需要和需要引起的实践诉求，使自由时间从劳动时间中游离出来

必要的劳动时间和基本的非劳动时间维持着人类基本的生存状态，然而人活在世上不只是为了“能够生活”，人的需要也决不会停留在第一层而停滞不前。相反，人的需要区别于动物的需要的一个显著特征就在于人的需要是一个永无止境的不断更新、向前发展的过程，“已经得到满足的第一个需要本身、满足需要的活动和已经获得的为满足需要用的工具又引起新的需要”。[16]新的需要引发新的历史活动，新的历史活动创造新的时间结构。这个新的结构就是从劳动时间中游离出来的供人类自由发展的自由时间。

自由时间之所以说是从劳动时间中游离出来的，就在于它与人类休息时间不同，它不是自然而然的产物，也不是人类的任何发展阶段都有的一种存在。相反，它是历史的产物，是社会生产力日益发展的历史性产物。在人类社会早期，由于生产力水平低，人类必须要花费自身生命时间的绝大部分来从事物质生活资料的生产，以便保证自我生命的存在和延续。可以说，“谋生”是人们劳动的唯一的直接目的，致力于“谋生”的必要劳动时间几乎是人类生命时间的全部。随着社会生产力的发展，“人不必把他的全部时间用于生产生活必需品”，[17]人们的劳动时间日益节约，而劳动时间的节约又意味着更大生产力的创造和发展，“真正的经济——节约——是劳动时间的节约。而这种节约就等于发展生产力”。[18]社会生产力的提高和劳动时间的节约的相互促进，必然使人们挪出部分劳动时间从事物质生活资料生产之外的活动，人原来的劳动时间由此就划分为必要劳动时间和自由时间（剩余时间）。马克思把这种从事非劳动的剩余时间称为自由时间，“在必要劳动时间之外，为整个社会和社会的每个成员创造大量可以自由支配的时间（即为个人生产力的充分发展，因而也为社会生产的充分发展创造广阔余地）”。[19]这种在必要劳动时间之外的自由时间可以为个人自由支配，人们在这部分时间里接受教育、发展智力、履行社会职能、进行社交活动等。因此，自由时间是人的发展时间，只有有了自由时间，人才具备了获得自我发展的可能性。“一个人如果没有一分钟的自由时间……他就连一个载重的牲口还不如。他身体疲惫，精神麻木，不过是一架为别人生产财富的机器。”[20]只有自由时间，才能使人们“有可能随自己的兴趣今天干这事，明天干那事，上午打猎，下午捕鱼，傍晚从事畜牧，晚饭后从事批判”。[21]

然而，一个值得关注的事实是，随着社会生产力的发展，人类有了创造自由时间的条件，但并不意味着每一个社会成员都具有拥有自己创造的自由时间的所有权和使用权的权力。在私有制社会尤其是在作为私有制社会的完美表达形式的资本主义社会中，劳动者本身创造的自由时间发生异化，成为相对创造者本身的“对立的存在物”。这种对立体现在：由于劳动时间缩短而创造出来的自由时间，应该归其创造者即劳动者本身所享有，但由于生产资料私有制以及雇佣关系的存在，这部分自由时间被强制转化为

他人即生产资料所有者(不劳动者)劳动的剩余劳动时间,工人在剩余劳动时间里创造着巨大的异我的价值,"工人超出必要劳动的界限做工的时间,虽然消耗工人的劳动,消费劳动力,但并不为工人形成任何价值"。[22] 因此,在资本主义社会里,日益提高的劳动生产力所起的作用"仅仅在于游离出剩余时间,即超出必要劳动的劳动时间"。[23] 所以,剩余劳动时间在资本主义条件下,就成为资本家生产剩余产品、创造剩余价值的时间。"工人必须在剩余劳动时间内也从事劳动,这也就意味着,资本家用不着劳动,因而他的劳动时间表现为非劳动时间,以致他甚至在必要劳动时间内也不从事劳动。"[24] 也就是说,资本家利用手中的生产资料和与工人的雇佣关系占有工人的剩余劳动时间,使资本家这一"不劳动阶级"在获得剩余价值的同时,还获得了非劳动时间。如果说一切的非劳动时间都是供所有者自由利用的自由时间,那么资本家的自由时间就是以工人的剩余劳动为基础的,剩余劳动时间对于工人来说是劳动时间,而对于资本家来说却是获得自由发展的自由时间:一方的自由相应的是另一方的"被奴役"。"社会的自由时间的产生是靠非自由时间的产生,是靠工人超出维持他们本身的生存所需要的劳动时间而延长的劳动时间的产生",[25] 而资本家们"窃取了工人为社会创造的自由时间"。[26]

在私有制社会中,劳动者创造的自由时间不能为己所用,尤其是在资本主义社会中,劳动者在剩余劳动时间里创造的剩余价值"以从无生有的全部魅力引诱着资本家",[27] 他们不断利用自己手中的资本同"作为他人劳动的劳动发生关系,占有他人的劳动时间",[28] 资本家的不断"窃取"与工人的持续"被奴役"使劳动者创造的自由时间与其创造者的对抗状态达到极限。当然这种对抗状态不可能无休止地持续下去,社会生产力的持续发展必然会使它冲破对抗极限,正如马克思所说:"生产力的增长再也不能被占有他人的剩余劳动所束缚了,工人群众自己应当占有自己的剩余劳动。当他们已经这样做的时候……可以自由支配的时间就不再是对立的存在物了。"[29] 等到那时,每个社会成员就能真正拥有获得自由发展的必要条件——自由时间了。

(三)人类的实践活动使时间在纵向上呈"双向对流"形态

长期以来,人们都认为时间就是一个单向的、一去不复还的流水过程,过去的时间就是过去了的,永远不可能追回,正是因为这样,时间才在人们的生活中显得珍贵。俗语说"千金难买老来少",古人感叹"盛年不重来,一日难再晨。及时当勉励,岁月不待人",都是对时间的单线感和珍贵性的描述。的确,无论是自然时间还是因人类的实践活动产生的属人时间,都有一个共同的特点,那就是时间的"流线性"。所谓时间的"流线性"也是指时间的"不可逆性"。不同的是,自然时间的"流线"是一种机械的、以铁的规律进行的、不可改变的"流线",而因人类实践产生的时间因为在其产生和发展过程中无不打上了人的烙印,因此,在其总的流线过程中,它的节奏不像自然时间那样按固定的程序永无变化地延续,而是有一定的灵动性。实践时间之所以有这种灵动性就在于人的实践活动的"否定性"。我们知道,有什么样的实践目的就有什么样的实践活动以及怎样进行特定的实践活动,而人的实践目的并不是凭空产生的,"思想、观念、意识的生产最初是直接与人们的物质活动,与人们的物质交往,与现实生活的语言交织在一起的。人们的想象、思维、精神交往在这里还是人们物质行动的直接产物",而且"发展着自己的物质生产和物质交往的人们，在改变自己的这个现实的同时也改变着自己的思维和思维的产物”。[30]人的实践目的“历史性”决定了人的实践活动是一种“具有否定性的肯定”，“它作为肯定的现实（现在），否定的是实践对象现存的过去；它作为否定的现实（现在），肯定的则是实践对象发展的未来（理想）。”[31]实践活动的“否定性”投影到由实践生成的时间上就是如果我们将因人的实践而生成的属人的时间在纵向上划分为过去、现在和未来的话，它们三者决不是毫无关联的，“时间的过去、现在和未来不仅仅呈单向流程，而且呈现双向互动”，就过去与现在的关系而言，“过去并没有完全消失，也不会绝对过去，总是以新的‘血液’注入到当代中”。就现在与未来的关系来说，“现实不仅制约和影响着未来，未来也反过来影响和冲击着现实，并且这种影响和冲击呈现出‘由远及近、由小到大、由浅到深’的时代特点。”[32]

马克思将时间的本质归结为人的实践，在他的时间思想中，现实的、生活中的时间与闪闪发光的星空中的时间是有本质区别的。星空中的自然的时间是同一的、同质的，是以某一不为人所左右的不变的速度均匀地流动着的。而现实的时间则是人类改变世界的空间，人们在由实践生成的现实时间中利用时间、消费时间，确证和发展自己，并使人和人类社会的生命呈现出社会历史的意义。在当今宣扬与践行“时间就是生命”、“时间就是金钱”的时代，从马克思主义经典著作中总结、研究这样与人密切相关的实践时间是有着重大意义的。

参考文献：

[1] 胡敏中.论马克思主义的自然时间观和社会时间观.马克思主义研究，2006(2)

[2][13][16][30] 马克思，恩格斯.德意志意识形态（节选本）.北京：人民出版社，2003.11、23、23、16～17

[3][12] 马克思.1844年经济学哲学手稿.北京：人民出版社，2000.89、184

[4] 吴国璋.西方社会学家对社会时间的研究.学术界，1996(1)

[5][6][8][21] 马克思，恩格斯.马克思恩格斯选集（第1卷）.北京：人民出版社，1995.25、25、58、85

[7][22][27] 马克思，恩格斯.马克思恩格斯选集（第2卷）.北京：人民出版社，1995.217、193、193

[9] 马克思，恩格斯.马克思恩格斯全集（第2卷）.北京：人民出版社，1956.191.转自张一兵：实践的意识——马克思主义关于意识本质的规定.求是学刊，1991(3)

[10] 陈晏清，王南湜，李淑梅等.现代唯物主义导论.天津：南开大学出版社，1996.11

[11] 刘奔.时间是人类发展的空间——社会时空特性初探.哲学研究，1991(10)

[14] 阳剑兰.马克思的时间概念.湖南社会科学，2009(4)

[15][20] 马克思，恩格斯.马克思恩格斯全集（第16卷）.北京：人民出版社，1962.250、161

[17][18][19][23][24][26][28] 马克思，恩格斯.马克思恩格斯全集（第31卷）.北京：人民出版社，1998.30、107、103、30、22、22、22

[25] 马克思，恩格斯.马克思恩格斯全集（第47卷）.北京：人民出版社，1979.216

[29] 马克思，恩格斯.马克思恩格斯全集（第46卷下）.北京：人民出版社，1979.219

[31] 倪志安，祝伟.科学发展观的马克思实践历史观解读.西南大学学报，2005(5)

[32] 汪天文.社会时间研究.中国社会科学出版社，2004.113～114

自由时间

——开启人的自由而全面发展的钥匙

张 俊

（西南大学，重庆，400715）

一、自由时间的产生

人的自由而全面发展是马克思主义哲学最富有生命力和时代气息的思想，也是我们不懈追求的社会理想。众所周知，人要生存要发展，就离不开一定的时间作保证。正如马克思所说："时间实际上是人的积极存在，它不仅是人的生命的尺度，而且是人的发展空间"。[1]

人的生存时间可以划分为两大部分：

一部分是"必要劳动时间"。"必要劳动时间"也就是人们为了维持自身的生存所必须工作的那部分时间，是人类社会生存和发展的基础，因为任何社会任何个人首先必须解决衣食住行的问题，即满足生活的基本需要，这是人类生存的前提，换句话说，是不能自由支配的。另一部分是"剩余劳动时间"。随着社会生产力的发展，科技因素在社会实践中起到越来越多的作用。先进工具的使用使人们在生产同等数量的劳动产品时，所用的时间越来越少，因此劳动时间被节约了。这种节约就使得劳动时间出现了剩余，这也就是马克思所讲的"剩余劳动时间"。在"剩余劳动时间"中除去人类生存所必须的"必要生理时间"（例如吃饭、穿衣、睡觉、清洁等等）剩下的这部分时间可以由人进行自由支配，这部分"可以自由支配的时间"马克思称之为"自由时间"。这种时间"是不被生产劳动所吸收的，而是用于娱乐和休息从而为劳动者的自由活动和发展开辟广阔天地的闲暇时间"。[2]具体说来，包括"个人受教育的时间，发展智力的时间，履行社会职能的时间，进行社交活动的时间，自由运用体力和智力的时间"[3]等。

"自由时间"是伴随着劳动的产生而出现的。马克思对人类社会发展划分了三个社会形态，在第一个社会形态即前资本主义阶段的人的依赖关系时期的劳动充满了生存的压力，充满了艰辛、痛苦和磨难，人们为了生存而渴望劳动。人们的时间被束缚在单一的、片面的劳动谋生中，几乎没有时间去发展自己的兴趣和爱好。在第二个社会形态即物的依赖关系时期，"自由时间"才得以大量地产生，因为在这一时期资本的运行使得科技发展迅速，资本的运行具有"超越出发点"的"变异的绝对运动"的性质，它"违背自己的意志，成了为社会可以自由支配的实践创造条件的工具，使整个社会的劳动时间缩减到不断下降的最低限度，从而为全体本身的发展腾出时间"，[4]因此，"资本"不但创造了自由时间，而且最大限度地创造了自由时间。

二、自由时间为人的自由发展和社会全面进步提供可能性

自由时间是如何为人的自由发展和社会的全面进步提供了可能性的呢？

首先，自由时间为个体发展的自由个性和能力提供了必备条件。马克思认为"劳动时间"节约出的"自由时间"，目的就是为了"使个人得到充分发展"。在"自由时间"里，人们完全可以按照自己的意愿和兴趣来发展自己，"随着自己的兴趣今天干这事明天干那事，上午打猎，下午捕鱼，傍晚从事畜牧，晚饭后从事批判"[5]，做我自己，有自己独特的内涵，不重复别人，不受人的压迫和强制，自由自觉地活动。当然，马克思所讲的"自由"是相对的，是基于人的主体地位而言的，并不独立于社会之外，而是接受社会规定并把他内化到自己独特的个性中去的一种自由。"自由时间"不仅为个体的自由、个性的发展提供了条件，同时也为个体能力的全面发展提供了可能，有了"自由时间"，人们就可以游山玩水，可以上观天文，下识地理，可以阅古今名著，看中外戏剧，可以进行科学研究，将灵感变为现实。这一系列活动培养了人的科学研究的能力，发明创造的能力以及审美的能力。因此，自由时间的增加，为人的能力的全面发展提供了可能。

其次，自由时间为人的普遍交往和社会关系的和谐发展提供了可能。"人的本质不是单个人所固有的抽象物。在现实性上他是一切社会关系的总和。"[6]而人的全面发展，就是这些社会关系的全面发展。自由时间为人们进行这些交往提供了时间的保证，使人们可以自由地沟通交流，使一切社会关系得到充分、全面、和谐的发展。使人们有更多的时间去思考、处理和维系家庭关系、邻里关系、社区关系，乃至个人与整个世界的关系。在与他人的交往中获得更多的知识，使个体更加完善，个性更加丰富，形成全面和丰富的社会关系。马克思曾说："一个人的发展取决于他直接或间接进行交往的其他一切个人的发展。"[7]通过普遍交往，人的能力才会得到发挥和发展，正如马克思所描述的在共产主义社会中每个人都可以"各尽所能"，整个社会得以和谐地发展。

再次，自由时间促进人的需要的全面发展。按照马克思的实践哲学，人因为要满足生存和发展的各种各样的"需要"，进行实践，与外界事物发生各种各样的对象性活动，也就是说，需要之所以会存在，是人的实践本性所决定的，是实践本质的内在规定性。根据恩格斯所言，人的需要有三个等级，社会必要劳动时间仅能满足和发展人的基本的"生存需要"，而"享受需要"、"发展需要"则需要大量的自由时间。自由时间一方面使人的这些需要得到了满足，另一方面又激发出人的新的需要。我们知道生产力的发展与人的需要的发展相互促进，在马克思的资本论哲学中，他认为资本的本性是追逐剩余劳动时间，这是资本本身的"狭隘性"。但是由于资本还具有"超出出发点"的"变异的绝对运动"的性质，使得资本可以"违背自己的意志"，为社会创造更多的可以自由发展的时间。这势必会产生这样一种循环，即节约劳动时间就等于增加了自由时间和使个人得到充分发展的空间，而个人的充分发展又作为更大的生产力反作用于劳动生产力。自由时间的增加，推动生产力的发展，为人的需要的发展奠定物质基础，提供发展空间，人的需要的丰富多彩，体现了人的个性的多样，体现了人的发展的全面性。

最后，自由时间创造财富。威廉·佩蒂有一句经典名言："劳动是财富之父，土地是财富之母。"我们权且将土地看作是自然资源，是一种既定的条件。马克思曾引用这句话

来说明劳动是财富的源泉。他提到:“上衣、麻布以及任何一种不是天然的存在的物质财富要素,总是必须通过专门的、使特殊的自然物质适合于特殊的人类需要的、有目的的生产活动创造出来的。”[8]从马克思的实践哲学来看,世间一切生产要素中,人是唯一能动的要素,只有人的劳动才创造价值、生产财富。在这里我们首先肯定了财富由人的劳动时间创造这一点。在社会生产不充分的条件下,这种财富仅仅够维持工人自己的生存,称不上真正的财富。只有当“财富的尺度绝不再是劳动时间,而是可以自由支配的时间”[9]时,财富才可称得上是真正的财富。可见,从全社会来看,在“整个社会的必要劳动时间”之外的全部劳动时间即剩余劳动时间,标志着资本主义财富的多寡。也就是说,自由时间的多少决定了财富的多少。道理很明显,随着大工业的发展,财富越来越多地取决于科学水平和技术进步,取决于社会个人的科研能力和创作能力。在财富的创造过程中,必要劳动时间越来越少,我们知道“节约劳动时间等于增加自由时间”。人们所获得的自由时间越充分,个人的发展就越充分,“而个人的充分发展又作为最大的生产力反作用于劳动生产力。从直接生产过程的角度来看,节约劳动时间可以看作固定资本,这种固定资本就是人本身”[10]。所以,马克思指出,只有在自由时间里,人才能发挥个人之“最大的生产力”,才能创造更多的“真正的财富”。从而,自由时间越来越成为财富增长的决定性因素。如果以财富作为衡量一个社会进步的程度的话,那么一个社会有无“自由时间”将成为一个重要的标准,社会的自由时间越多,那么这个社会中人的自由发展就会越充分,这个社会也就越进步。

三、正确利用自由时间

伴随着科学技术的不断发展和广泛应用,加之整个世界推崇的人性化发展,使社会生产所需的“必要劳动时间”越来越少,相对的“自由时间”越来越多。然而,不幸的是我们却没有看到自由时间全面发挥它的积极作用。在这样一个以“资本”为轴心的当代社会,人们的一切活动都被打上了“资本”的烙印。人们在不断膨胀的物欲面前付出了异化自己的代价,“物欲”的诱惑和竞争的压力,强行霸占了人们的时间。我们看到更多的人为了更多的物质、金钱,加入到了熬夜加班、兼职或是自由职业一族。如果说这是社会财富积累的必经阶段,尚且情有可原。而将自由时间用到充满暴力和色情的网络游戏中,用到无聊的网络聊天中,用到搓麻将、玩纸牌甚至赌博中,或是用到无所事事、惹是生非、打架斗殴,危害社会秩序的损人不利己的非法活动中,那么自由时间,无疑成了社会不稳定、不和谐的元凶之一,自由时间与人的自由而全面的发展将会背道而驰。

那么该如何利用自由时间呢?首先应明白,自由时间的利用是消费而不是浪费,是发展而不是堕落,是全面而不是糜烂。合理地利用自由时间,既要摒弃“拜金主义”,又要抵制“享乐主义”,树立正确的人生观和价值观。

前面我们说到科学技术、人的技能知识在社会生产中的重要作用,科技带给人们越来越多的自由时间的同时,对劳动者素质的要求也越来越高。在这样一个知识经济社会中,人们一天不学习就会落伍。所以,要想跟上时代的步伐,就要时刻给自己充电。而“自由时间”提供了这种可能,提高专业技能,扩充科普知识,了解世界风云变幻。这不仅是个人素质的提高,也是整个民族所要提倡的事情。只有合理利用了这种自由时间,使每个人都成为“最大生产力”，这样整个民族才能立于不败之地。

伴随着经济的快速发展，“道德”问题也日益突出，甚至有人用“道德滑坡”来形容现今社会的道德问题。利用自由时间修身养性，不失为一件美事。游山玩水，历览大好河山；舞文弄墨，施展一身才华；观天察地，探求宇宙奥秘；诵词吟诗，抒发心中豪情；读书阅报，畅谈国际国内时事要闻。自由时间，使人们有更多时间进行人际交往，维系家庭关系，增进整个社会的情感发展。“修身齐家治国平天下”，个人发展，家庭美满，社会才能和谐，国家才能“长治久安”。

有学者说马克思的共产主义社会是一种“社会目的论”，也有人说“人的自由而全面的发展”是一句空话。“自由时间”理论将是对这些言论的有力回击，它所具有的理论意义和现实意义已经展现在世人面前。如何理解这个“资本”创造的自由时间，如何认识它的作用，以及如何去利用自由时间，才是问题的关键。现实中，在自由时间的实现和运用的范围和程度上，人的自由而全面的发展还存在着局限性，但是，由“必然王国”走向“自由王国”确实正在进行。

参考文献：

[1] 马克思，恩格斯.马克思恩格斯全集(第 47 卷).北京：人民出版社，1979.532

[2] 马克思，恩格斯.马克思恩格斯全集(第 26 卷).北京：人民出版社，1979.282

[3] 马克思，恩格斯.马克思恩格斯全集(第 23 卷).北京：人民出版社，1972.294

[4] 马克思，恩格斯.马克思恩格斯全集(第 31 卷).北京：人民出版社，1998.103

[5] 马克思，恩格斯.马克思恩格斯选集(第 1 卷).北京：人民出版社，1995.85

[6] 马克思，恩格斯.马克思恩格斯选集(第 1 卷).北京：人民出版社，1979.60

[7] 马克思，恩格斯.马克思恩格斯全集(第 3 卷).北京：人民出版社，1979.515

[8] 马克思，恩格斯.资本论(第 1 卷).北京：人民出版社出版，1975.56

[9] 马克思，恩格斯.马克思恩格斯全集(第 46 卷).北京：人民出版社，1972.222

[10] 马克思，恩格斯.马克思恩格斯全集(第 31 卷).北京：人民出版社，1998.107～108

论马克思主义的实践和谐观

赵杨坤
（西南大学，重庆，400715）

一、中西方思想史中的“和谐”思想及其简评

（一）中国古代的“和谐”思想

《左传》写到：“八年之中，九合之众，如乐之和，无所不谐”。“和”者，和睦也，“谐”者，相合也。此处所指“和谐”，即希望在社会中达到不同社会成员、阶级集团、利益阶层之间和睦相处而无激烈矛盾的和谐状态。

儒家的“中庸和谐观”侧重于人际关系调节。《论语》中指出：“君子和而不同，小人同而不和”。[1]反对“谋动干戈于邦内”，提倡和谐处世哲学。在社会利益分配上求“均”以达到社会整体和谐，孟子提出：“天时不如地利，地利不如人和。”人际关系调节上提倡“老吾老，以及人之老；幼吾幼，以及人之幼”。[2]荀子提出：“和则一，一则多力，多力则强，强则胜物。”[3]儒家力图以“贵和”精神在古代社会实现人际关系的和谐，并希冀建立“和谐社会”来实现“和谐价值”目标。

道家的和谐思想主要体现在处理人与自然的关系上。老子提出：“人法地，地法天，天法道，道法自然。”[4]庄子提出：“天地与我并生，而万物与我为一。”[5]这些思想都强调人要尊重自然，按自然规律办事，感悟世间万物之间相互依存的和谐统一，维护自然之美。道家的“天人合一”和谐观，提倡遵循自然本性，追求“人合于天”的和谐状态。

（二）西方思想史中的“和谐”思想

“和谐”在古希腊哲学中很早就被作为一个基本范畴，毕达哥拉斯提出“美德乃是一种和谐”[6]的命题，柏拉图提出了“公正即和谐”；赫拉克利特认为差异与对立是造成和谐的原因，并提出“对立造成和谐”[7]的重要思想。莱布尼茨在《单子论》中提出“预定和谐”命题，指出万物之间的和谐是因为上帝在创世之初就已经把宇宙发展过程安排好了。黑格尔在《哲学史讲演录》中指出：“简单的东西、一种音调的重复并不是和谐，差别是属于和谐的；它必须在本质上、绝对的意义上是一种差别。和谐正是绝对的变或变化，不是变成他物，现在是这个，然后变成别的东西。”[8]空想社会主义者关于构建“和谐社会”同样有丰富思想，在《全世界和谐》中，傅立叶首先批判资本主义制度的不合理性，指出其“不和谐”，同时预言未来合理的社会制度是“和谐制度”，资本主义制度必将被“和谐制度”代替。欧文在美国进行的共产主义试验以“新和谐”命名。在《和谐与自由的保

证》中，魏特林用“和谐与自由”来描述社会主义社会，并称其和谐为“全体和谐”。

(三)对中西方思想史中相关“和谐”思想的简评

首先，中西方思想史中的和谐思想，都是从抽象性，而不是从现实性思考和谐问题。虽然中西方思想史中对“和谐”提出了一些有价值的看法，比如中国道家的“天人合一”观，体现了天人观方面的和谐；中国儒家的“中庸和谐观”，体现了社会观和人际观方面的和谐。西方哲学中的对立和谐、美德和谐、预定和谐等等。但是，由于其都是从抽象性谈论和谐问题，故他们所构想的“和谐社会”在现实中注定无法实现。空想社会主义的“和谐社会”思想，由于不能阐明资本主义制度下雇佣劳动的本质，不能发现资本主义社会发展规律，无法找到能够成为新社会创造者的社会力量，所以也只能是一种乌托邦。

其次，中西方思想史中和谐思想对“和谐”的理解，不仅是片面的，而且都不是从实践去理解和谐问题。他们没有从人在实践活动中如何处理人与自然、人与人(社会)、人与自身的整体性关系上来理解和谐问题。所以，在处理和谐的方法论上，要么犯强调自然的决定性作用——“人遵循自然”的自然中心主义错误；要么犯强调人的决定性作用——“人主宰自然”的人类中心主义错误；要么犯人不可作为的——上帝“预定和谐”错误。其对和谐观念理解的错误，根源于思想家们思考和谐问题思维方式的局限性，从而使这些“和谐”思想在构建现实和谐社会时不具有实践操作性。

二、马克思新哲学实践和谐观的确立

(一)马克思新哲学的超越性：实践思维方式的确立

作为西方哲学，特别是德国古典哲学的继承者和发展者，马克思最伟大的贡献就是超越了前人思考相关哲学问题的思维方式，创立了合乎实践本性和规律的实践思维方式，它把人们思考相关哲学问题的视角第一次转移到现实的人的实践活动上来。马克思说：整个所谓世界历史不外是人通过人的活动而诞生的过程，而“劳动”亦即“实践”。[9]实践思维方式从实践的主体和客体的双重对象化过程，去看待人类世界及其事物的现实存在；坚持从实践主客体双重对象化的统一中把握对立、对立中把握统一，考察现实的人的认识活动和改造活动。实践思维方式对人类世界(属人存在，实践存在)的解读和考察是求真、达善、合美三位一体的有机统一。它以主体的实践为思维的视角、切入点、立足点(出发点和归宿点)，以主体实践的内在本性、规律作为理解相关哲学问题的规则、途径和方法。

马克思实践思维方式的创立，克服了西方哲学中旧的思维方式对思维和存在关系的抽象同一性认识，从现实人的实践活动中找到了理解属人世界的正确钥匙，从而对人类社会的考察就有了新的思维视角，就像马克思在《关于费尔巴哈的提纲》中提出的那样，“全部社会生活在本质上是实践的。凡是把理论引向神秘主义的东西，都能在人的实践中以及对这个实践的理解中得到合理的解决”。[10]正是从实践中以及对这个实践的理解中，马克思找到了正确揭开人类社会之谜的钥匙。

(二)马克思实践思维方式视阈的实践和谐观

这里所说的“实践和谐观”,是指马克思主义的和谐观是以实践思维方式为根本特征的和谐观,是从实践去理解和谐的本性和生成发展规律的和谐观。它从人改造客观对象的实践活动,去深化探究和谐内在的深层规定性,揭示和谐的实践意蕴。从马克思主义的实践思维方式来解读“和谐”,则社会主义和谐社会中的“和谐”就是:它既是现实的人在改造自然的实践中追求和实现的人与自然之间不断生成发展的和谐,又是现实的人在改造社会的实践中追求和实现的人与社会之间不断生成发展的和谐,还是现实的人在改造人自身的实践中追求和实现的人与自身之间不断生成发展的和谐。就是说,社会主义和谐社会中的“和谐”,应是从实践理解的人与自然、人与社会和人与自身这三位一体的、内在协调发展的和谐。这种三位一体、内在协调发展的和谐,体现在马克思主义关于社会主义、共产主义社会的理想蓝图中。

首先,从人与自然之间的实践和谐来看,现实的人在改造自然的实践过程中,为了达到自然和人之间的和谐状态,将人的主体性需求灌注在改造自然客体的实践过程中,使客体主体化、自然人化,同时又把自然的本性和规律对象化去改造主体,内化为人的实践、行为的规则,从而使主体客体化、人自然化。在这一过程中,实现了人与自然之间的主体和客体、本然和应然、合目的性和合规律性等实践对立面的统一。这种人与自然之间实践对立面统一生成和发展的过程,就是人与自然之间实践和谐的生成发展过程。

其次,从人与社会之间的实践和谐来看,具体的个人总是生活在现实的社会中,在人改造社会的实践过程中,人和社会之间矛盾的产生发展过程,其实也是在实践中所实现的双重对象化过程。这个过程既是主体客体化、人的社会化的生成发展过程,又是客体主体化、社会的人化的生成和发展过程。马克思说:“正像社会本身生产作为人的人一样,社会也是由人生产的。”所以,人是社会的人,社会是人的社会;人应当融入社会中,社会应当融入人中。这种人与社会在实践对立面上实现的统一,就是人与社会和谐生成发展的过程。

再次,从人与自身之间的实践和谐来看,人改造自然和社会的实践活动过程,同时又是不断改造人自身的实践过程。这就是通过实践中的人对自身的改造,实现人的日益自然化和社会化,从而达到对自身实践本质逐步自觉地占有和发挥。当人对自身的实践本质达到全面占有和发挥的时候,即实现了人自由而全面发展的时候,就达到了马克思所说的共产主义社会这一高度和谐的目标。

在马克思主义的实践和谐观看来,这些三位一体协调发展的和谐,必须而且只能在实践中和对实践的合理理解中,才能得到合理阐释。显然,马克思是用实践思维方式思考和谐问题,才为从实践理解和谐问题找到了马克思主义的钥匙,找到了马克思主义理解和谐问题的现实根据性,从而使社会主义从空想变成科学、使科学社会主义成为从实践中引出的、具有现实性的社会发展学说。

三、社会主义和谐社会的实践和谐观解读

（一）贯彻实践和谐观是构建社会主义和谐社会的题中之意

党的十六届六中全会通过的《中共中央关于构建社会主义和谐社会若干重大问题的决定》，把构建社会主义和谐社会提高到确保党的事业兴旺发达和国家长治久安的战略高度来思考。改革开放三十多年来，我国取得了举世瞩目的经济成就，但在这一过程中，由于人们在实践中未能处理好人与自然、人与社会和人与自身的关系，出现了一系列严重问题。

在人与自然的关系发展方面，由于人们的过度索取，在自然和人之间出现了严重的不和谐因素，人类在盲目贪婪扩大自己的主体性需求时，忽略了自然的承载力，违背了实践内在本性和规律的要求，所以出现了生态环境恶化等一系列问题。在人与社会的关系发展方面，一方面，国民经济高速发展，人民生活水平不断提高，民主法治建设不断发展，但是伴随着这些发展而来的，是地区发展不平衡、贫富差距过大、民主法制不健全、社会保障制度不完善、城乡发展不协调等等。在人与自身关系的发展方面，改革开放以来的巨大社会成就，带给人们的是受教育水平的不断提高，自身素质和能力的不断增强，市场经济也不断解放着作为现实人的主体性，但是伴随着这些发展而来的，是人们之间感情关系淡化，利益关系至上观念不断增强，拜金主义和腐败现象不断出现等等。

构建社会主义和谐社会伟大理念的提出，是中国共产党在社会主义建设的新时期，结合当代世界的发展潮流，深刻把握我国国情和马克思主义实践和谐观的精髓，提出的一项具有划时代意义的发展理念，是马克思主义的实践和谐观在当代中国的践行和实施。所以，贯彻实践和谐观是构建社会主义和谐社会的“题”中之意。

（二）构建社会主义和谐社会，应是实践和谐观揭示的“三位一体”的全面和谐发展

按照马克思主义的实践和谐观，人与自然、人类社会和人自身的发展历史，是统一的人的实践过程中相互联系、相互作用的三个方面。这三个方面构成了人的实践活动的“三位一体”的内在关联。所以，我们要构建的社会主义和谐社会就应是实践和谐观揭示的人与自然、人与社会和人与自身的“三位一体”的全面和谐发展。在人与自然的关系方面，我们应正确处理好人与自然之间的关系，构建出资源节约型、环境友好型的生态文明社会，在人与社会的关系方面，我们应正确处理好人改造社会之间的关系，要进一步改革社会运行机制、调节机制，调节社会的各种利益矛盾，构建全体人民各尽其能、各得其所而又和谐相处的社会局面。在人与自身的关系方面，人对自身的实践本质不断占有和发挥的过程，是人在处理人与自然和人与社会的关系中不断实现的，人是按照如何改造自然、改造社会来改造自身的。在人改造自身的实践过程中，我们应不断地将自然的内在本性和规律、社会的本性和规律与实践的本性和规律内化到主体自身中，使人不断地自然化、社会化和实践化。按照马克思主义的实践和谐观，应是这“三位一体”的全面和谐发展，其中任何一个方面都是我们构建社会主义和谐社会时不可或缺的重要

组成部分。所以,我们应将“三位一体”的全面和谐发展,作为我们构建社会主义和谐社会正确的发展理念和发展战略,只有这样,才是真正秉承了马克思主义的实践和谐观。

参考文献:

[1] 朱熹.中庸章句集注.上海:上海古籍出版,1987.57

[2] 孟轲.孟子·梁惠王下.王亚丽注译.北京:中国社会科学出版社,2003.22

[3] 荀况.荀子·王制.北京:北京燕山出版,1995.92

[4] 老子.老子(第25章).孙雍长注译.广州:花城出版社,1998.48

[5] 庄周.庄子·齐物论.北京:北京燕山出版,1995.36

[6][7] 柏拉图.古希腊罗马哲学.北京:商务印书馆,1982.36

[8] 黑格尔.哲学史讲演录(第1卷).北京:商务印书馆,1983.302

[9] 倪志安.马克思主义哲学方法论研究.北京:人民出版社,2007.151

[10] 中共中央马克思恩格斯列宁斯大林著作编译局.马克思恩格斯选集(第一卷).北京:人民出版社,1995.56

构建社会主义和谐社会呼唤新的哲学思维方式

庞仁松
（西南大学，重庆，400715）

构建社会主义和谐社会是在准确把握我国现阶段的发展特征，客观分析当前社会基本矛盾和问题的基础上而提出，是全面建设小康社会的奋斗目标的重要内容，是中国广大人民的根本利益之所在，更是中国特色社会主义现代化建设的重要内容。和谐社会理论对全社会起引导和调节作用，它的形成和完善受社会经济、政治、文化等条件的制约，同时更受人们思维方式的规范和制约。

一、和谐社会的实践本质

“和谐”是一个综合性的概念，是对诸多方面和谐关系的概括和反映。胡锦涛同志指出：“我们要建立的社会主义和谐社会，应该是政治民主、公平正义、诚信友爱、充满活力、安定有序、人与自然和谐相处的社会。”[1]这里的和谐就其总体上而言，涵盖人与自然、人与社会、人与人三大领域的和谐。

1. 人与自然的和谐

处理人与自然关系的对象化活动即生产实践，是人类历史上最早出现的也是最根本的一种实践活动。这里的“人”不是抽象的、孤立的“单向度”的人，而是现实的人，是受实践规定、在实践中生成和发展的人，他可能以单个的个体出现，也可能以群体的形式（如人民群众）出现或者以每个人的总和即人类的形式出现。“自然”不是人类诞生以前的自在自然和人类尚未认识的自然，那样的自然是思维抽象的“自然”的概念，这里所讲的‘自然’是指“被人类实践活动改造过的自然，是对人来说的现实的自然界，即人化自然，又称属人的自然”。[2]人在改造自然的对象化活动中，既要合于人自身的目的、需求，又要合于自然界和社会发展的规律性，把人与自然之间的物质变换看成是矛盾的统一体，在人的实践活动中不断地将自在自然对象化为属人的存在，获取人所需要的生活资料。与此同时，自然界就成为人身体的一部分，成为发展人和社会的一种内在需要，使人对自然的改造理所当然地转变为对自身发展方式和行为方式的改造。显然，人与自然之间的关系不应是人对自然的征服、奴役，而应该是人与自然之间在实践中的对立面的统一，即人与自然的和谐。

2. 人与社会的和谐

要创造一个良好和谐的社会环境，涉及经济、政治、文化等社会制度的建设，归根到底是由人创造的，因而人在实践活动中把社会作为认识和改造的对象。一方面，人总会自觉或不自觉地按照把握到的人的实践本质、人的发展规律和发展人的目的来改造社会客体,从而使社会客体的改变来满足人自身生存和发展的客观需要。社会中生产力与生产关系、经济基础与上层建筑之间的基本矛盾以及政治、经济、文化等所有领域的社会矛盾都是通过人在实践活动中发挥能动性而得到协调和解决。另一方面,人又按照把握到的社会规律来改造人,把社会客体规律对象化,即运用社会规律来改造自身,或者通过社会环境本身的改变来改造自身,从而使人更好地促进社会的发展进步。这样通过人与社会实践的对立面的统一达到人与社会的和谐。人的发展与社会的发展是相互影响、相互制约的,因此在人与社会的双重对象化活动中不能顾此失彼、相互脱离,应该在动态的发展过程中不断地发挥人的能动性,不断深入地把握人的实践本质和社会运行的规律性,在合目的性与合规律性相统一的基础上达成新的和谐。

3. 人与人的和谐

人与人之间的和谐是人与社会的和谐的一个缩影,因为社会是一切人与人之间关系的总和。现实的对象性活动中人不仅把自然界当作自己认识和改造的对象,而且把他人和自身也当作自己的对象,马克思说过:“人们在生产中不仅仅同自然界发生关系。他们如果不以一定的方式结合起来共同活动和互相交换其活动,便不能进行生产。为了进行生产,人们便发生一定的联系和关系。”[3]这里的“联系和关系”就是人与人之间的关系。就人与他人的关系看,他们在生产实践活动中形成一定的关系,这些关系相互对立、相互依赖而生成和谐,就具体而言,每个人在资源占有、财产分配、就业、受教育机会与条件、社会福利和社会保障等方面尽可能平等,也就是说,个人在处理同他人之间的关系时,不能只考虑自己,还要考虑其他人,双方之间享有的权利和机会要基本均等,这样人与他人的和谐才有可能向更高层次发展。就人与自身的关系而言,人作为实践活动的主体,不仅把自然作为认识和改造的对象,而且人自身也是人认识和改造的对象,通过自我的改造使自身在知识技术水平、劳动技能、修养等方面不断提高,从而达到人与自身实践的对立面的统一。

二、构建和谐社会——必须回应两种思维方式的诘难

1.“以物为本”的发展观与“物本主义”思维方式

所谓“以物为本”的发展观,指的是“与‘物的依赖性’相适应的单纯以物质财富生产为目的的财富发展观,其最大特点就是形成了人的社会发展的‘物化性’或‘物役性’”。[4]这一发展观本来是与“物的依赖性”的资本主义社会相适应的,但是我国还处于社会主义初级阶段,根本就不可能一下就进入“自由人联合体”的“自由个性的社会”。故“以物为本”的物的依赖性的社会关系还有相当的现实性。把 GDP 的增长作为社会发展进步的标准,更有部分地方是单纯把 GDP 的增长作为考核干部的一项重要指标。也就是说强调的是以“物”为本,即以财富的增长为本,与之相适应便产生了“物本主义”思维方式,这里的“物本主义”与哲学教科书所讲的追本溯源式的“物质”本体论的思维有所区别。构建和谐社会应扬弃“以物为本”的发展观,在追求物质财富丰富的同时要综合考虑自然、社会和人之间的关系,不能一味地重“物”轻“人”,即要站在科学发展观的高度,实现社会的全面协调可持续发展,摒弃为了达到财富的丰裕而限制人的自由全面发展的发展理念,财富生产的目的是为了人的发展而不是财富生产的手段本身,同时要坚决抵制

拜金主义和享乐主义的侵蚀。从思考、解决和评价人与自然、人与社会、人与人之间关系的思维方式看，理所当然应扬弃“物本主义”的思维方式，因为这种思维方式强调“物”(GDP)的纯粹增长，把人和对象物上升到几乎敌对的状态，把人作为财富生产的手段，忽视了人的目的性、能动性和自由性。

2.“以人为本”的发展观与“人本主义”思维方式

以物为本的发展观所体现的是“物”的特性，那么以人为本的财富发展观理所当然应体现“人”的本性。只有在共产主义社会人才能得到充分自由全面的发展，因而，以人为本的发展观理应是与“自由个性”的未来共产主义社会相适应的发展观。这里所强调的“人”是一定社会形态中现实的个人，即马克思所说：“人不是处在某种虚幻的离群索居和固定不变状态中的人，而是处在现实的、可以通过经验观察到的、在一定条件下进行的发展过程中的人。”“以人为本”的发展观中的“人”可能是每个人即人类、单个的人，或者是以一定群体出现的人的集合如人民群众，而以“人的什么”为本应包含以下几个层次的含义：首先是人的需求。但是这个“需求”马克思讲得很清楚：“一切人类生存的第一个前提，也就是一切历史的第一个前提，这个前提是：人们为了能‘创造历史’，必须能够生活。但是为了生活，首先就需要吃喝住穿以及其他一些东西。因此第一个历史活动就是生产满足这些需要的资料，即生产物质生活本身。”[4]因此需求不能简单地理解为人的物欲，而应该是在满足物质需要的基础上人的精神、文化、心理乃至人的发展的需要，更是人的解放和人的自由全面发展的需要。其次是以人的发展为本。马克思说：“人以一种全面的方式，就是说，作为一个总体的人，占有自己的全部本质。”[5]强调人在德、智、体、美、劳等诸多方面的全面发展。再次是以人的价值为本。人的价值在于能够创造价值，人在为社会创造价值的过程中而实现自身的价值。与“以人为本”的发展观相对应的“人本主义”思维方式，这当然不能把它和费尔巴哈的“人本主义”哲学思维方式相等同，这里的“人本主义”思维方式虽含有人高于物的哲学意蕴，其实质是代表一种发展观的倾向，即过分强调人的需求、利益和发展而忽视了自然界的承受能力以及人类社会和人自身的相互和谐关系。

三、实践思维方式是构建和谐社会的根本思维方式

1. 实践思维方式对“物本主义”和“人本主义”思维方式的超越

“物本主义”和“人本主义”思维方式是由“以物为本”和“以人为本”两种发展观所衍生的带有极端倾向性的思维方式，这恰恰与哲学意蕴中形而上学思维方式相契合。而实践思维方式是马克思主义哲学理解、把握人类世界(属人存在)，理解、把握、诠释一切相关哲学问题的根本思维方式。首先，实践思维方式在思维的视角、切入点上超越了“物本主义”和“人本主义”思维方式。实践思维方式把人(主体)理解为受实践规定、在实践中生成和发展的社会化人、实践的人；把“世界理解为实践中生成和发展的主体对象化的世界、人化世界、属人世界或人类世界”；[6]把人类世界中人的社会理解为受实践规定、在实践中生成和发展的人类社会或社会化了的人类。其次，实践思维方式立足于在实践中生成和发展的人类社会和社会化的人类；以实践中生成和发展的人、人的世界和人的社会为出发点；以人类社会发展的必然即共产主义的人的彻底解放和自由全面发展

为其归宿点。最后,实践思维方式以人(主体)的内在本性、规律作为理解相关问题的途径和方法。总而言之,实践思维方式按照把握到的不断深化的人的实践本质和人化自然、人类社会的规律,通过主体对象化和客体的非对象化,实现人与自然、人与社会、人与人之间对立面的统一,即和谐。它彻底扬弃了那种"见物不见人"和"见人不见物"的极端性的思维倾向,从而跳出了形而上学思维方式的窠臼。

2. 构建和谐社会的根本思维方式——实践思维方式

和谐社会可以说是社会大系统中各种综合因素运行的一种良性形态。在"以物为本"和"以人为本"两种发展观中,不能简单地强调哪种发展观更具有支配地位,应该辩证地看待、审视。"以物为本"是基础性的,只有生产力的高度发展、物质财富的极大丰裕,才可能实现"以人为本"中人的需要的满足、人的自由全面发展、发展成果归人民群众共享。反之,人的自由全面发展越充分就越能深刻地认识和把握人自身、人类社会的规律性。这样人的实践活动在合规律性与合目的性的指导下,就能更好地处理人与自然、人与社会、人与人之间的关系,从而在社会的动态发展中促成新的和谐。

和谐社会是主体的实践活动生成、发展出的社会状态,主体是人,并且是处于特定历史阶段(社会主义初级阶段)和从事实践活动(劳动)的人,以个体主体和群体主体(人民群众)的形式出现。客体是自然、人和社会。"自然"是被人类实践活动改造过的自然,是对人来说的现实的自然界,即人化自然,又称属人的自然;"人"是现实的人,是受实践规定、在实践中生成和发展的人(包括人类、人自身和群体形式出现的人民群众);"社会"是在实践中生成、发展的社会化的人类或人类社会,即政治、经济、文化等一切社会关系的总和。和谐社会作为一种理想的社会状态,必须大力发展社会生产力,在物质财富极大充裕的基础上,不断满足人民群众日益增长的物质文化需要,让发展成果惠及人民,促成每个人的自由全面发展。构建和谐社会是社会大系统内人与自然、社会之间以及内部各要素之间矛盾不断得到调整的一种良性运行状态,而这些矛盾又是在现实的实践活动中产生和得到解决的。要协调和处理好这一系列的矛盾,必须从现实的主客观条件出发,从思考问题的方式上完成根本性的转变。正如马克思指出:"不是人们的意识决定人们的存在,相反,是人们的社会存在决定人们的意识。"正是现实的社会条件和一系列基本矛盾的存在决定新的思维方式诞生的必然性,因此,实践思维方式理所当然地成为构建和谐社会的根本思维方式。

参考文献:

[1] 胡锦涛. 在省级主要领导干部提高构建社会主义和谐社会能力专题研讨班上的讲话. 人民日报, 2005-6-27

[2] 倪志安. 马克思主义哲学教育方法论研究. 北京:人民出版社,2006. 226

[3] 马克思恩格斯选集(第1卷). 北京:人民出版社,1995. 344

[4] 刘荣军. "以人为本"的财富发展观与我国社会主义的发展的基本要求. 马克思主义研究,2008(6)

[5] 马克思,恩格斯. 马克思恩格斯全集(第3卷). 北京:人民出版社,1960. 303

[6] 倪志安. 马克思主义哲学教育方法论研究. 北京:人民出版社,2006. 68

从实践理解的新视角看社会主义和谐社会

袁 泉
(西南大学，重庆，400715)

一、从实践理解的问题是马克思主义哲学的根本性问题

马克思主义新哲学的“主义”之所在，就在于马克思哲学所理解的世界，是由人的活动生成、发展的世界，是对人来说的“现实世界”。实践理解的问题是马克思主义哲学的根本性问题，在《关于费尔巴哈的提纲》中，马克思用下面这句名言宣告了自己新世界观的诞生：“哲学家们只是用不同的方式解释世界，而问题在于改变世界。”[1]可见，马克思主义哲学新世界观与传统哲学世界观的本质区别，在于从实践理解一切相关问题，即以“改变世界”的实践作为哲学思考问题的视角、出发点和归宿点。在马克思看来，从前的一切唯物主义，都是从客体的、直观的形式去理解对象，而不是把它们当作感性的、人的活动，即不是从主体从人的实践去理解；相反，虽然能动的方面被唯心主义发展了，然而唯心主义只关注精神活动的能动活动，却不了解物质性活动即人的实践活动的能动性，更不理解从实践理解问题的划时代意义。

马克思主义新哲学，将从实践理解问题的观点引入自己新哲学的世界观，从人的实践活动出发，把世界看成是以实践为基础和中介的、在实践中生成发展的属人世界或人类世界，这样建构的新哲学世界观即一种实践的世界观。马克思指出：“先于人类历史而存在的那个自然界，不是费尔巴哈生活其中的自然界；这是除去在澳洲新出现的一些珊瑚岛以外今天在任何地方都不再存在，因而对于费尔巴哈来说也是不存在的自然界。”[2]可见，马克思主义新哲学关注的问题，是与人的活动有关的、如何从实践去理解属人世界生成发展的问题。马克思指出：人们“周围的感性世界决不是某种开天辟地以来就直接存在、始终如一的东西，而是工业和社会状况的产物，是历史的产物，是世世代代活动的结果”。[3]这表明马克思的新哲学关注的世界是受实践规定和制约的人类世界(包括人化自然、人类社会和人自身)。

实际上，从实践理解问题，是马克思主义哲学的理论性质之所在，创新之所在，更是“主义”之所在。马克思指出：“全部社会生活在本质上是实践的。凡是把理论引向神秘主义的神秘东西，都能在人的实践中以及对这个实践的理解中得到合理的解决。”[4]这一论断更明确地表现出“从实践理解问题”在马克思主义全部哲学理论中的基础和核心地位。

二、从实践理解的新视角看社会主义和谐社会

1. 从实践理解社会主义不和谐的三大对立(人与自然、人与社会和人与自身的对立)

(1)在实践基础上人与自然的对立

在人的实践活动介入以前,自然界的运动、变化、发展遵循的是天然逻各斯,而人的实践活动的出现,打破了自然界的天然规律。实践活动作为主体性的有意识的能动活动,带有目的性和欲望,不断突破天然自然的界限。一方面,面对日益恶化的自然环境,人们内部出现分歧,提出拯救环境,恢复人与自然和谐相处的口号;另一方面,受到经济利益的驱使,在人类实践能力提高的同时,对自然的破坏能力也在增大,不断对自然界索取,导致温室效应、物种灭绝等。

(2)在实践基础上人与社会的对立

在人类科学技术高度发展、实践能力与日俱增的今天,人类对生存现状的不满和对金钱追求的欲望,促使社会不断发展的同时,也陷入发展和交往的异化。资本对人的驱使,人的实践活动围绕着资本的增值和财富的增长而展开,自由平等的社会交往被金钱交往所代替,变成不平等、不自由的异化交往。资本主义社会形态,在社会法律制度、保障制度等方面表现出暂时的优越性,社会主义国家反而成为贫穷的代言词。

(3)在实践基础上人与自身的对立

随着人的实践能力的提高,社会生产力得到前所未有的发展。一方面,人口的增长与生态、环境的承受能力不协调,世界人口的飞速增长已大大加重了地球自然净化的负担,我们应该合理控制人口增长,提高生育质量;另一方面,就是人的异化、人成为金钱的奴隶和人的自由全面发展的对立。

2. 从实践理解社会主义和谐的三大统一(人与自然、人与社会和人与自身的统一)

马克思的实践概念有着极其丰富的内涵,作为马克思主义哲学的根本问题,它必然包含以下两方面的内容:一是人与自然的和谐统一,二是人与人的和谐统一。首先,在承认自然先在性的前提下,人将自然界作为实践活动的改造对象和认识对象,人与自然生成一种全新的关系——实践关系。一方面,人按照把握到的自然规律、人的目的及活动规律改造自然客体,使人的本质力量对象化到自然客体中即主体客体化,使天然自然生成发展为人化自然;另一方面,人又按照把握到的自然规律改造人自身,把自然规律对象化到主体中即客体主体化。其次,人在实践的双重对象化活动中,人与人之间也生产一种全新的关系——实践关系。一方面,在生产实践活动中,人会自觉或不自觉地按照把握到的人的发展规律、人的发展目的来改造人类社会及他人,以改变社会和他人来满足自身生存和发展的客观需要;另一方面,在生产实践活动中,人又不断改造自身,形成马克思所指称的社会化的人类。

在实践中生成发展的人与自然以及人与人之间的关系问题,是社会主义和谐社会建设的核心问题,从马克思的实践思维方式和实践逻辑出发,在实践中使三者关系和谐统一,才能发挥马克思主义哲学在我国社会主义现代化建设中的指导作用。

(1)在实践基础上人与自然的和谐统一

首先,人与自然的和谐统一表现在人对自然的依赖性:一是人在自然界中通过劳

动，生理结构发生变化，从类人猿进化到人。二是自然界为人类提供了赖以生存的自然环境，如空气、阳光、水等。三是人将劳动作为人与自然之间物质交换的实践活动，自然界被纳入人的实践活动中，成为主体活动不可缺少的客观对象。

其次，人与自然的和谐统一更表现在人对自然的能动性：一是人通过实践活动改造自然界，与动物单纯的适应自然界不同，人的实践改造活动具有目的性、主观性和创造性，是人的内在尺度与自然客体外在尺度的统一。二是人能够从理论上认识和把握自然界，随着实践能力的提高，人们认识、反映自然事物本质和规律的能力也在提高，同时将把握到的客观规律运用到实践中又能提高人的实践能力，为实践把握自然界的活动服务。

(2)在实践基础上人与社会的和谐统一

在实践基础上人与社会的统一，这里的“人”指的是在社会中从事实践活动的现实的人；而这里的“社会”指的是由现实的人的实践活动生成发展的社会。所以，人是处在一定的社会关系中、受社会关系制约的人，社会是受人的实践活动规定的社会，离开人的社会或离开社会的人都是不存在的。

人与社会的统一表现为：一是人对社会的改造作用，使社会的存在和发展满足人的存在和发展的需要，使社会成为人类社会。二是社会对人的改造作用，人在实践中用把握到的社会规律来改造人自身，把社会的客观规律对象化到主体中，使人成为社会化的人。

(3)在实践基础上人与自身的和谐统一

实践是人与自身对立面统一的基础和中介，体现在：一方面，表现在人与自身在实践中改造自然、改造社会的统一，人的自然化和社会化；另一方面，在实践的改造人自身、生产人自身中，人作为实践活动的主体将自然环境、社会环境的改变同人的改变统一起来，应用在实践中获得的能力改造人自身，改造人的主观世界，发展人的思维。

总之，人与自然、人与社会的统一，是人作为历史主体从事实践活动的双重对象化活动的统一。自然和人作为对立的两极，在人类产生以后各自的存在以对立面的存在为前提，没有人的实践活动的自然对于人来说是“无”，社会主义和谐社会建设要把握两点：一方面，人类产生以后开始不断向大自然索取生活资料，随着实践能力的提高索取的力度也随之加大，天然自然的界限被不断打破，自然界不断被人化；另一方面，人类在发挥能动性向自然索取的同时，要遵守客观自然规律对实践活动的制约，因为规律的客观性决定了它是不以人的意志为转移的，藐视规律必然会受到自然规律的惩罚。

在实践中，人的自然化和自然的人化过程同时也是人类社会形成和发展的过程。人在改造自然的活动中结成的某种关系形成社会关系，在改造自然的同时也改造着人与人、人与社会的关系，人与人、人与社会的对立面的统一构成了人与社会的和谐发展。

马克思主义哲学基本问题所蕴涵的社会和谐思想，和我国构建社会主义和谐社会的客观要求具有高度一致性。在《1844 年经济学哲学手稿》中，马克思在论述共产主义时谈到：“它是人和自然界之间、人和人之间矛盾的真正的解决，是存在和本质、对象化和自我确证、自由和必然、个体和人类之间的斗争的真正解决。”[5]显而易见，马克思从实践的维度，把人与自然、人与人(包括人与社会)的矛盾提到首要位置上来，设想了共产主义社会建立的重要条件。由此观之，社会主义社会只有处理好了人—自然—社会的关系才能良性发展，社会主义和谐社会乃至共产主义社会才能建立起来。

参考文献

[1] 马克思，恩格斯. 马克思恩格斯选集(第1卷). 北京：人民出版社，1995. 61
[2] 马克思，恩格斯. 马克思恩格斯选集(第1卷). 北京：人民出版社，1995. 77
[3] 马克思，恩格斯. 马克思恩格斯选集(第1卷). 北京：人民出版社，1995. 76
[4] 马克思，恩格斯. 马克思恩格斯选集(第1卷). 北京：人民出版社，1995. 56
[5] 马克思，恩格斯. 马克思恩格斯全集(第42卷). 北京：人民出版社，1979. 120

从马克思人的发展理论看和谐社会的构建

刘海涛
（西南大学，重庆，400715）

一、马克思的人的发展理论

人的发展和解放的学说是马克思一生都在致力追求的思想学说，而实践思维方式是马克思主义哲学思想中的革命性的变革，是贯穿于解决一切马克思主义问题的基础。笔者着重从人作为现实的存在物的角度，论述人的发展中的人是什么样的人、发展又是什么样的发展以及是怎样发展的，来探讨马克思对人的发展的认识。

（一）人是现实的人，是自然存在物、社会存在物和精神存在物的统一

在马克思主义哲学的实践历史观中，马克思谈到"任何人类历史活动的前提无疑是具有生命的个人存在"。[1]这也就是说我们在从事历史实践活动创造的过程中，前提必须是具有活生生的生命个体。这种具有活生生的生命活动的个体就是"现实的个人"。"这里所说的个人不是他们自己或别人想象中的那种个人，而是现实中的个人，也就是说这些个人是从事活动的，进行物质生产的，因而是在一定的物质的、不受他们任意支配的界限、前提和条件下活动着的。"[2]现实的个人作为历史主体表现为三种存在形式：自然存在物、社会存在物和精神存在物。首先，人是自然存在物。自然分为自在自然和自为自然，人作为有生命的个体，具有动植物所具有的一切特性，但人不仅仅是具有生命的个体，他还具有受动性和能动性的活动，尤其是实践的活动。人通过这种实践的对象化活动，不断地改造自在自然成为自为自然即属人自然也即马克思所说的"人的现实自然界"、"人本学的自然界"。[3]在这个人本学的自然界里，"人不仅仅是自然的存在物，而且是人的自然存在物，就是说是自为的存在物，因而是类存在物。"[4]从而人也不断地改造自身的自然，发展自己的体力和能力。其次，人是社会存在物。正如马克思在《关于费尔巴哈的提纲》中提到的"人的本质并不是单个人所固有的抽象物。在其现实性上，它是一切社会关系的总和"[5]即是说这里的人具有类的属性，人是在一定的社会联系和社会关系中存在的，人是社会的存在物。最后，人是精神存在物。马克思从人的生命活动与动物的生命活动的关系角度分析了人是精神的存在物，"动物和自己的生命活动是直接统一的，动物不把自己同自己的生命活动区别开来。它就是自己的生命活动。人则使自己的生命活动本身变成自己意志和意识的对象。他具有有意识的生命活动。"[6]

（二）人的需要是人的发展的动力

人作为特殊的生命存在物，他的生命的性质、他的内在本性要求自由地拓展人的各方面能力去实现和满足自身各方面的需要，正如“任何人的职责、使命、任务就是全面地发展自己的一切能力”。[7]需要有很多种，较低级的那种维持生命而产生的需要，不管动物、植物还是人自身都要有这种需求，或者简而言之，需要就是有生命的事物为了满足自己的生存而对外部存在的索求。马克思在研究人的自由而全面的发展时，将人的发展需要划分为三种类型：第一，生存的需要。这是人为了维持生命活动的最低级的需要，在这种需要的基础上人就必须进行简单的物质生产活动，主体与客体的对象化的实践活动。第二，科学研究和创作的需要。人在满足基本的生存需要的同时，还必须满足人作为社会存在物和精神存在物的需要，只有这样人才能从自然界的支配下解放出来获得人的社会和精神的自由。人们可以在自由劳动时间进行培训、学习等，从而使自己发展。第三，人自身自由而全面的发展。基于人的生成和发展，马克思提出的人的三个发展阶段的理论中，第三个阶段就是“建立在个人全面发展和他们共同的社会生产能力成为他们的社会财富这一基础上的自由个性”。[8]我们把这一阶段称为“自觉的类主体”。随着生产力的高度发展，人的自由劳动时间的不断增多，人的精神文化的不断增长，人可以自由地合理安排自己的规划，从而使人的能力，人与人之间的关系等得到全面的发展。因为，人是受动和能动性的统一，即人不仅要适应自然，更为重要的是人还要根据自己的需要创造一个“理想的世界”，也就是说“他总是从‘为我’的角度，根据自身的需要和利益处理主客体的关系，总是把事物、活动及其结果看做是‘为我’而存在的东西”。[9]

（三）人的发展离不开一定的目的和手段

实践作为一种对象化活动，总是离不开人的需要。需要是促使人们实践的内部驱动力，而当人们把自己的需要同外界的对象（实践中的对象）联系起来时，就转化为自己所追求的目的，成为自己的理想存在，所以从根本上说，“目的是人对客体属性和主体需要进行思维的产物，这是人的活动的自觉性质所在”。人的本质是实践的，而劳动是人的本质的社会规定，也是人的生存和发展的目的和手段相统一的社会规定。人是自然的存在物，人的生存和发展离不开劳动，因而人通过劳动来实现自己的目的，正如马克思在《资本论》中所述“人通过劳动不仅使自然物发生形式的变化，同时它还在自然物中实现自己的目的”。在实践的历史观角度上，马克思从人类历史发展的最终目的即“目的本身”规定为“人类全部力量的全面发展”。人作为有意识的类存在物，是处于一定的社会联系之中的，正如马克思在《1857～1858年经济学手稿》中对目的和手段用比较清晰的语言所说的：“每个人为另一个人服务，目的是为自己服务；每一个人都把另一个人当做手段互相利用。”[10]从这句话中，我们可以这样认为，马克思将人看做“自为的存在”和“为他的存在”的统一。也就是说“自为的存在”就是为我的存在，把自己当做目的；“为他的存在”就是为别人存在，把自己当做手段。人就是这种既为自己存在又为他人存在的存在物，也是既是目的又是手段的存在物。

(四)人的发展的最终目标和归宿点是全面而自由的发展

马克思主义哲学的本质是关于人类社会发展与人类解放的学说,马克思在研究人类历史发展的根本规律、论证共产主义的必然性时,就是从人出发来论证的。人的发展的最终目标是什么样的发展,马克思主义经典作家始终把"人的自由全面发展"当作人的发展的最终目标和归宿点,也是马克思主义哲学的最高命题,其思想贯穿马克思主义理论的始终。马克思主义哲学是具有人文关怀精神的哲学,但多年来一些人总是认为马克思主义哲学是"见物不见人的哲学"、是缺乏人文关怀精神的哲学,如存在主义者萨特认为,马克思主义哲学存在着"人学空场"的缺陷。笔者认为之所以造成这样的片面认识是由于缺乏对马克思原著系统性的认识和解读,也是因为马克思没有对自己的理论形成一个系统的理论体系;而我国现行的教科书很多是在继承和吸收苏联历史教科书的基础上形成的"两个主义四大块"的理论体系,尤其在四大块上(唯物论、辩证法、认识论、历史观)缺乏合理把握,没有很好地把握住马克思的实践思维方式,特别是人的主体性,其结果必定造成马克思主义哲学的所谓"见物不见人"。实际上,马克思主义哲学把人的解放,人的全面而自由发展作为自己思想体系的最高目标,但是这种博大的人文关怀精神却被传统的教科书体系遮掩了。重温马克思主义经典著作,我们可以看到马克思主义经典作家们不仅站在无产阶级的立场上,关注无产阶级的解放,他更站在人类的立场上,关注全人类的解放。马克思主义经典作家认为,无产阶级只有解放全人类,才能最后解放自己。也只有当所有的人实现了全面而自由的发展,才可以说是马克思主义哲学意义上的人类解放。因此,"一切人自由而全面的发展"是马克思主义哲学的最高命题。马克思主义哲学这种立足于全人类解放的人文关怀胸襟,体现了马克思主义哲学的人文关怀精神。马克思指出:"一个种的全部特性,种的类特性就在于生命活动的性质,而人的类特性恰恰就是自由的自觉的活动。"这是马克思第一次将人的类特性定义为"自由的自觉的活动"。在马克思看来,人的自由自觉的活动,是人区别于动物的本质表现。人能通过"自由的自觉的活动"来实现自我生存与发展,人自己就是自己存在发展的根本理由。

二、从马克思的人的发展理论看和谐社会的构建

(一)和谐社会的构建应以人的自由全面的发展为最终价值诉求

马克思的实践思维方式和思维逻辑是以"从事实际活动的人"为出发点,以"人类社会或社会化的人类"为立足点,以"每个人的自由发展"为条件,以"一切人的自由发展"为其归宿点。和谐社会的构建是几千年来人类梦寐以求的社会理想,也是马克思为之奋斗的价值目标。而构建和谐社会不仅仅需要在经济、生态上的和谐,它更需要的是人自身的和谐——实现人的全面而自由的和谐发展。马克思关于人的全面发展理论,是在对资本主义社会的批判的基础上获得的。正如马克思在《资本论》中所说:"'每个人的全面而自由的发展'是取代资本主义社会的未来'社会形式'的'基本原则'。"虽然人类进入资本主义社会之后生产力有了极大的提高,人的发展较以往社会也有了极大的发展,但

是这种发展是一种片面性的发展、单一方面的发展，从而这种资本主义社会的发展和进步导致了人的异化和人的畸形发展的缺陷。但是，人的需要是不会停滞的、生产力发展是不会停滞的，处在实践活动中的现实的人，在实践活动中是能够尽可能地发展和实现自我的。这里的人既不是指单个人或少数人，也不是指大多数人，而是指每一个人，即所有人。既然人的发展(这里的人也是指每一个人)的最终目标和归宿点就是实现自由而全面的发展——人类的最高诉求，那么由人组成的社会也应该有它的最高诉求，或者是应该建立起一个最适合每个人全面而自由发展的社会环境——和谐的社会即共产主义。社会主义是共产主义的初级形式，不可避免地会有多种矛盾和冲突，只要我们始终坚持以实现人的全面发展为最终目标，就一定会建立起一个和谐的社会。

(二)和谐社会的构建必须努力代表最广大人民的根本利益和需要

马克思曾经指出："人们奋斗所争取的一切，都与他们的利益有关。"[11]"任何思想的终极目标都在于利益，因而思想一旦离开利益，马上就会使自己出丑。"[12]人的利益和需要是我们对价值作判断的一个基本的要素，同时也是我们对价值标准确立的一个根本出发点。但是在现实的实践过程中以谁的利益和需要作为价值判断的出发点？江泽民曾指出："我们要把最广大人民的根本利益作为党和国家一切工作的根本出发点和落脚点，努力使全体人民共享改革发展的成果，朝着共同富裕的方向不断前进。"由此可见，我们工作的一切方针和政策都要以人民作为主体。马克思也历来主张将现实的人作为考察的主体，并始终将主体定位于人民群众。在1844年马克思就指出："历史活动是群众的事业，随着历史活动的深入，必将是群众队伍的壮大。"[13]突显了人民群众是历史活动的主体和创造者。在《共产党宣言》中，马克思就指出了："过去的一切运动就是少数人的或者为少数人谋利益的运动。无产阶级的运动是绝大多数的，为绝大多数人谋利益的独立运动。"[14]在新时期，针对我们社会主义建设中出现的新问题、新矛盾，以胡锦涛同志为总书记的党中央，站在时代的前列，高瞻远瞩，提出了构建和谐社会的新设想、新任务，要大力发展科教文卫事业，健全社会保障制度，就是把人的利益放在了一个突出的位置，为人的全面发展提供一个良好的社会环境。只有代表了最广大人民的根本利益和需要，才能发挥人民群众的创造性，使社会主义朝着和谐的方向更快地迈进。

(三)和谐社会的构建必须要创造、占有和运用更多的自由时间

在马克思的人的发展理论中，生产力的极大增长为人的全面发展提供了条件，但这种条件的提供是需要一个支点的，那就是人所占有的"自由时间"。自由时间是一个社会发展进步的标尺，也就是说如果这个社会的自由时间越多就说明这个社会越进步。马克思从人的存在和发展角度将人的劳动时间分为必要劳动时间和剩余劳动时间，在人类发展的历史长河中，虽然剩余劳动时间并不完全是自由时间，但剩余劳动时间是产生自由时间的前提和基础，同时也是人的发展的前提和基础。马克思说："剩余劳动时间不仅创造他们的物质基础，而且同时创造他们的自由时间，创造他们的发展氛围。"[15]自由时间是人的发展的前提，只有当我们摆脱那种对家族关系和物的依赖，即外在必然性的束缚，而去自主地选择发展的道路、内容和目标的时候，才能从根本上实现人的发展。马

克思在关于时间的论述中曾这样说过:“时间实际上是人的积极存在,它不仅是人的生命的尺度,而且是人的发展空间。”[16]这里的时间指的就是自由时间,这样的自由时间即是人的发展空间。马克思在这里将时间认为是一种“属人意义”的时间。假如一个人没有了自由时间,那么他就连一个载重的牲口都不如,只是一个为别人生产财富的机器。在我们社会主义初级阶段,科学技术有了很大的发展,导致社会分工越来越细,人们从事的工作比较单一,但是正是因为有了自由时间的存在,人们才可以不再被限定在固定分工的上面,从而也就在一定程度上扩展了自己的发展空间。但是随着科技的发展,人们创造出了大量的自由时间之后,并不一定是真正地占有或享用了自由时间。当前在建设有中国特色的社会主义伟大事业中,我党一贯坚持马克思的人的发展理念,在党的十七大中明确提出的:“以人为本,构建和谐社会”正是对马克思人的发展理论的自觉运用和深化。我党始终朝着马克思所描绘的共产主义“个性得到自由发展,因此并不是为了获得剩余劳动而缩减必要劳动时间,而是直接把社会必要劳动缩减到最低限度,那么,与此相适应,由于给所有的人腾出了时间和创造了手段,个人会在艺术、科学等等方面得到发展”[17]的目标而不懈努力。

参考文献:

[1] 马克思,恩格斯.马克思恩格斯全集(第3卷).北京:人民出版社,1960.23

[2] 马克思.德意志意识形态(节选).马克思恩格斯选集(第1卷).北京:人民出版社,1995.71~72

[3] 马克思.1844年经济学哲学手稿.北京:人民出版社,2000.89

[4] 马克思,恩格斯.马克思恩格斯全集(第42卷).北京:人民出版社,1979.169

[5] 马克思,恩格斯.马克思恩格斯选集(第1卷).北京:人民出版社,1995.56

[6] 马克思.1844年经济学哲学手稿.北京:人民出版社,2000.57

[7] 马克思,恩格斯.马克思恩格斯全集(第3卷).北京:人民出版社,1960.330

[8] 马克思,恩格斯.马克思恩格斯全集(第46卷上).北京:人民出版社,1980.104

[9] 倪志安等著.马克思实践哲学研究——马克思哲学的实践思维方式诠释.成都:四川人民出版社,2004.332

[10] 马克思,恩格斯.马克思恩格斯全集(第30卷).北京:人民出版社,1995.198

[11] 马克思,恩格斯.马克思恩格斯全集(第1卷).北京:人民出版社,1972.82

[12] 马克思,恩格斯.马克思恩格斯全集(第2卷).北京:人民出版社,1995.103

[13] 马克思,恩格斯.马克思恩格斯全集(第2卷).北京:人民出版社,1957.104

[14] 马克思,恩格斯.马克思恩格斯全集(第1卷).北京:人民出版社,1995.283

[15] 马克思,恩格斯.马克思恩格斯全集(第31卷).北京:人民出版社,1998.107

[16] 马克思,恩格斯.马克思恩格斯全集(第47卷).北京:人民出版社,1979.532

[17] 马克思,恩格斯.马克思恩格斯全集(第46卷下).北京:人民出版社,1980.225

统筹城乡发展的哲学底蕴

——以历史唯物主义的视角

唐艳妹

（西南大学，重庆，400715）

党的"十六大"报告指出："统筹城乡经济社会发展，建设现代农业，发展农村经济，增加农民收入，是全面建设小康社会的重大任务。"党的"十七大"报告再一次指出，要统筹城乡发展，建立以工促农、以城带乡长效机制，形成城乡经济社会发展一体化新格局。统筹城乡发展，就是要用适合我国国情的方式，加快改变农业、农村、农民的面貌，并正确处理工业和农业、城市和农村、城镇居民和农村居民的关系，形成城乡经济社会发展一体化新格局，逐步解决城乡二元结构矛盾，促进社会的和谐，最终实现全面小康。统筹城乡发展，需要正确认识和解决城乡二元结构的矛盾，是一个面对历史的过去和社会的现实而创造历史的过程，是历史唯物主义相关原理和观点在建设中国特色社会主义和贯彻落实科学发展观过程中的运用，有着深厚的哲学底蕴。

一、统筹城乡发展的历史主体是"现实的个人"

马克思、恩格斯在《德意志意识形态》中，把"现实的人"作为历史唯物主义的出发点。历史唯物主义是"关于现实的人及其历史发展的科学"。而人类的"整个历史也无非是人性的不断改变而已"，[1]"创造这一切、拥有这一切并为这一切而斗争的，不是'历史'，而正是人，现实的、活生生的人。'历史'并不是把人当作达到自己目的的工具来利用的某种特殊的人格。历史不过是追求自己的目的的人的活动而已"。[2]也就是说，现实的人创造历史，历史是现实的人的活动的总和。统筹城乡发展是中国特色社会主义事业的重要组成部分，是人类历史活动的伟大进程。因此，统筹城乡发展的历史主体，只能是"现实的个人"。正如马克思、恩格斯在《德意志意识形态》中所强调的那样，历史的前提是现实的个人，是现实人的活动和他们的物质生活条件，"人是人类全部活动和全部人类关系的基础"。

作为统筹城乡发展的历史主体的"现实的个人"。从总体上说，指的是在统筹城乡发展的过程中，不能是一部分人，比如公务员、企业家、慈善家，而必须坚持以工人、农民、知识分子以及社会主义劳动者、社会主义建设者为主体，坚持以人民群众为主体，协调发挥他们的自主性、能动性、创造性，尊重他们的人格，尊重他们的创新，使得人民群众真正成为创造历史的主人。

就具体的行为主体来说，"现实的个人"属于社会各个阶层的成员，包括国家与社会管理者阶层，以及经理人员阶层、私营企业主阶层、专业技术人员阶层、办事人员阶层、个体工商户阶层、商业服务业员工阶层、产业工人阶层、农业劳动者阶层以及城乡无业、失业、半失业阶层。[3]统筹城乡发展，离不开这10个阶层的合力：(1)国家与社会管理者。他们是行使实际的行政管理职权，是当前社会经济发展的主要推动者，政策制定者。他们的思想观念、政绩观、思想政治素质、业务水平以及制定的政策的科学与否直接关系到统筹城乡发展的成败。(2)经理人员。他们是大中型企业中非业主身份的高中级管理人员，他们支配着大量的经济资源，他们能为统筹城乡发展带来资金和项目，是统筹城乡发展的活力源。没有企业家的资金支持和对可持续发展理念的坚持，统筹城乡发展，改善农村环境，增加农民收入，发展农业，改变城乡二元结构，就会失去拉动力。(3)党政机关办事人员。他们是统筹城乡发展的党务工作和行政工作的实施者。他们行为的合法性、有效性关系到统筹城乡发展的具体实施能否取得实效性。(4)城镇居民和农民群体。他们是经济社会发展中的统筹城乡发展的最大受益者，是统筹城乡发展主体中的主体。他们(特别是弱势群体)的合法意愿与权益能否得到尊重、能否得到满足是统筹城乡发展的有效性的具体体现。(5)知识分子。他们为统筹城乡发展提供智力支持和人文关怀，是社会的良心。他们的科研成果、意见和建议对推动统筹城乡发展具有极其重要的作用。

"现实的个人"创造自身，也创造历史。他们用自身独特的实践方式、理论认识水平、实践精神、价值取向，创造出符合人的生存和发展所需要的新的自然环境、社会环境。

二、统筹城乡发展体现了生产力和生产关系的辩证关系

历史唯物主义认为，生产力决定生产关系。生产力的性质和水平决定生产关系的性质和形式，生产力的发展要求决定生产关系的变革，生产关系反作用于生产力。当生产关系同生产力的发展要求相适应时，它就有力地推动生产力的发展；当生产关系不适合生产力的发展要求时，它就严重地阻碍生产力的发展。生产关系必须适应生产力发展状况的规律，是无产阶级政党制定正确的路线、方针、政策的重要理论基础。

我国城乡居民在收入、消费、教育、卫生、社会保障等方面都存在较大差距，城乡公共产品供给失衡，"三农"问题突出。要改变这样的状况，必须统筹城乡发展，实现农村经济繁荣，农民增收，实现城乡经济良性循环。而统筹城乡发展关键在于大力发展生产力。大力发展生产力是解决城乡矛盾、缩小城乡差距的根本途径。不仅要使城乡生产力内部各个要素得到最佳组合，发挥出最大的整体功能，还要使城乡生产力的布局结构趋于合理。只有生产力发展了，社会财富才能增加，才能使城乡居民不断增长的物质文化需要得到满足，为农村的稳定和发展提供强大的物质保障。

马克思认为，"同价值转化为资本的情形一样，在资本的进一步发展中，我们看到：一方面，资本是以生产力的一定的现有的历史发展为前提的，在这些生产力中也包括科学，另一方面，资本又推动和促进生产力向前发展"。[4]在现代生产中，"科学技术是第一生产力"，[5]科学技术被广泛渗透到物质生产的各个环节，对物质生产起着主导作用，形成直接的现实的生产力。而科技进步又往往是生产力发展的有力杠杆。在推进统筹城乡发展过程中，必须依靠科技创新，加快科技进步，以科技兴农，转变农业增长方式，推进农村生产力建设。

在大力发展城乡生产力的同时，必须改革社会主义生产关系中与之不相适应的部分，必须改革与经济基础不相适应的上层建筑。只有与生产力发展相适应的生产关系，才能对生产力发展起到促进作用，只有与经济基础相适应的上层建筑，才能对经济基础起到促进作用。因此，统筹城乡发展，必须改革城乡分割的户籍制度、城市优先的投融资体制、土地征用制度、农村财政体制，调整国民收入分配政策和政府财政支出结构，建立城乡平等的就业制度，完善公共财政体制，进而解放城乡生产力，促进城乡生产力的发展。

三、统筹城乡发展体现了人与环境的双向互动

历史唯物主义认为："人们自己创造自己的历史，但是他们并不是随心所欲地创造，并不是在他们自己选定的条件下创造，而是在直接碰到的、既定的、从过去继承下来的条件下创造。"[6]也就是说，现实的实践着的人总是在一定的环境之中进行物质和精神生产活动，创造人化的自然、人类社会的历史。这样，环境就包括从过去继承下来的、现存的自然环境和社会环境。前人的活动是现实的实践着的人创造历史的起点，但是他们又必须超越前人创造的环境，从而构建新的属于自己的历史。统筹城乡发展是一项伟大的人类实践活动，是全面建设小康社会、和谐社会的重要组成部分，当然也离不开一定的自然环境和社会环境。一方面，统筹城乡发展需要从当前所面对的自然界获取劳动资料和劳动对象，为经济社会发展提供物质条件，促进生产力的发展；需要从现实社会环境中获取精神资源、制度资源、文化资源，为经济社会发展提供制度条件、文化条件和精神支持，促进社会的公平正义与和谐。另一方面，统筹城乡发展需要尊重历史，尊重已形成的社会政治制度、社会结构、风俗习惯和精神文化；需要以正确的态度面对已经改变了的自然环境，在自然环境可承受程度的基础上推进统筹城乡发展。"我们不要过分陶醉于我们人类对自然界的胜利。对于每一次这样的胜利，都对我们进行报复。"[7]

在推进统筹城乡发展的伟大实践中，人们能动地、创造性地改变着当前的自然环境和社会环境。这是人的本质力量不断对象化的过程，是一个充满能动性、创造性的过程。人在这个过程中，展现出对环境和自身的强大的塑造力。对环境的塑造，一方面使得已经被破坏的自然生态得以保护和可持续发展，促进人与自然的和谐，另一方面使得城乡二元结构得以改变，发展社会公平正义，促进人与人的和谐。对人自身的塑造，一方面使得思想观念得以解放，使得思想政治素质、智力素质和身心素质得以不断提高，另一方面使个体生命的数量、质量、分布、迁移以及社会变动趋于合理化，在良好的社会环境中实现人的全面发展。

"因此我们必须走一步都要记住：我们统治自然界，决不能像征服者统治异族那样，决不是像站在自然界之外的人似的——相反地，我们连同我们的肉、血和头脑都是属于自然界和存在于自然之中的；我们对自然界的全部统治力量，在于我们比其他一切生物强，能够认识和正确运用自然规律。"[7]基于这样的认识和觉悟，这样每一代、每一阶段的人都以自己的全部力量加入到统筹城乡发展的历史进程中，并且创造出新的自我，实现人与环境的双向互动，开创出新的城乡面貌，加快全面建设小康社会、和谐社会的步伐。

四、统筹城乡发展是坚持群众观点和群众路线的历史过程

历史唯物主义认为，人民群众是社会物质财富和精神财富的创造者，是社会变革的决定力量。人民群众是历史的创造者。统筹城乡发展是无产阶级政党领导的经济社会建设事业。在推进统筹城乡发展的伟大进程中，必须坚持群众观点和群众路线。这是正确领导和做好统筹城乡发展工作的根本保证。

统筹城乡发展涉及面广，牵涉到不同群体、不同部门的利益。人民的利益高于一切。国家与社会管理者、党政机关办事人员在统筹城乡发展过程中，都要以人民的根本利益作为自己工作的出发点和落脚点，全心全意为人民服务，服务于人民，一切向人民负责。必须尊重和保护人民的合法权益，强调统筹城乡发展的目的是为了人民，统筹城乡发展的成果要由人民共享，而统筹城乡发展是否取得实效的标准则是人民根本利益的实现。

历史唯物主义认为，人民群众是社会进步的推动力量和智慧的源泉。我国城乡二元结构矛盾明显，“三农”问题突出，统筹城乡发展难免会遇到各种各样的问题，会遇到各种各样的阻力。如何解决这些问题，如何消解这些阻力？毛泽东说过：“在我党的一切实际工作中，凡属正确的领导，必须是从群众中来，到群众中去。这就是说，将群众的意见（分散的无系统的意见）集中起来（经过研究，化为集中的系统的意见），又到群众中去作宣传解释，化为群众的意见，使群众坚持下去，见之于行动，并在群众行动中考验这些意见是否正确。然后再从群众中集中起来，再到群众中坚持下去。”[8]这就是“从群众中来，到群众中去”。把它贯彻到统筹城乡发展的伟大实践中，就必须使得统筹城乡发展的过程依靠人民，相信人民的力量和智慧，尊重人民的创造力和创新精神，必须虚心向广大人民群众请教应对各种难题的良策，当人民群众的学生，倾听群众的意见和建议，关注社情民意，而不是独断专行，轻视人民群众的力量和智慧。

参考文献：

[1] 马克思. 哲学的贫困. 马克思恩格斯全集(第 4 卷). 北京：人民出版社，1995. 174
[2] 马克思，恩格斯. 神圣家族. 马克思恩格斯选集(第 2 卷). 北京：人民出版社，1995. 118～119
[3] 陆学艺. 当代中国社会阶层研究报告. 北京：社会科学文献出版社，2002. 10～23
[4] 马克思. 马克思恩格斯全集(第 46 卷下). 北京：人民出版社，1995. 211
[5] 邓小平. 中国科学院工作汇报提纲. 邓小平文选(第 5 卷). 北京：人民出版社，1983. 275
[6] 马克思. 路易・波拿巴的雾月十八. 马克思恩格斯选集(第 1 卷). 北京：人民出版社，1995. 626
[7] 恩格斯. 自然辩证法. 马克思恩格斯全集(第 20 卷). 北京：人民出版社，1995. 519
[8] 毛泽东. 关于领导方法的若干问题. 毛泽东选集(第 3 卷). 北京：人民出版社，1991. 901

统筹城乡发展中农民工城市融入问题的哲学思考

吴　杰
（中共重庆市委党校，重庆，400041）

我国正处在加速推进城市化的进程中。根据第五次人口普查的结果，我国农民工占第三产业就业人口的比重已经高达46.5％，占第二产业就业人员的57.6％，占建筑行业就业人员的80％。随着统筹城乡经济社会发展这一重大战略的逐步实施和城乡统一的劳动力市场的逐步形成，大批农民进城务工，实现其社会分工和社会角色的转变，并最终完成市民化的过程。在这个转移过程中，农民工的城市融入问题显得尤为突出。[1]探究统筹城乡发展与马克思主义哲学基础理论的关联，从哲学维度思考统筹城乡发展中的农民工城市融入问题，对于解决农民工市民化过程中带来的城市融入等问题有重要的指导意义。

一、相关研究成果的综述与本文的起点

当前，针对农民工城市融入的现状、原因，制约农民工城市融入的因素，以及如何促进农民工城市融入等问题，学术界的理论和经验的研究颇多。学者们分别从政治学、经济学、社会学、心理学、人口统计学等多个角度进行了研究。他们对农民工的城市融入情况进行了实证或理论的探讨。[2]其中较有代表性的研究视角有如下几类：一是基于现代性视角，强调农民从农村走向城市、从传统走向现代、从封闭走向开放转变的过程和变化，以及由此所获得的现代性特征（李培林，1996；周晓红，1998a，1998b；江立华，2003，2004）；二是基于社会化视角（朱力，2002）的研究，还有的则是分析农民工社会化过程中的不彻底性（王春光，2001；唐斌，2002）；三是农民工与城市主体互动关系的视角，这个视角包含社会冲突论和社会排斥的视角（李强，1995；朱力，2001；潘泽泉，2004），还有学者在社会距离的视角下研究这一问题（郭星华、储卉娟，2004）；四是基于社会网络或社会资本的视角（渠敬东，2001；李汉林，2003），认为农民工的社会资本影响了他们有效融入城市社会；此外还有些学者在描述和分析农民工适应城市的内容、障碍和对策的层面上做的研究等。关于农民工的城市融入问题研究主要基于上述的视角而展开。当然不同视角之间的界线是模糊的，体现在具体的研究中侧重其一，但可相互交织、互相补充。[3]

笔者认为统筹城乡背景下的农民工城市融入问题不仅是经济学、社会学、政治学等学科的问题，更是一个哲学层面上的问题。首先，统筹城乡发展是党中央决策层把马克思主义与中国具体实践相结合的产物，它具有丰富而深刻的理论基础，体现了社会存在决定社会意识、联系的普遍性等马克思主义哲学思想。探究统筹城乡发展与这些理论基础的关联，对于我们理解统筹城乡发展的实质具有重要的意义。其次，在统筹城乡发

展过程中,出现了诸如农民工城市融入问题等诸多社会问题,通过哲学层面上把握统筹城乡发展的理论根源,并且在哲学视野下给出相应的解决对策,把感性认识上升到理性认识、透过现象看本质,以便找到问题的根源,从源头上着手解决统筹城乡发展过程中出现的各类问题。本文以马克思主义哲学为研究视角,探讨哲学视野下统筹城乡发展中解决农民工城市融入问题的对策建议。

二、从哲学维度对重庆统筹城乡发展的思考

(一)从社会存在与社会意识的辩证关系看重庆的统筹城乡发展

首先,社会存在决定社会意识,社会意识是社会存在的反映。社会意识根源于社会存在,有什么样的社会存在,就有什么样的社会意识的内容和形式;社会意识随着社会存在的产生而产生,随着社会存在的发展而发展。[4]重庆的现实市情是:"一个特大城市,加中等农业省"的格局,具有"省的构架、市的体制"的特征,大工业基地、大城市、大农村、大库区并存,是典型的二元结构特征,也是中国国情的缩影。从重庆自身实际来看,城乡统筹改革带来的社会的空前变革使社会管理的对象、范围、体制发生了根本变化。[5]

其次,社会意识具有相对独立性。社会意识与社会存在不同步,即社会意识的变化有时落后于社会存在并阻碍其发展,有时又能在一定程度上预见社会存在的发展的趋势并指导其发展;社会意识的发展与经济的发展水平不平衡。重庆突出的城乡二元结构矛盾,已经成为制约经济社会又好又快发展的最大"瓶颈"。城乡发展失衡、区域发展失调,也是全国性的普遍问题。

最后,社会意识具有能动的反作用,即先进的社会意识对社会发展起积极的推动作用,落后的社会意识对社会发展起消极的阻碍作用。马克思主义认为,我们在认识世界和改造世界的活动中,必须坚持一切从实际出发,做到主观符合客观。所以,我们制定的各项方针政策都必须从现实的市情、国情出发,做到主观与客观具体的历史的统一。城乡发展失衡、区域发展失调是全国性的普遍问题,重庆的改革单纯解决哪一个方面的问题,都不可能取得预期成效,只有立足于统筹城乡发展,从体制机制的根本上突破城乡、区域发展障碍,走出一条城市带动农村、工业反哺农业的路子,才能获得新的发展动力,实现全面建设小康社会的宏伟目标。

(二)从事物联系的普遍性看重庆的统筹城乡发展

世界上任何一个具体事物,从横向看,都处在一张"联系之网"中;从纵向看,都处在一个"因果锁链"中。如果不处在"联系之网"中和"因果锁链"中,事物就不能产生、存在和发展。

首先,城市和农村、工业和农业像车子的两个轮子,如果城乡不能协调发展、工农业不能协调发展,就像两个轮子长期失衡,必然会影响我国经济社会的健康发展。我国长期以来的城乡二元结构体制不消除,大批富余劳动力滞留农村,农民不能充分就业,农民收入必然增长缓慢,农民的购买力低下,生活水平就提不上来,全面建设小康社会的目标就无法实现。[6]

其次，从全国改革态势来看，以重庆为改革样本，推进改革试验，可以为中西部城镇化与工业化互动并进、建立城乡共享发展改革成果的机制提供经验，为我国探索发达地区与欠发达地区非均衡协调发展机制提供思路。

（三）从矛盾的普遍性和特殊性看重庆的统筹城乡发展

矛盾的普遍性是指矛盾无处不在，无时不有。其含义是：矛盾存在于一切事物中，存在于一切事物发展过程的始终。中国很多大城市的一些共性，决定了统筹城乡发展思路在全中国的大城市具有普遍的应用性：首先，它们都有足够大、足够落后的农村；其次，它们都有足够大、足够发达的城市核和城市带，有比较大的产业体系，有工业反哺农业、城市反哺农村的可能性。

矛盾的特殊性有一个表现就是不同事物的矛盾各有其特点。重庆相对于中国其他大城市而言也有其特殊情况：首先，重庆是中西部少有的城市发展很好，农村发展势头也很好，且农村发展产业链比较健全的一个区域；其次，重庆是西部唯一的直辖市，扁平化的行政管理体制——市委、市政府直接管理40个区县——为统筹城乡试验提供了行政保证。同时，还有市委、市政府的高度重视，以及中央对重庆成为长江上游经济中心的期盼，以及重庆设计的“一圈两翼”的战略平台。这些因素的综合，是中央选择重庆作为统筹城乡发展试点的主要原因。

矛盾的普遍性与矛盾的特殊性是辩证统一的。共性离不开个性，共性寓于个性之中；个性也离不开共性。矛盾的普遍性和特殊性在一定的条件下可以相互转化。重庆市情的特殊性和中国各大城市市情的共性是有机统一的，重庆市情的特殊性决定了中央选择重庆作为统筹城乡发展的试点，重庆拥有的中国众多大城市的共性决定了其统筹城乡发展的经验值得各大城市借鉴。

（四）从事物发展前进性和曲折性相统一看重庆的统筹城乡发展

唯物辩证法认为，事物发展的总趋势是前进的，新事物必然战胜旧事物。前途是光明的，道路是曲折的。任何事物的发展都是前进性与曲折性的统一。在前进中有曲折，在曲折中向前进，是一切新事物发展的途径。重庆的统筹城乡发展，也会走一条前进与曲折并存的道路。在统筹城乡事业发展得如火如荼的同时，也不可避免地产生了很多社会问题。其中，随着大批农民进城务工，农民工的城市融入问题显得非常突出。

统筹城乡发展的总思路是正确的，期间出现的社会问题也是不可避免的。我们只有在不断地发现问题、解决问题的过程中逐步完善我们的方法、步骤与机制、体制，使重庆统筹城乡发展事业顺利实施，并为全国城乡统筹发展提供借鉴经验。

三、从哲学视野提出的解决农民工城市融入问题的对策建议

（一）透过现象看本质——解决农民工“后顾之忧”的对策建议

农民工不能很好地融入城市，并且一直处于“城市陌生人”这一角色；进城务工的农民存在着种种“后顾之忧”，主要包括：土地流转中利益缺乏法律保护、收益太少、土地转

包之后担心养老问题等等。这些“后顾之忧”让很多农民宁可荒芜弃耕，也不愿意转包土地。这就造成了他们不能完全地入驻城市，对城市没有了归属感。

造成这些“后顾之忧”的根本原因，就是目前我国传统的二元社会还存在着很多制度障碍问题，尤其是土地问题：一是土地流转不规范，双方利益缺乏法律保护，容易产生各种纠纷，并且解决纠纷时无法可依；二是我国农村社会保障体系很不完善，土地承担着农民生活保障和伤病养老的保险功能，致使大多数农民宁可粗放经营，甚至荒芜弃耕，也不愿意转包；三是有的地方政府不顾农民利益，占用农村土地补偿过低；四是产权界限不清导致土地流转的权利关系不明，土地流转的市场化程度偏低。

为了解决农民工的“后顾之忧”，促进农村土地流转的合理运行，笔者认为应当从以下这些方面改进：首先，打破城乡分割的社会保障体制，实现保障待遇统一；其次，完善农村土地使用权流转的法律法规，使土地流转的程序以及纠纷的解决有法可依；再次，坚持有偿、自愿的原则，杜绝强制转让，同时强化政府对农村土地使用权流转的管理、调控和服务职能；最后，加强信贷资源的支持力度，为土地流转提供“催化剂”。[7]

（二）内因与外因——发挥农民工、社会主体能动性的对策建议

1. 发挥农民工自身的能动性的对策建议

内因是事物变化发展的根本性原因。解决农民工的城市融入问题，需要发挥农民工自身的能动性，适应快节奏的城市文化、提高自身竞争力。主要可以在以下几个方面努力：

首先，作为社会主义现代化建设的主要参与群体，农民工在远离农村进入城市后，要在思想、行为等方面不断改变自己原有的旧观念，从老乡、亲戚等原有的交往群体中走出来，逐渐学会与不同社会层次的群体打交道。这主要包括扩大人际关系网络，建立普遍信任的社会网络关系，从而积累更多的社会资源方面的资本。

其次，农民工进入城市后，要不断提高自身的法律意识，学会运用法律手段保护自己的合法权益。农民工应该不断加强学习，在努力工作的同时，积极利用业余时间关注所在城市的社区建设和城市建设，同时积极参与到社区建设和城市建设中去。只有这样，在自身素养获得提高的同时，也才能真正体会到成为城市主人翁的感觉。对一个城市有了归属感，才可能更加努力地在城市工作，获得城市的认可。此外，农民工还应该学会利用政府和社会组织提供的平台，利用业余时间积极学习法律法规，不断提高个人素质和能力。

再次，农民工要不断提高个人职业素养和个人职业技能，为更好地融入城市、适应城市的发展做好准备，并在工作中不断提高自己的工作技能，为获得更好的发展创造条件。

2. 发挥社会主体的能动性的对策建议

外因在事物发展变化过程中也起着至关重要的作用。农民工城市融入的过程，既是农民工的市民化的过程，也是农民工的社会化的过程。在这个过程中，要注重发挥社会主体，尤其是政府和大众传媒的积极作用，以推动农民工的城市融入。

首先，在推进农民工与城市居民的融合中，除了从法律、政策上维护好农民工的合

法权益外，政府应针对农民工这一特殊群体开展好扶贫解困工程，如针对农民工中的困难群体，实施生活最低保障，逐步缩小农村与城市最低生活保障线存在的差距；城市管理部门应支持开发容纳农民工的廉价商品房、廉租房，对农民工提供住房补贴，使其居有定所；加大力度开展针对农民工的劳动合同管理、劳动保险、工伤理赔等方面的工作；针对农民工的困难人群，加大医疗救助、特困救助等方面工作的力度。

其次，通过大众传媒等多种途径，建立相应的关怀农民工的社会机制。通过舆论、大众传媒等手段，树立正确的"公民"观念、"权利平等"的观念，尤其是城市政府要转变对农民工的认识偏差；要切实改变一些城市居民对农民工的偏见和歧视；要大胆教育农民工树立自信心。[8]只有这样，在社会伦理道德、风俗习惯和意识形态等方面，不断地促进城市市民与农民工的交往和沟通，才能为农民工融入城市做好铺垫和创造出更好的社会条件。

参考文献：

[1][8] 刘本荣，谭国太．农民工与城市居民融合度研究．重庆：重庆出版社，2009．6

[2] 赖晓飞，邹滨．农民工城市融入最新研究综述．重庆工学院学报（社会科学版），2008，(22)

[3] 符平．青年农民工的城市适应：实践社会学研究的发现．社会，2006，(26)02

[4] 陈先达．马克思主义哲学原理．北京：中国人民大学出版社，2004．1

[5] 中共重庆市委党校统筹城乡发展研究中心．重庆市统筹城乡综合配套改革试验区的探索与思考．探索，2007(6)

[6] 邓安能，何新荣．统筹城乡发展的哲学解读．佳木斯大学社会科学学报，2009，27(02)

[7] 舒松华，王静．土地使用权流转制——中国农村土地制度改革的方向．科技和产业，2009，9(03)

马克思货币理论对我国和谐社会建设的启示

沈秉梅
（西南大学，重庆，400715）

马克思的货币理论表明，货币的本质表现为一种社会生产关系，尤其在社会主义市场经济条件下，货币主义发展成为现代社会的信用体系。社会主义和谐社会首先需要人与人之间的和谐，因此，为构建社会主义和谐社会，必须加强信用建设。

一、马克思的货币理论

（一）货币的产生

马克思认为货币首先是商品，货币是从商品中分离出来，固定的充当一般等价物的一种特殊商品。“货币形式只是其他一切商品的关系固定在一种商品上面的反映。”[1]货币首先从商品的价值表现开始，而商品的价值必须通过商品交换才能表现出来，“作为价值，商品是等价物；商品作为等价物，它的一切自然属性都消失了；它不再和其他商品发生任何特殊的质的关系，它既是其他商品的一般尺度，也是其他商品的一般代表，一般交换手段。作为价值，商品是货币”。[2]商品关系发展的早期，商品交换仅表现为直接的商品交换即物物交换，还不需要独立的价值表现形式。随着商品关系以及商品生产者的社会性质的进一步发展和扩大，伴随着价值形式从简单的、个别的或偶然的价值形式发展到总和的、扩大的价值形式，一般价值形式到最后的货币形式，处于等价形式上的商品也逐渐由个别等价物发展到特殊等价物、一般等价物，最后由金银来固定充当一般等价物。“商品分为商品和货币。”[3]因此，从货币的起源来看，货币是商品价值表现的完成形式。货币产生之后，货币是价值的代表，一切商品的价值都要靠它来实现。

（二）货币的本质是一种社会关系

货币的本质是从揭示货币起源之谜中阐述出来的。货币作为一般等价物，集中体现了商品的交换关系，一切商品的价值都通过货币表现出来，货币同其他商品的交换关系反映了商品生产者之间的关系。因此，从表面上看货币是“物”，货币形式体现的是物与物的关系，但其背后隐藏的是一定的社会生产关系。马克思说：“正是商品世界的这个完成的形式——货币形式，用物的形式掩盖了私人劳动的社会性质以及私人劳动者的社会关系，而不是把他们揭示出来。”[4]

(三)货币的职能

货币的本质表现的是货币的社会属性。马克思认为,正是商品转化为货币,才使"货币商品的使用价值二重化了"。[5]货币商品除本身具有使用价值(如作为饰品而适用的金和银)外,还取得了"由它的独特的社会职能产生"形式上的使用价值,即货币具有特殊的社会职能。首先,货币具有流通手段的职能。货币是商品交换的中介,因此也是商品流通的中介,正是货币的流通手段,使本身不能运动的商品流通起来,使商品从把他们当作非使用价值的人手中转到把它们当作使用价值的人手中。实现了物与物的交换所反映出商品生产者之间的关系恰好决定了货币具有流通手段的职能。其次,货币具有支付手段的职能。随着商品流通的发展,使商品的让渡同商品价格的实现在时间上分离开来。"一个商品所有者出售他现有的商品,而另一个商品所有者却只是作为货币的代表和作为未来货币的代表来购买这种商品,卖者成为债权人,买者成为债务人。由于商品的形态变化或商品的价值形式的发展在这里起了变化,货币也就取得了另一种职能。货币成了支付手段。"[6]货币作为支付手段的出现及其被普遍接受,为信用的产生奠定了基础,"货币——贵金属形式的货币——仍然是基础,信用制度按本性来说是永远不能脱离这个基础"。[7]信用货币是直接从货币作为支付手段的职能中产生的。

二、货币的信用特征——货币主义发展成为现代社会的信用体系

马克思在对信用进行阐述时说:"这个运动——以偿还为条件付出——一般地说就是货币和借贷运动,即货币或商品的只是有条件的让渡的这种独特形式的运动。"[8]这引出了货币的又一显著特质——信用特征,货币的出现及其在执行支付手段的过程中,信用货币以及各种形式的信用制度也随之出现。在马克思那里,信用是一种借贷行为,这种行为必须建立在货币价值的借贷和偿还能力之上。由于商品交换范围和规模的扩大,在交换过程中存在时间和空间上的距离,于是就出现了打破传统"一手交钱一手交货"行为,而表现为一种相互约定了交货时间和还款期限的买卖赊销行为。"在信用交易中,价值交换的直接性被一种距离取代,距离的两极由信任支撑在一起。"[9]信用是资本主义商品经济发展的产物,"信用制度以社会生产资料(以资本和土地所有权的形式)在私人手里的垄断为前提,所以,一方面,它本身是资本主义生产方式的固有形式,另一方面,它又是促使资本主义生产方式发展到它所能达到的最高和最后形式的动力。"[10]它是从商品交换和货币流通中产生的,只要存在较为发达的商品货币关系,信用关系就必然存在。并且,伴随着商品经济的发展,商品交换和货币流通的范围日益扩大,信用活动也日益频繁。常用的信用工具包括汇票、股票、银行券等形式,尤其在市场经济条件下,还包括国家信用、消费信用等形式。因此,现代市场经济条件下,货币主义发展成为一种信用体系。

三、构建社会主义和谐社会,加强信用建设

现代社会,货币影响了现代社会人的生活观念与人的生活方式。货币拜物教使得人与人之间的关系建立在金钱利益基础之上。社会主义和谐社会的建立需要人与人和

谐相处，因此，为建立和谐稳定的社会秩序，必须发挥货币的信用特征，建立信用体系。

信用是一把双刃剑，在经济发展过程中，随着信用工具的丰富和完善，信用具有其积极作用的同时也具有消极作用。首先，信用可以提高流通速度，节约流通费用。马克思认为，通过信用，“相当大的一部分交易完全用不着货币”，“流通手段的速度加速了”，“金币为纸币所代替”。[11]此外，信用是资本集中和资本积累的强大杠杆，信用事业的扩大可以扩大资本的数量。从另一方面来讲，信用同样具有消极作用，马克思指出，资本主义的信用会导致投机的产生，加速资本主义危机的到来。同样，在我国社会主义市场经济中，投机行为表现为一种机会主义，而货币主义是一种普遍主义，普遍主义不充分的地方，机会主义同样会出现，投机行为同样会阻碍经济健康有序地发展。

信用是一切制度和规则得以确立和运作的前提，是良好的经济秩序和社会秩序的基础，是一切文明的立足点，是保证人与人、人与社会和谐相处的基点。建立一种人与人相互尊重，相互信任的社会关系，我们的社会才会是一个全体人民各尽所能、各得其所而又和谐相处的社会。

（一）保障社会公平正义，实现共同富裕

从人的发展和社会发展的角度来看，效率和公平是衡量社会发展和进步的两个重要价值尺度。我国在改革开放初期倡导“效率优先，兼顾公平”，而在经济实力和综合国力提高的今天开始倡导“更加注重公平”。在我国市场经济还不完善的前提下，如果忽视共同富裕，则会造成市场经济的贫富两极分化严重，相对贫困条件下的人容易产生心理失衡，在社会不公平、非正义现象大量存在的情况下容易引发社会不满情绪和社会信任危机。因此，构建社会主义和谐社会，加强人与人之间的公平信任，必须要保障社会的公平正义。

（二）坚持“以人为本”为核心的科学发展观

按照历史唯物主义的观点，信任关系虽然是人的一种主观判断，但它必然是一定社会存在和人们所处社会地位差异的客观反映，反映在现实生活中，这个立足点就是利益。以人为本，就是以实现人的全面发展为目标，从人民群众的根本利益出发谋发展、促发展，不断满足人民群众日益增长的物质文化需要，切实保障人民群众的经济、政治和文化权益，让发展的成果惠及全体人民。和谐社会既包括人与人之间的和谐相处，也包括人与自然之间的和谐相处，但主要侧重于人与人之间关系的合理解决。实现人与人的和谐发展，最重要的就是要建立相互尊重、理解、信任和关心的良好人际关系。

（三）完善经济体制的同时，必须积极推进政治体制改革

政治体制改革，从其目的来讲就是要发展社会生产力，发扬社会主义民主，调动广大人民群众的积极性，最终巩固社会主义制度。政治体制改革既是目的也是手段，是促进和保障经济体制改革的手段，政治体制改革必须加强民主法治，保证法治经济，实现民主法治为基础的市场经济，从而加强信用约束，建设和谐社会。

参考文献:

[1] 马克思.资本论(第 1 卷).北京:人民出版社,2004.109

[2] 马克思,恩格斯.马克思恩格斯全集(30 卷).北京:人民出版社,1995.89

[3] 马克思.资本论(第 1 卷).北京:人民出版社,2004.106

[4] 马克思.资本论(第 1 卷).北京:人民出版社,2004.93

[5] 马克思.资本论(第 1 卷).北京:人民出版社,2004.109

[6] 马克思.资本论(第 1 卷).北京:人民出版社,2004.159

[7] 马克思.资本论(第 3 卷).北京:人民出版社,2004.685

[8] 马克思.资本论(第 3 卷).北京:人民出版社,2004.390

[9] [德]西美尔著.陈戎女,耿开君,文聘元译.货币哲学.北京:华夏出版社,2002.391

[10] 马克思.资本论(第 3 卷).北京:人民出版社,2004.685

[11] 马克思.资本论(第 3 卷).北京:人民出版社,2004.493~494

马克思异化思想在构建和谐社会中的内涵和价值探析

史　俊

（西南大学，重庆，400715）

"以人为本"是马克思主义哲学中的重要范畴，是马克思主义哲学关于人的发展的理论的重要内容。马克思在他的多篇论著中对"人的异化"展开了不同层次的讨论，对资本主义社会中的"人的异化"的现象进行了揭示和批判，并提出了"人的全面而自由的发展"的理论，"人的全面而自由的发展"就是马克思的"以人为本"思想的深刻表达。而新中国自成立之后就以马克思的"以人为本"思想作为其建设和发展的指导理论。然而，中国长期的建设和发展的确使中国社会的方方面面发生了翻天覆地的变化，但也存在着一些偏离了人的正常发展的问题和现象，而对这些问题和现象的深刻认识对推进构建和谐社会具有一定的现实意义和理论价值。

一、人的异化思想在现代社会中的表现

马克思在《1844年经济学哲学手稿》中提出了劳动异化的理论，对劳动异化的四个规定作了精辟的说明，并对劳动异化产生的原因进行深刻的剖析。马克思在劳动异化的基础上对资本主义社会的生产方式进行了深刻的批判，并把如何消除劳动异化作为自己理论探索的主要对象。机器和大工业是资本得以繁殖延续的温床，"在工场手工业和手工业中，是工人利用机器，在工厂中是工人服侍机器"[1]，"机器消灭了工作日的一切道德界限和自然界限"[2]。马克思对机器和大工业中工人的劳动与其之间的关系进行了深入的思考和探索，在现实社会中把劳动异化下的人与自然、人与社会、人与自我、人与人之间的关系剖析得淋漓尽致，这可以看作是和谐社会理论的依据，对建设中国特色的社会主义具有一定的现实意义。

然而，我国当前建设有中国特色的社会主义，坚持以按劳分配为主，多种分配方式并存的分配制度，人与劳动是同一的，就不应该出现劳动异化问题。但是，从现代的中国社会主义初级阶段来看，劳动异化不仅存在着，而且已经严重地影响着中国社会发展的进程。尽管异化劳动思想产生的时代离我们已经很遥远，而现在人们把劳动当作一种主要的谋生手段，并不是把劳动当作自己本质的内在要求。因此，在异化劳动状态下，人的片面性发展在现代社会中依然存在并以新的形式表现出来。

二、发展的目的与手段相错位

手段代替了目的，目的自身被弱化乃至边缘化和虚无化，其症结在于人以量化的手

段为至上标准来衡量人在社会实践中的活动，而无视目的对手段的限定与统领，这种脱离了目的的手段将有可能偏离目的的既定路线，并导致与主体严重相背离的恶果。发展的目的是发展的手段的主导，两者是相辅相成和有机统一的，我们必须对这两者的关系有科学的认识，这一问题主要从以下两个层面来解读：

（一）人与自然异化的问题

随着科学技术的进步，大自然不断囊括入人的实践范围，高山、森林、海洋都在机器的轰隆声中被人们开发和改造。源源不断的自然资源损耗才换来了的人类社会经济的快速增长和人们生活水平前所未有的提高。当人们为之欢呼并陶醉的时候，气候反常、海啸、洪水与干旱、地震与泥石流等自然灾害不断降临，每一次灾害的到来都震撼了人们的心灵并留下了难以愈合的伤痛。

（二）人与社会异化的问题

目前在中国，对物质生活富裕条件下人与社会问题的理论探讨或者对现实问题的诘责主要体现在以下几个方面：

1. 社会道德层面的问题

社会公共设施遭到人为的破坏，在公共场所不遵守秩序、大声喧哗、随地吐痰、社会公德意识严重缺失等等。

2. 社会法制制度层面的问题

在中国健全法制体制和推进法治道路的进程中，面对权与法、权与钱的较量，代表公正的天秤却偏离了正确的轨道并越来越远。而家庭背景和政治地位等因素没有被历史的进步所摒弃，却又站在历史的前沿使制度成为虚设，公法遭遇强权时就变成了私法。

3. 社会保障制度层面的问题

现代科技教育的发展与兴盛把社会推入一个知识复合型的现代工业时代，生产效率得到极大提高，生产力快速发展，社会财富源源不断地被创造出来并得到积累。但社会保障制度却不能够有效地运作，企业在利益的驱使下生产的产品威胁着人们的身体健康，公共场所乞讨的老人、壮年、儿童越来越多……

三、发展的主体和客体相对抗

在炙热的物质资本发展氛围下，个别人不由自主地深陷于“只见物而不见人”的狭隘思维模式中。人们面临着发展的主体和发展的客体之间的矛盾冲突，主体让位于客体：重视商品的价值而忽视人的价值，重视货币资本而忽视人的资本，重视物的发展而忽视人的发展。因此，整个社会自上而下都被“物”包围着，“物”统治着人们，人们成了“物”的奴隶。这一问题可以从以下两个层面来解读：

（一）人与人关系异化的问题

人与人的关系是社会关系中最基本、最重要的关系。在中国人与人的社会关系受两个方面的因素制约：一是传统伦理观念的制约，一是经济关系的制约。这两种关系在社会此消彼长，当传统伦理观念占主导地位的时候，人与人的人文气氛浓厚；相反，则人文气氛缺乏。当今社会是以经济为主导的时代，人们被一种拜物主义思想统治着，当面对经济利益抉择的时候，驻扎在人们心中的以血缘为纽带的亲情、海誓山盟的爱情、视为知己的友情被击得粉碎。特别是随着社会的发展，人与人的关系变得更加冷淡了。

（二）人与自身异化的问题

人是社会的产物，为了生存进行实践活动满足自己的需要，但是在这一过程中人被外界因素和人为的因素所影响和制约并发生了与自己本质不同的变化，于是忧郁、迷茫、压抑、失望等不良心理现象在人的身上不断地产生并愈演愈烈。在当代社会，作为中国传统的勤劳、艰苦朴素等优良品德已渐渐地被社会享乐主义和欲望主义的洪流所吞没，人的生活变得奢侈糜烂，精神上变得日益空虚。为了满足物欲，人不再是物的支配者，而是物支配着人，各种房奴、车奴、信用卡奴队伍越来越庞大。

四、马克思异化思想在构建和谐社会中的现实价值

“共产主义是私有财产即人的自我异化的积极的扬弃，因而是通过人并且为了人而对人的本质的真正占有；因此，它是人向自身、向社会的人即合乎人性的人的复归，这种复归是完全的，自觉的和在以往发展的全部财富范围内生成的。”[3]从马克思的预言中可以看出：判断一个社会是否进步合理的一个重要标准，除了发达的社会生产力，还有一个重要的价值标准就是这个社会给予人的自由、人的关爱、人的本质和人的全面发展程度。我们应该清醒地认识到：一个社会无论生产力多么的发达，物质生活水平多么的高，如果生活在这个社会里让人感到的是被奴役、被强制、被压迫、丧失自由与自我和缺乏人性与和谐等，那么这个社会并非是人们所追求的理想社会。对于我国目前所存在的社会的异化问题，从现实上来说我们消除不了，但是我们也不能够放之任之等待人性的自行毁灭与复原，我们所要做的是使这一异化现象得到缓解并不断改善乃至最终实现人的全面而自由的发展。这就需要我们坚持“以人为本”，促进人与自然、人与社会、人与自身、人与人的全面协调的可持续发展。

我们目前所提倡的科学发展观，其实质上就是坚持“以人为本”，树立全面、协调、可持续的发展观，构建人与自然、人与社会、人与人、人与自身和谐发展的社会。而我国社会主义和谐社会的建设问题，是我们党和政府关注民生、重视民生、保障民生与改善民生必须正确处理的重大理论问题。在经济全球化的今天，我国的社会主义建设只有以马克思异化劳动思想反映出的人的问题并使人全面发展的理论为支撑，才能真正以社会主义不可超越的优越性实现自身的工业化和经济的社会化、市场化和现代化。

参考文献：

[1] 马克思．资本论（第 1 卷）．北京：人民出版社，2004.468

[2] 马克思．资本论（第 1 卷）．北京：人民出版社，2004.469

[3] 马克思．1844 年经济学哲学手稿．北京：人民出版社，2000.81

马克思交往理论视阈下的社会主义和谐社会建设

刘　平
（西南大学，重庆，400715）

在全球化背景下，人类面临交往的深度和广度不断加深和变化的现实状况，在处理人与人、人与自然、人与社会的关系时所面临的问题也日益突显。在理论层面上，马克思交往理论便越来越成为人们日益关注的显学。交往范畴在马克思那里是一个涵盖了经济、政治、文化等各个领域以及它们之间的相互关系的整体性范畴。它为人们研究社会发展提供了理论基础，为社会主义和谐社会建设提供方法论的指导。

一、马克思交往理论的理论解读

马克思交往理论蕴涵了丰富的内涵，主要有以下几个方面：

（一）交往是人类社会存在和发展的基本方式

人类社会要存在和发展，必须要学会生活，即生产物质生活本身。从事生产的人，“不是处在某种虚幻的离群索居和固定不变状态中的人，而是处在现实的、可以通过经验观察的、在一定条件下进行的发展过程的人”[1]，离开了人与人的交往，这样的生产是不可想象的。马克思说：“生产本身又是以个人之间的交往（Verkehr）为前提的。”[2]生产这种交往实践就成为人类社会存在的基本方式。人们在生产合作中，又结成了一定的社会关系，“社会关系的含义在这里是指许多个人的共同活动”，“这种共同活动方式本身就是‘生产力’”。[3]交往方式和生产力之间交错发展，推动着社会生产打破了各个区域相对封闭的状态，使“整个历史发展过程中构成一个有联系的交往形式的序列”。[4]马克思认为：“一切历史冲突根源于生产力和交往形式之间的矛盾”[5]，“生产力和交往形式之间的这种矛盾……每一次都免不了要爆发革命”。[6]马克思精辟地揭示了这种交往的动力推动着人类社会发展的本质意义。

（二）交往是“历史向世界历史的转变”动力之源

马克思认为的世界历史，是指世界整体运动变化的历史，是指世界各国由于广泛交往，打破原来各自孤立的状态，而形成一种相互依赖的现实状态。历史向世界历史的转变形成于资本主义时代。工场手工业的出现，制造了资本家和资本这个完全物质的、可以体验到的内容，美洲和东印度航路的发现扩大了交往，使“各个相互影响的活动范围在这个发展过程中愈来愈扩大，各个民族的原始闭关状态则由于日益完善的生产方式、交往以及因此自发地发展起来的各民族之间的分工而消灭得愈来愈彻底，历史也就在愈来愈大的程度上成为世界的历史”。[7]资本需要扩张的本性，不断地开拓世界市场，“过去那种地方的和民族的自给自足和闭关自守状态，被各民族的各方面的相互往来和各方面依赖代替了”。[8]

（三）交往是人类文明得以传承的根本机制

人类文明是人类智慧的结晶，它的发展程度和深度都取决于交往的程度和深度。马克思认为：“某一地域创造出来的生产力，特别是发明，在往后的发展中是否会失传，完全取决于交往扩展的情况。”[9]交往和流通不发达，各个城市联系不紧密，偶尔的交往就限于附近地区的时候，都影响文明的发展及其传播，甚至还会使“每一种发明在每个地方都必须重新开始”，一旦出现交往中断，“例如蛮族的入侵，甚至是通常的战争，都足以使一个具有发达生产力和有高度需求的国家处于一切都必须从头开始的境地”。[10]因此，马克思认为，交往的范围和宽窄都会影响人类文明的传承，“只有当交往成为世界交往并且以大工业为基础的时候，只有当一切民族都卷入竞争斗争的时候，保持已创造出来的生产力才有了保障”[11]，使得各个地区和民族之间取长补短、精益求精，从而使人类文明充满生生不息的活力。

（四）交往是实现人的全面发展的前提条件

马克思认为人的全面发展是生产力发展和普遍交往发展的结果。“他们是什么样的，这同他们的生产是一致的——既和他们生产什么一致，又和他们怎样生产一致。”[12]在生产力低下的条件下，人的生产和交往只是在狭窄的范围内和孤立的点上发展着，个体的发展毫无自主性，每日进行的劳动只是用摧残生命的方式来维持他们的生命。在资本主义社会，由于资本的束缚，以物为中介的人的交往形式，资本对个性的压抑，使人的发展是畸形的。当生产力的高度发展的共产主义社会，人的交往形式将是一种自觉联合起来的个人之间的自由交往，通过消灭旧式分工和私有制等途径，使人们摆脱自发的分工的束缚，使“任何人都没有特定的活动范围，每个人都可以在任何部门内发展……上午打猎，下午捕鱼，傍晚从事畜牧，晚饭后从事批判，这样就不会使我成为一个猎人、渔夫、牧人或批判者”。[13]越来越丰富的社会关系和社会交往，使人走向全面发展成为可能。

二、社会主义和谐社会建设的现实交往困境

“构建社会主义和谐社会的过程，就是在妥善处理各种矛盾中不断前进的过程，就是不断消除不和谐因素、不断增加和谐因素的过程。”[14]社会主义和谐社会建设在继承上一代建设的文明成果时，还必须认清现实困境，找到解决问题的出路，才能更好地引领和谐社会建设。

（一）亟待重视的人与人之间的交往矛盾

人与人之间的矛盾表现为人与人之间的利益矛盾，最突出的体现在利益的分配问题上。中国急速发展的现代化进程正迅速地瓦解原有的利益架构，同时又随之营建出新的利益博弈的结构，变化过程中出现的财富和利益分配不公、贫富差距扩大、人们无法共享社会发展带来的成果等等利益矛盾，都将影响人们对社会公正的看法，目前"仇富、仇官心理"、"为富不仁"是人与人之间矛盾的一大表现，因此潜隐的社会安全问题将是需要重视的问题。同时，由此逐渐形成的弱势群体，会因地位的长期沦落，逐渐形成一种模糊的共同意识，意识的逐渐扩张，会形成影响社会稳定的不安全因素。

（二）亟需注重的人与社会的交往矛盾

人和社会交往的矛盾表现在体制的不健全引起的矛盾。严重的城乡二元结构使得中国的"城市像欧洲，农村像非洲"，伴随的现象是"二元就业"、"二元福利"、"二元教育"；在公共服务方面的失衡，体现在社会保障、公共教育、医疗保险、基本生活设施在农村和城市间差距很大，有些甚至是农村无法享受到的；农村和城市的财富分配的失衡是由于优质行业集中在城市，城市居民的收入比农村高得多，城市和农村居民收入差距因此扩大，贫富悬殊过大成为影响社会稳定的不安全因素；再有就是公权与私权处理不当的矛盾、管理体制的不和谐使人易对社会产生敌视，这些都构成社会主义和谐社会建设中的重大问题，每一方面处理不当都将影响社会发展，成为社会主义和谐社会建设过程中的桎梏。

（三）亟待重视的人与自然交往的困境

人与自然的矛盾是社会主义和谐社会建设过程中表现出来的最基本的一对矛盾，这对矛盾表现在人对自然的影响和自然对人的反作用。在社会的发展过程中，人类在向自然界索取和享受自然资源服务的同时，过度开采、砍伐森林、人口的膨胀、先污染后治理的模式、工业过度依赖消耗自然资源而造成的大规模的消耗等等都对自然提出了严重的挑战。反之，自然环境也对人类的生产和发展产生制约和影响，自然界生态恶化、自然灾害、环境污染也对人类的生存和发展带来了严重的考验，这种经济粗放型增长方式造成的人与自然的不和谐还将在很长时间内主导着相当一部分产业的发展。

（四）须谨慎注重的国际交往环境

开放的、复杂的、变化的国际环境是社会主义和谐社会建设所处的外围环境。复杂的国际环境无论大到对政治、经济、文化等宏观方面，还是小到国民生活等微观方面都对社会主义和谐社会建设产生极大的影响。不同文明、不同制度之间既有对立的一面，也有统一的、可以借鉴的东西。但对复杂的国际形势，我们任何时候都必须保持清醒的意识，今天这种对立主要体现在意识形态的渗透上，渗透方向一是我国国内，二是我国国外环境，渗透的手段也日益高明。对这种复杂态势的掌握和处理，是社会主义和谐社会建设一刻都不能放松的。

三、马克思交往理论对社会主义和谐社会建设的启示

在马克思交往理论下审视社会的发展，对全球化背景下的中国社会主义和谐社会建设提供了研究社会发展的方法论依据，对指导中国社会主义和谐社会建设具有重要的现实意义。

（一）全面提升社会主义和谐社会建设的内在动力

社会如何能更和谐，能否更顺应时代要求向前发展，能否把握好社会发展的脉搏，关键看社会发展依靠的力量自身也就是人的力量的内在动力足不足。马克思主义认为人是社会中最根本的因素，社会是人的社会，社会主义和谐社会建设必须依赖人的积极参与，依赖于群众建设社会主义的热情和智慧的充分发挥。人与人之间关系和谐是提升和谐社会建设内在动力的基本条件，要培养良好的人与人之间的和谐，须处理人与人之间的关系，注重实现社会公平，解决在现实生活中由于不公平而出现的或潜隐的不稳定因素，从而激发社会各阶层的人对社会发展充满信心和足够的动力。生产力的发展是提升和谐建设内在动力的根本条件，生产力发展不仅对人的发展提供了更优越的物质条件，也对人的发展提出了更高要求，促进人的素质不断提高，为人的全面发展打下基础，成为社会主义和谐社会建设真正的内在动力。

（二）自觉把握社会主义和谐社会建设的外围条件

社会主义和谐社会的发展不可能孤立于全球化趋势之外求得国家的繁荣昌盛，更不可能在封闭的条件下独立地完成发展所需的全部技术。世界各国的文明在相互的交往中，相互汲取，相互补充，使得现时代下的生产力的发展足以用日新月异来形容。世界各国经济、政治、文化的发展处于相互依存、相互联系的对立统一的态势中，也必然会十分深刻地影响到中国的发展。中国社会主义和谐社会建设追求的不只是国内方方面面的和谐发展，还必须处理好与世界的和谐发展，自觉把握世界历史发展的规律，及时了解世界范围内发展趋势，随时关注世界生产力、文化等发展变化，加强国与国交往和联系，善于汲取他国在政治、经济、文化等方面的长处，弥补自身不足，积极主动参与到世界竞争的行列中，推动不同文明友好相处、平等对话、发展繁荣，共同构建一个和谐世界。

（三）着力加强社会主义和谐社会建设的制度保障

作为人类的交往实践总是体现着两种关系：一是主体间交往；二是主客体交往。主体间交往表现为人与人、民族与民族、国家与国家相互交流、相互联系、相互尊重和相互理解。主客体交往指的是人们在生产过程中结成一定关系在改造自然的过程中形成的人与自然的关系。在全球化背景下的社会主义和谐社会的建设过程中，主体间的交往无论是在政治、经济、文化方面都日益加深和突出，交往须在一个有序的环境下才能良

性发展。因此，形成制度规范，加强主体间和谐的制度建设是保障社会主义和谐社会建设健康发展的坚实臂膀，能为和谐社会追求的民主法治、公平正义提供制度性保障。与此同时，主客体间和谐的制度建设也必须加强。自然环境不能成为追求发展下的牺牲品，而应得到必须有的保障，加强人与自然、人与生态的立法制度，完善立法程序，让整个交往形成制度规范，有了制度的支撑和保证，才能规范人们的交往行为，和谐交往才有望实现，社会主义和谐社会追求的基本内容也才能得以实现。

参考文献：

[1][2][3][4][5][6][7][8][9][10][11][12][13]马克思，恩格斯．马克思恩格斯选集(第1卷)．北京：人民出版社，1995．73、68、80、124、115、115、88、276、107、107、108、68、85

[14] 胡锦涛在省部级主要领导干部提高构建社会主义和谐社会能力专题研讨班上的讲话．北京：人民日报，2005-06-27．

马克思主义视阈中的社会主义社会平等问题研究

任 政
（西南大学，重庆，400715）

社会主义社会的平等问题是一个颇有争议的问题。长期以来，我们对社会主义的社会平等问题存在着诸多的误解：一方面，传统社会主义错误地把分配平等，甚至结果平等作为社会主义追求的目标，作为社会主义的价值所在，从而追求绝对的平等，走向了绝对平均主义，实质上出现了新的不平等。这不仅没有体现社会主义的本质，反而消解了社会主义社会的优越性，没有出现共同富裕，反而出现了共同落后、共同贫穷的可悲局面。另一方面，随着改革开放的发展，西方平等观念的输入，人们热衷于权利平等、机会平等的论调，大有用西方平等理论取代马克思主义平等理论之势。究竟什么是社会主义社会平等的内涵和实质？社会主义社会平等与西方的社会平等的区别何在？本文力图通过解读马克思、恩格斯的原著，还社会主义社会平等以本来面目。

一、澄清社会主义社会平等的特定内涵

马克思、恩格斯从历史唯物主义出发，通过对资产阶级权利平等的分析、批判，提出了社会主义社会平等观。社会主义社会平等作为一种观念是具体的、历史的，有着特定的内涵。

（一）马克思主义的社会平等主要是指社会地位的平等

资产阶级为了反对封建特权提出了权利平等。权利平等对于否定封建特权，反对封建专制具有深远的历史意义。但是，资产阶级提出的权利平等却无法实现，仅仅停留在口号上，停留在法律空文中。因为，人们在社会地位上是完全不平等的。马克思、恩格斯深刻揭露了资产阶级权利平等的虚伪性。恩格斯指出："平等归结而且只能归结为法律面前的资产阶级的平等"，[1]资产阶级平等以法律形式上的平等代替实质上的社会不平等，法律上的平等就是在富人和穷人不平等前提下的平等，即限制在资产阶级主要不平等范围内的平等。在资本主义私有制下，权利平等不可能成为真正的为社会全体成员所都能享有的那种平等，而只能表现为一种资产阶级的平等。因为，资本主义社会中各阶级之间，它们根本不可能有真正的权利平等！资产阶级的权利平等具有虚伪性和形式性。马克思认为："人的本质并不是单个人所固有的抽象物，在其现实性上，它是一切社会关系的总和。"[2]因而，平等在本质上仍然是指人在社会关系中的平等，真正的平

等就必然表现为与整个群体联系在一起的社会的平等。恩格斯也指出:"无产阶级抓住了资产阶级所说的话,指出:平等应当不仅仅是表面的,不仅仅在国家的领域中实行,它还应当是实际的,还应当在社会的、经济的领域中实行。"[3]由此可见,马克思、恩格斯所言说的社会平等主要是指人们的社会地位的平等。

(二)社会主义社会平等的实际要求就是消灭阶级

恩格斯指出:"无产阶级平等要求的实际内容都是消灭阶级的要求。任何超出这个范围的平等要求,都必然要流于荒谬。"[4]同时,他还强调:"资产阶级的平等要求也由无产阶级的平等要求伴随着。从消灭阶级特权的资产阶级要求提出的时候起,同时就出现了消灭阶级本身的无产阶级要求"。[5]可见,社会主义平等的实际要求就是消灭阶级,而不是要求消灭一切差别,在各方面实现绝对平等这与社会主义平等的实际要求是完全相反的。社会主义不可能实现人与人之间在工作条件、生活条件和个人需要等方面一律平等。社会主义社会并不是无差别的社会。社会主义从来不否认人们之间的差别,这种差别具有历史的必然性。

(三)社会主义社会平等的衡量尺度就是劳动

社会主义社会条件下,社会主义社会生产力发展水平还比较低,生产的社会产品数量有限,能够用来分配的个人消费品也是有限的。劳动仅仅是谋生手段,还没有成为生活的第一需要。劳动是衡量平等的重要尺度,消费品的分配是和每个人向社会提供的劳动数量和质量"成比例的",多劳多得、少劳少得、不劳不得。马克思在《哥达纲领批判》中认为,在共产主义社会第一阶段,"生产者的权利是同他们提供的劳动成比例的,平等就在于以同一尺度——劳动——来计量"[6]只能按照劳动这一客观尺度进行分配,这种分配具有历史的必然性,同时也是社会主义平等的历史进步之处。具体而言,有两个原则:其一是等量劳动给予等量报酬,不论是工人、农民还是知识分子,只要贡献了等量的劳动,就可以得到等量的报酬;其二是不劳动者不得食,无偿占有他人劳动成果,人剥削人是不允许的。这两个原则是社会主义社会平等内容的充分体现和集中反映,也是衡量社会主义社会平等的重要尺度。虽然,马克思认为"这个平等的权利总还是被限制在一个资产阶级的框框里",[7]还没有消除对不同等的人的不等量劳动给予等量产品的"资产阶级权利",但是"这些弊病,在经过长久阵痛刚刚从资本主义社会产生出来的共产主义社会第一阶段,是不可避免的"。[8]因此,社会主义条件下仍然存在着分配的不平等,这些不平等具有历史的必然性。而且,社会主义不平等的存在是合理的、必然的。

二、划定社会主义社会平等的明确界限

通过上述分析,我们可以得知社会主义社会平等有着特定的内涵、鲜明的特征。社会主义对社会主义平等不是无所不包的,我们必须明确社会主义社会平等的界限。

（一）社会主义社会的起点平等是共同占有生产资料

社会主义社会的起点平等，不是机会平等也不是权利平等，而是共同占有生产资料。只有生产资料占有上的平等才是社会主义的起点平等，也是与资本主义社会的“起点公平”根本不同之所在。随着西方平等观念和理论的输入，一些学者把机会均等推崇为“起点公平”、“最大的平等”。有学者甚至提出，机会公平是我国现阶段社会公平的灵魂。他们认为当前引起社会公平问题的主要原因也是机会的不公平。[9]只有实现机会公平，才会有结果的公平。还有些研究者认为，我国现在出现的社会不平等主要根源于权利不平等，只要解决了政治权利平等的问题，其他社会平等的问题也将迎刃而解。但是，这两者都忽视了一个重要的前提，那就是要实现机会平等、权利平等的必要前提，是共同占有生产资料。如果生产资料占有不同，像当今的资本主义社会一样根本不可能实现机会平等、权利平等。生产资料占有多者会获得更多的资源，而生产资料占有少者或不占有者会获得较少的资源，甚至丧失掉已有的资源。可见，社会主义社会的起点平等是共同占有生产资料。当然，这并不是说在当今中国机会平等和权利平等不重要，而是要强调我们不能离开生产资料所有制来谈论机会平等和权利平等问题。当前我国推进机会平等和权利平等仍有着重要的现实意义，我们要承认平等权利的合理性。两千年的封建社会导致中国社会的等级制度和等级观念根深蒂固，我国当前的权利平等仍未实现，特权现象仍然存在，官僚主义屡禁不绝，身份以及社会歧视仍未彻底消除。因此，推行权利平等、消除特权，真正做到法律面前人人平等，仍然具有重要的现实意义。

（二）社会主义社会的实质平等是劳动平等

社会主义社会的实质平等不是结果平等，而是在共同占有生产资料基础上的劳动平等。劳动平等，即同等劳动取得同等报酬，不劳动者不得食。由于个体劳动者劳动复杂程度、劳动熟练程度、劳动强度、劳动技能、劳动态度和劳动成果等方面的差别，以及由此所产生的劳动报酬的差别。因此，社会主义条件下仍然存在着分配的不平等。虽然，我们国家通过再分配在一定程上可以缩小社会差别，但是不会消除，只有随着社会生产力的不断发展，逐渐实现事实上的平等。建国以来，我们把社会主义社会平等主要看成是结果平等，以至于我们走向了绝对的平均主义。社会主义社会的分配结果不可能平等。现在贫富差距巨大的原因，不是不注重结果平等，主要在于劳动平等还没有真正实现。如果实现了劳动平等，贫富差距就会缩小。如果劳动平等没有实现，即使注重结果平等也无济于事。目前，我国等量劳动给予等量报酬没有完全实现，农民进城务工劳动权、报酬权也得不到保障。城市用人单位对打工的农民实行雇佣歧视、工资歧视，故意拖欠、克扣、压低农民工资，导致“农民工” 与“城市工”之间出现了“同工不同薪”、“同职不同制”的不公平待遇，这些无一不是对按劳分配原则的践踏和破坏。因此，我们要大力保障劳动平等，坚决执行按劳分配制度，通过各种途径保证等量劳动给予等量报酬的实现，人们之间的差距自然会越来越小，最终走向结果平等。

(三)社会主义社会平等不同于平均主义

社会主义社会平等和平均主义毫无共同之处。平均主义是小农经济和手工业的产物,与现代化大生产相违背,是农民和小生产者的平等观念在分配上的反映。平均主义从反对剥削和压迫的角度来说,具有一定程度的进步意义。但是,在社会主义制度下,平均主义是反对社会主义的一种反动思潮,必须加以坚决反对。传统社会主义坚持平均主义,不仅没有体现社会主义的本质,反而消解了社会主义制度的优越性;不仅没有出现共同富裕,相反却出现了共同落后、共同贫穷的可悲局面。马克思主义从来就是反对平均主义的。恩格斯指出:"平均主义派和大革命时代的巴贝夫派一样,都是一批相当'粗暴的人'。他们想把世界变成工人的公社,把文明中一切精致的东西,即科学、美术等等,都当作无益的、危险的东西,当作贵族式的奢侈品加以消灭;这是由于他们完全不懂历史和政治经济学而必然产生的一种偏见。"[10]平均主义与社会主义有严格的界限,平均主义不是社会主义平等应有的内容。社会主义应该是高效率的,追求绝对的平均主义,只能导致共同贫穷。正如斯大林所指出:"社会主义,马克思主义的社会主义,不是要缩减个人需要,而是要竭力扩大和发展个人需要,不是要限制或拒绝满足这些需要,而是要全面地充分地满足有高度文化的劳动人民的一切需要。"[11]因此,社会主义社会平等是建立在生产力发展、劳动产品丰富、劳动者生活富裕的基础上的。

参考文献:

[1][3]~[6]恩格斯.反杜林论.马克思恩格斯文集(第9卷).北京:人民出版社,2009.20

[2]马克思.关于费尔巴哈的提纲.马克思恩格斯文集(第1卷).北京:人民出版社,2009.501

[7][8]马克思.哥达纲领批判.马克思恩格斯文集(第3卷).北京:人民出版社,2009.435

[9]张艳.论机会公平.前沿,2006(8)

[10]恩格斯.大陆上社会改革的进程.马克思恩格斯全集(第3卷).北京:人民出版社,2002.480

[11]斯大林.斯大林选集(下卷).北京:人民出版社,1979.339

马克思主义视阈下的中国新生代农民工交往转型分析

荆晓艳
（重庆交通大学，重庆，400074）

一、引言

（一）社会转型概念界定

在中国，“转型”这个概念是1992年以后才开始施行的。[1]综合学术界对社会转型的不同理解，本文将社会转型的概念定义为：社会转型就是指社会从传统型向现代型的过渡。这样定义的好处是，一方面，它可以全面地把握转型的范围，另一方面，又能体现出转型这个动态的转变过程。社会转型在农民工个体身上表现为个体社会角色的改变、个体心理等各个方面的转变。因此，新生代农民工在社会转型的背景下必须实现其个体的社会转型，即：生活空间的跨越，职业技能的变更，生活方式的变化，社会心理的转化，思维模式的转型，个体行为等的转变，只有实行这样的转变才是其真正意义上的社会转变，而在这中间，交往模式往往会对新生代农民工的社会转型产生重大的影响。

（二）新生代农民工的概念

关于“农民工”这个概念，最早是由张玉林教授等社会学者在20世纪80年代初提出的。[2]国务院发布的2010年中央一号文件《关于加大统筹城乡发展力度 进一步夯实农业农村发展基础的若干意见》中，首次使用了“新生代农民工”这个概念。[3]据国家统计局公布的数据：2009年，全国农民工总量为2.3亿人，外出农民工数量为1.5亿人，据此推算，我国现阶段新生代农民工总数在1亿人左右。量变关系到质变，可见，占着我国总人口10%的青年生产者——新生代农民工的市民化转型，的确关系到整个社会的现代转型的成功与否。

新生代农民工作为一支特殊群体，就生产或者物质的交往而言，他们已在很大程度上实现了城市转型，但基于这种物质交往基础之上，他们却并未相应地建立起与之相应的精神交往。尽管归根到底，精神交往最终会在物质交往基础上建立起来，但是，如果人们能从主观上自觉意识到这一问题，就会增强转型的力量，缩短实现由农民向市民的成功转型时间。综合以往的研究发现，广大农民工的工资、就业、医疗、住房、子女就学等越来越受到政府部门的关注，然而，新生代农民工生活方式的转变对其群体的影响方面的研究却很少，本文则是从新生代农民工交往问题入手分析，寻找新生代农民工新的交往模式，这无疑将有利于农民工个体生活的现代转型以及农民工群体的市民化转型和整个社会的现代转型。

二、马克思主义交往理论概述

马克思交往理论给农民工问题的研究带来了一种全新的视野。马克思第一次使用交往这个概念是在1846年12月28日写给巴・瓦・安年柯夫的一封信里。马克思指出："为了不致丧失已经取得的成果，为了不致失掉文明的果实，人们在他们(commerce)方式不再适合于既得的生产力时，就不得不改变他们继承下来的一切社会形式。"[4]。可见，马克思最初使用"交往"这个范畴是同社会形式或社会关系的发展联系在一起的。之后在《1844年经济学哲学手稿》中，马克思又从人与自然的交往以及人与人的交往两个方面揭示了人的交往关系。马克思认为交往在人类生活中有着重要的地位和作用。在他看来，"社会——不管其形式如何——究竟是什么呢？是人们交互作用的产物"。[5]马克思认为" 一个人的发展取决于和他直接或间接进行交往的其他一切人的发展"。[6]

在《德意志意识形态》"费尔巴哈"部分中，马克思对交往问题做了比较系统的研究。马克思认为，交往是一个系统，是以物质交往为基础的经济、政治、思想、文化的总和。在马克思那里，交往概念不是一个从"人的本质"或"人的特性"，即"人"中引申出的抽象概念，而是从人的现实存在，从实际生活中概括出的历史范畴。交往作为人的社会存在方式，历史地发生和发展，即随着社会物质生产方式的变化不断扬弃而改变自己的形式、内容和交往手段，并在反作用于物质生产的过程中制约着人的生存状态和发展趋势。在《德意志意识形态》中，马克思第一次把交往分为物质交往和精神交往，"思想、观念、意识的生产最初是直接与人们的物质活动、与人们的物质交往、与现实生活的语言交织在一起的"。就是说，物质交往决定了精神交往，而交往又会影响人的思想情感、思维模式、行为方式，会决定人的生存与发展。

三、新生代农民工交往特点分析

(一)交往空间的转移

当前，大量农村人口从农村涌向城市，在城市不同地区从事不同的行业。根据国务院发展研究中心对2749个村庄的一项调查数据显示，每个村平均拥有劳动力1081人，务农的占52.10%；转入非农产业的占47.57%。[7]最近，中国青年报社会调查中心通过民意中国网和题客调查网，对全国31个省(区、市)7402人进行的一项调查显示，87.2%的人表示接触过新生代农民工，同时，调查发现，公众接触到的新生代农民工涉及各行各业：51.6%的人选择保安，50.4%的人选择建筑工，46.5%的人选择搬运工。接下来还有：快递员(44.5%)、装修工(43.0%)、服务员(40.4%)、送外卖(38.1%)等。[8]新生代农民工从相对闭塞的农村涌向比较开放的城市，其传统的倾向于血缘、地缘等关系的交往必然因为空间的转移而发生变化。

(二)交往对象的变化

在农村，村民交往对象中最常见的就是各式各样的亲戚，同时他们的交往范围大多局限在本村。新生代农民工从农村来到城市，他们所面临的交往对象的范围已经不仅仅是传统的农村的交往对象。布劳认为，异质群体之间的交往，即使不亲密的交往也能促进人们相互的理解。[9]可是，新生代农民工在现实生活中仍主要倾向于与同乡、同事和亲戚等熟人交往，与市民交往很少。一项抽样调查数据显示，43.0%的人在城市中主要是和老乡来往，58.1%的人则主要与同事交往，而同事又主要是新生代农民工本身；遇到困难时的求助对象居于前三位的是亲戚、农民工同事和老乡，仍然未脱离农业社会时的交往“三缘：血缘、地缘、业缘”。[10]比较而言，当代城市青年，他们的交际圈很广，他们善于通过各种渠道和不同年龄、不同职业的人打交道。可见，新生代农民工要想更好地融入城市，势必要扩大交往对象，增加与城市市民等异质群体的交往频率。

(三)交往手段的多样化

传统农民交往只是局限于本村田地和自己家里，交往手段主要是面对面的口头交流。现代社会已有了通过新的交通工具和多样的通讯工具，如电视、手机、互联网、俱乐部、NGO(非政府组织)等建立起的跨时空、跨地域的新型的人际交往关系。网络交往是人类迄今为止最广泛、最高效的交往形式。而新生代农民工通过新媒介或者通过加入这些新型组织建立社会关系的比例明显低于城市青年。比如华中师范大学的问卷调查显示，农民工上网的比例只有9.1%，且他们的上网活动主要是听歌曲、看电影、打游戏等，用于与市民沟通，获取城市文化信息等方面用途的比例非常少。[11]比较而言，如在各种自愿者社会公益活动中，大学生的参与人数和参与次数明显高于农民工。

(四)交往中的主观幸福感低

总的来说，农民工在城里建构的新的社会关系网络首先以初级关系为主，并以初级关系为基础不断建构以工具理性为取向的初级关系与次级关系网络。[12]社会存在决定社会意识。新生代农民工游离在城市边缘，无法融入城市主流社会，处在城市与农村之间的现实，令他们常常产生异常的自卑心理和孤独情绪，城市人对待农民工的态度又令他们常常产生不满情绪和怨恨情绪。据新生代农民工“生活满意度”的问卷调查显示，其中持“满意”态度的仅有15%。[13]可见，这一特殊群体在相当程度上存在着对现实的负面认识，其世界观、人生观、价值观无疑存在着某种扭曲。

四、实现新生代农民工交往转型的对策

(一)完善促进农民工自由交往的相关制度

人是按照制度生活和发展的,制度构成人的现实生活世界。当前我国制度上的障碍使得新生代农民工失去自由交往的保障。为改变这一现象,笔者认为,可以从两方面着手开展这项工作:

第一,借鉴他国制度建设经验。西欧国家转型期及其他发展中国家的对其本国"类农民工问题"的解决方法是值得我们借鉴的。如英国在1948年就已经建立国家保健服务制度。19世纪的德国政府在1855年就制定了《穷人权利法规》来对贫困居民实行生活补贴。

第二,加大有关农民工制度改革的力度。当前社会制度已经打破了人对人的依赖,并正在力图打破人对物的依赖,努力为人的自由全面发展创造条件。户籍制度限制了人的自由流动,影响着人的活动的自由程度。我国政府已经开始实行各方面的制度改革,但笔者认为还应加大改革力度,在地方干部的考察方面,将对外来农民工的生活条件、社会福利等作为考察指标,将责任层层落实,才有利于更好地落实科学发展观,真正给予新生代农民工自由交往的更多空间。

(二)营造新生代健康交往的健康文化环境

人总是生活在一定的社会关系中,"社会关系实际上决定着一个人能够发展到什么程度"。[14]新生代农民工交往的关系网狭窄,对象上多选择同乡、同事和亲戚的重要原因之一是他们对城市文化环境缺乏认同感。城市文化建设可从农村与城市两方面来展开。具体来看,在农村方面,应给予农民相关的人际交往和城市文化的培训,使得他们进城前对城市文化有一定的了解。在城市方面,通过多种渠道建构起市民与新生代农民工的交往平台,从而使得新生代农民工的交往对象得到扩大,交往频率提高。如重视发挥新闻媒体在这方面的传播导向作用,促进两大群体之间的正常交往。在文化单位方面,可以改进服务形式,让流动图书馆、流动电影院真正走进农民工中间。

(三)提高新生代农民工的综合素质

马克思的交往理论明确指出:交往不仅是人们相互作用的手段,而且是人们普遍的存在方式和发展方式,人的本质根源于交往活动而又在交往活动中得以实现。农民工的个人素质的差异与其对人际交往的敏感度、融合度有着正相关关系,接受的教育越高、性格越开朗、越有创新思维的农民工接受大众传播的愿望越强烈,对信息的敏感度越高,交际范围也越广泛。[15]新生代农民工作为能动的交往主体,要顺应城市交往的转化,必须提高自身的综合素质从而增强在城市的适应能力。面对多元文化的冲击,新生代农民工必须全面提高新生代的文化素质,加强信息辨别能力,才能在交往过程中吸收

健康的城市文化。

(四)消除阻碍新生代农民工交往的心理因素

新生代农民工不愿与城市市民交往,在很大方面是因为社会以及市民对农民工存在心理上的歧视。哈贝马斯认为,交往行为是以互相理解为基础的,交往行为合理化的核心是行为主体之间进行没有任何强制性的诚实的对话和交流。[16]马克思在论述交往时,重视意识与交往的关系。马克思指出,正是意识形态扭曲了人们的社会交往,正是这样的一种障碍,才使得现实的交往不可能是自由平等的交往,而是一种异化的交往。因此,在新生代农民工就业前,政府应让他们学会在步入城市前对城市的环境有所了解,在交往过程中能以正常的心态面对新的交往对象。可以在企业内部设立农民工群体的心理工作室,在社区建立心理咨询点等。此外,帮助新生代农民工走出交往困境的治本之策还要靠农民工自己发挥其自身的主观能动性,使外部的支持帮助与新生代农民自身的努力结合起来。

参考文献:

[1] 宫志刚.社会转型与秩序重建.北京:中国人民公安大学出版社,2004.6

[2] 张跃进.中国农民工问题解读.北京:光明日报出版社,2007.29

[3] 许传新.新生代农民工的身份认同及影响因素分析.学术探索,2007(3)

[4] 马克思,恩格斯.马克思恩格斯全集(第27卷).北京:人民出版社,1974.478

[5] 马克思,恩格斯.马克思恩格斯选集(第4卷).北京:人民出版社.1995.532

[6][15] 马克思,恩格斯.马克思恩格斯全集(第3卷).北京:人民出版社.1960.515,295

[7] 常红,贾玥.新生代农民工制造业服务业居多,行业分布"两升一降"[EB/OL].北京:人民网,http://www.dayoo.com/roll/201006/21/10000307_102511256.htm,2010-06-21。

[8] 王聪聪.调查显示农民工市民化的头道门槛不是门户.中国青年报 2010(2)

[9] 布劳.社会生活中的权利与交换.北京:华夏出版社.1988

[10] 殷娟,姚兆余.新生代农民工身份认同及影响因素分析——基于长沙市农民工的抽样调查.湖南农业大学学报,2009(6)

[11] 叶传忠. 现阶段农民工社会关系网络.企业导报,2009(11)

[12] 王学梦,荣梅.电子网络:新生代农民工市民化的新路径.安徽工业大学学报,2008(7)

[13] 黄进.新生代农民工价值观探析.道德与文明,2010(3)

[14] 郝幸田.国外怎样对待农民工.企业文明,2007(5)

[15] 章俊程.农民工的人际交往现状、困境与出路.厦门大学,2008.41-46

[16] 姜爱华.马克思交往理论研究.北京:知识产权出版社, 2009.147

马克思主义生态文明观解析及实践

贾亚青
(西南大学,重庆,400715)

进入工业文明后,由于机器的广泛应用和科学技术的飞速发展,人类对自然的认识水平和改造能力不断提高,"征服"自然的思想促使人类不断采取妄图"统治"自然的行为。直至生态环境的日趋恶化,人类才开始了对工业文明的反思。恩格斯早就告诫人类:"我们不要过分陶醉于我们人类对自然界的胜利。对于每一次这样的胜利,自然界都对我们进行报复。"[1]进入 20 世纪 60 年代以后,这种反思达到了高潮,并实现了飞跃。与此同时,我国面对建国初期的一系列问题,也吹响了向生态文明进军的号角。

一、马克思主义生态文明观是我国生态文明建设的理论依据

马克思和恩格斯批判了以往一切唯心主义和旧唯物主义,以唯物的观点和辩证的方法看待整个世界,科学分析了人与自然、人与人、人与社会的关系,为我国生态文明建设提供了理论指导和方法借鉴。

(一)辩证唯物主义自然观

在自然观方面,马克思主义与其他哲学派别的根本区别在于:它承认自然界的客观实在性和相对于人类的先在性,而且从实践出发考察和解决人与自然的关系。

1.自然界是人类赖以产生、生存和发展的前提和基础。马克思认为,人类本身就是自然界长期发展的产物,是自然界的一部分。"整个所谓世界历史不外是人通过人的劳动而诞生的过程,是自然界对人类来说的生成过程"。[2]人依赖自然界生活,人类的财富既来源于劳动,也来源于自然界。"自然界同劳动一样也是使用价值(而物质就是由使用价值构成的)的源泉,劳动本身不过是一种自然力即人的劳动力的表现"。[3]即使是劳动也要从自然界获取资源,也要受到自然规律的制约。没有自然界人类就无法生存,自然界对人类具有先在性和基础性。

2.社会实践是人与自然关系的实现形式。在实践活动中,自然界是人们实践活动的对象,人们通过劳动从自然界获取生产资料和生活资料。人与自然的关系就表现为以实践为中介的主客体关系。但是这种关系并不是单方向的,而是双方物质、能量、信息相互交换的过程。"劳动首先是人和自然之间的过程,是人以自身的活动来引起、调整和控制人和自然之间的物质变换的过程。"[4]因此,人类为了维持自身的发展,需要通过实践活动获取生存资源,但是自然界有其自身规律,如果违背自然规律必定遭到大自然的惩

罚,因此要按自然规律办事,实现人与自然和谐发展。

(二)唯物辩证法——生态文明建设的方法理论

唯物辩证法是人们认识世界和改造世界的根本方法。生态文明建设是人们正确认识和处理人与自然、人与人、人与社会的关系,进而改造客观世界的实践活动,因此唯物辩证法为生态文明建设提供了方法保障。

1.对立统一规律是构建生态和谐的根本方法。构建生态和谐的过程,就是一个不断发现矛盾、认识矛盾、分析矛盾、解决矛盾的过程。生态文明建设的过程就是不断解决三对基本矛盾(人与自然、人与人、人与社会之间的矛盾)的过程。这三对矛盾是既对立又统一的关系,因此对立统一规律有助于揭示三对矛盾的性质、关系和变化原因,为矛盾的解决提供条件和方法。

2.整体与部分的关系和普遍联系的观点为生态和谐提供了理论基础。生态系统是一个相互依存、有着错综复杂联系的整体,它既包括人、其他生命群落和无机环境,也包括自然生态系统、社会生态系统。生态系统之间的各个要素是互相联系、相互作用的,共同决定着生态系统的整体功能。任何一方的孤立,都会影响到整个大系统的正常运作,同时还会影响其他子系统功能的顺利发挥。因此,在生态文明建设过程中,要正确认识和处理人与自然、人与人、人与社会的关系,整体推进经济、政治、文化和生态建设,实现发展与环境"两手都要硬"的整体目标。

(三)唯物史观——生态文明建设的方向指南针

进入工业文明后,人与自然生态冲突加剧的根本原因是:"到目前为止的一切生产方式,都仅仅以取得劳动的最近的、最直接的效益为目的。那些只是在晚些时候才显现出来的、通过逐渐的重复和积累才产生效应的较远的结果,则完全被忽视了。……支配着生产和交换的一个个资本家所能关心的,只是他们行为的最直接的效益。"[5]也就是资本主义只追求利润的生产方式和社会制度是造成生态危机的根本原因,因此,变革生产方式与社会制度是解决人与自然、人与人、人与社会之间矛盾的根本途径。"需要对我们的直到目前为止的生产方式,以及同这种生产方式一起对我们的现今的整个社会制度实行完全的变革"。[6]面对工业文明带来的生态问题,要决然变资本主义制度为社会主义制度,用社会主义生产方式变革资本主义生产方式。

同时,马克思主义的生态文明观还指明了进行变革的真正主体。马克思强调,人是社会发展的主体,没有人,社会就不会存在。生态文明是在人类的社会实践活动中实现的,生态文明建设要依靠全人类发挥自身的主观能动性,同时改造自然时也实现对人类自身的改造。

二、我国生态文明建设的现状及原因分析

以往的大多数学者都仅仅将生态文明建设放在自然领域,认为生态文明建设解决的只是人与自然和谐发展的问题,这是片面的。生态文明建设解决的是人与自然、人与

人、人与社会之间的矛盾关系，生态系统既包括自然系统，也包括社会系统。

（一）我国生态文明建设的现状

建国以来，我国就一直进行生态环境建设，虽然局部环境恶化得到有效控制，但是总体上还是呈现恶化的趋势，主要表现为：天然林面积锐减，功能明显弱化；草原大面积退化，功能减弱，土地沙化严重；水资源短缺，污染严重；空气污染加剧；耕地面积不断减少，质量也随之下降，粮食安全受到挑战。自然环境是人类生存和发展的原始基础，环境的恶化必将威胁到人类的生存和可持续发展。

在社会领域，随着社会主义现代化的进行，经济、政治和文化领域得到不同程度的发展。但由于我国仍然处于社会主义初级阶段，一些问题难免出现，主要是：如经济领域中产业发展模式陈旧，资源利用效率低，环境威胁度高，消费方式数量化等；如文化领域中非生态意识泛滥，崇尚西方文化，伦理道德低下等。

（二）造成生态文明建设现状的原因

1.非生态意识的泛滥和危害

伴随着生态文明的建设，环境意识和生态意识虽得到重视和发展，但是非生态意识仍然存在，在具体实践过程中影响着人们的思考和行为方式。主要表现为：首先，关于“生产过程废弃物不可避免论”，即生产过程中排放废弃物是不可避免的，地球有无限的消化吸收废弃物的能力。这一观点导致无限制的废弃物排放，对生态环境造成极大的压力。其次，关于“自然资源无限论”。持此观点的人认为，自然资源是无限的，取之不尽，用之不竭，这导致人们只是向自然界无休止地索取和进攻，而忽视了环境的建设和保护。再次，“利己主义”、“拜金主义”的生态伦理观，置环境管理于不顾，把追求财富和欲望的满足当成最高目标。

2.传统经济发展理念及发展模式的消极影响

传统的经济发展模式还没有得到根本的改变，仍然以粗放型经济增长方式为主，其主要特点是高消耗、高投入、低效益、低循环，虽在一定程度上促进了经济的发展，但是付出的资源消耗、环境污染、生态破坏的代价是巨大的，加之我国人均资源少，因此形成了严重的生态赤字。

思想观念是行动的先导。我国生态赤字如此严重，生态恶化的现状迟迟得不到根本转变，归根结底是人们在长期的传统的经济增长方式中，逐渐形成的非理性发展观引起的。发展是第一要务，这是正确的，但为了经济的增长而忽视生态的承载力和环境容量，对自然资源掠夺式开发，只顾眼前、不顾长远，不仅造成生态破坏，而且也阻碍可持续发展的实现。

3.生态保护领域方面的法律缺失

我国现行的生态保护法律体系并不完善，缺乏理论性和系统性，影响法律实施的严肃性和效果。在已颁布和实施保护生态的法律中，有的法律过于原则性，具体操作性差。并且在法律的实施过程中，有法不依、执法不严、违法不究的现象相当严重，普遍存在违法成本低、守法成本高的问题。

4.西方发达资本主义国家的经济、文化渗透

改革开放以来，我们国家向世界敞开了大门，为了社会主义现代化建设的顺利实现，吸收借鉴西方发达资本主义国家的发展经验和教训，并且引进外资，允许其在我国国内建厂等。但是西方发达资本主义国家却将我国视为其废弃物的排放站，将一些资源耗量大、环境污染度高的产业安置到我国境内，加深了我国的生态危机。同时，为了遏制社会主义思潮的高涨，占领我国意识形态领域，大量资本主义意识形态思想渗透到我国，如享乐主义、极端个人主义、一切向钱看的拜金主义等，不仅严重败坏了社会风气，而且对我国的主导意识形态和传统文化思想造成严重的冲击。

三、我国生态文明建设的体系

生态文明建设是为了解决人与自然、人与社会、人与人之间的三对矛盾，从而促进整个生态系统的和谐发展。因此我国的生态文明建设不能仅仅将生态建设局限于自然界，而应将其扩展到社会领域，实现自然系统和社会系统的全方位的生态平衡。

（一）自然系统生态文明建设

生态文明下自然系统的建设是要实现自然环境的平衡。良好的生态环境是一切生命生存和发展的根本条件，人类作为生命系统的高级部分更是离不开环境的生态平衡。生态环境优化的目标是通过生态环境保护，遏制生态环境破坏，减轻自然灾害的危害；促进自然资源的合理、科学利用，实现自然生态系统良性循环；维护国家生态环境安全，确保国民经济和社会的可持续发展。自然系统的优化建设，需要建设和优化生态系统、防止和控制环境污染、减少污染气体和液体的排放、改进城市绿化系统建设等。

现今我国仍处于并将长期处于社会主义初级阶段，发展相对落后、人口众多、人均资源紧缺、环境承载能力较弱。我国自然生态的现状是耕地、淡水、能源、铁矿石等重要战略资源的人均占有量均不足世界平均水平的1/3～1/2；水、土壤、大气等污染严重，主要污染指数已居世界前列；生态系统整体功能下降，抵御各种自然灾害的能力减弱等等，这都不利于我国社会主义建设的顺利进行。改革开放三十多年来，我国的经济建设虽然取得了巨大成绩，但这在很大程度上是靠拼资源、拼消耗、拼环境换来的。自然资源是有限的，“自然资源无限论”是错误的，如果人类向自然界无休止地索取，恶果只能由人类自己来承受。面对我国的现实环境问题，建设和完善自然系统这块生态文明建设的短板，将成为近期并且是较长期时间内的重点。

（二）社会系统生态文明建设

社会系统按照不同的标准可以划分为不同的子系统，本文将社会系统划分为经济系统、政治系统、文化系统。相应的社会系统的生态文明建设就包括经济系统建设、政治系统建设、文化系统建设。

1.经济系统建设。生态文明下的经济系统的运行要求在物质生产、流通、消费等具

体环节中，通过技术进步，构建生态化的生产方式、生活方式和消费方式。在生产环节，要尽快扭转以大规模的能源消耗、污染产品生产以及自然生态系统退化为特征的高资源消耗型、高环境破坏型的生产方式，因地制宜地建设生态产业。在生活环节，要尽可能减少污染物体和气体的排放，采用低排放、低污染的生活用品，实现绿色生活。在消费环节，要按照生态文明的标准，弘扬一种低资源消耗、低环境影响、高度健康的适度消费模式，实现从数量占有型消费方式到适宜型消费方式的转变。同时，在宏观层面，经济系统本身也要实现生态化。如产业方面，第一、第二、第三产业的比例分配，促进国民经济的协调发展；在经济运行过程，生产、分配、交换、消费的各个环节都要坚持公平、公正、诚信等原则，保障经济交往的顺利进行；市场经济的正常运行要遵循"无形的手"和"有形的手"两方面的制约等，从而实现整体经济持续稳定的发展等。

2. 政治系统建设。生态政治系统的建设主要是政策法规、机制体制等方面的建设和完善，为整体生态系统的优化提供有力的政策保障。政策法规方面是制定符合生态文明标准的法律法规、部门规章和标准规范体系，从根本上转变"先污染后治理、重经济轻生态"的错误发展模式。体制机制方面，重点要通过完善体制和发展机制促进循环经济、绿色经济和低碳经济的发展，并按照生态文明建设的标准制定一系列考核、奖罚机制。除了用政策、机制保障整个生态系统的建设之外，政治系统内部的运行也要实现生态化。我国是社会主义国家，坚持民主和法治相结合，坚持中国共产党领导的多党合作制。因此，我们要以马克思列宁主义、毛泽东思想、邓小平理论和"三个代表"重要思想为指导，坚持社会主义制度的长期性，实现政党内部运行的协调性，法律法规实施的公正性，党民关系的协调性等，实现缓解矛盾、促进和谐的生态目标。

3. 文化系统建设。生态文明下的文化系统建设是生态文明建设的依托和精神支柱，是生态文明内在提升和发展的推动力。首先，以生态价值观为指导，摒弃传统文化中的"反自然"或"人统治自然"的错误观念，大力宣传生态文明建设，提倡生态美观、生态良心、生态正义和生态义务，将生态意识上升为公民意识。其次，培育生态文化产业，积极鼓励推进生态文化作品的创作，使人们在文化作品的陶冶中，养成绿色的自然观、人生观和价值观，自觉地遵守生态法规，为制度建设提供智力支持，促进生态经济的发展。最后，坚持继承和弘扬中华民族的优秀文化，汲取其中积极的生态思想，实现传统文化和当今主流文化的和谐发展。坚持主流文化建设，抵制资本主义负面文化及其他反动文化的侵蚀，保护民族文化，同时吸收资本主义文化中的积极方面，丰富民族文化，实现中华民族文化系统的和谐发展。

参考文献：

[1] 马克思，恩格斯. 马克思恩格斯选集(第3卷). 北京：人民出版社，1972. 517

[2] 马克思，恩格斯. 马克思恩格斯全集(第42卷). 北京：人民出版社，1979. 131

[3] 马克思，恩格斯. 马克思恩格斯选集(第3卷). 北京：人民出版社，1995. 298

[4] 马克思，恩格斯. 马克思恩格斯全集(第23卷). 北京：人民出版社，1972. 201～202

[5] 马克思，恩格斯. 马克思恩格斯选集(第4卷). 北京：人民出版社，1995. 385

[6] 马克思，恩格斯. 马克思恩格斯选集(第4卷). 北京：人民出版社，1995. 385

浅析马克思主义的生态理论对我国建设生态文明的启示

乔　妮

（西南大学，重庆，400715）

随着工业社会的发展，人类为了自身利益而向自然过度索取，导致各种生态问题，并开始威胁到人类的生存。当前，我们应认真学习马克思主义关于生态文明的相关理论，以更全面、更深刻地理解生态文明的内涵，为我国生态文明建设提供理论上的指导。

一、马克思主义生态理论的基本观点

马克思、恩格斯在对资本主义条件下人与自然关系的哲学和经济学反思中形成了以人和自然间的协调共生关系为核心内容的生态理论。虽然马克思、恩格斯没有对生态理论进行详细阐述，但在马克思主义哲学中的生态理论观点具有的前瞻性，为当代人转变发展模式，保护生态环境，建设生态文明提供了理论与实践依据。

（一）人类作为一般生物，存在于自然界之中，与自然界是有机的统一体

人类作为自然界长期发展的产物，是物质世界的组成部分，与自然界中的其他生物一样都是纷繁复杂的物质世界的物质形态，且各种物质形态相互依存共生，人类不能脱离自然界而单独存在。同时，整个自然界又是人类生活、生产资料的来源，是人类的“无机的身体”。人类为获取生存和发展的权利而不断向自然界索取，但自然界本身与人类是平等的关系，人类在向自然索取的同时必须维护自然界生存和发展的权利，也就是要尊重自然界的规律。破坏自然就等于破坏人类无机的身体，等于破坏人类生存发展的基础。马克思在对19世纪生态问题的思考中就已经明确提出了当时社会发展过程中存在的种种生态破坏现象：土地资源的滥用，对森林的滥伐等等。可见，马克思主义理论中早已指出了保护好生态环境的必要性。

（二）实践过程中，主客体之间的关系集中表现为主体对象化或客体化和客体非对象化或主体化的双向运动

实践是人所特有的对象化的活动。动物是在消极适应自然的过程中维持生存，而人是在积极利用工具，改造自然界过程中维持生存。马克思指出：“在生产中，人客体化，在消费中，物主体化。”[1]人作为实践主体，通过实践把自身之外的自然变成自己实践的对象，并利用各种工具有意识地改造自然，形成自然界原本没有的对象物，即人类所需

要的东西。作为主体活动对象的自然被主体改造后就成为了主体的一部分。实践中，自然不仅被改造为主体需要的形式，而且被主体作为直接的生活、生产资料消费。人与自然的关系由实践作为中介联系起来了，人类始终在利用自然为其生存发展服务。然而，现实的社会中，人类对自然的利用过分强调了人的主体需求，忽视了自然的健康，使人类的需求与自然本身的规律难以协调，产生了严重的生态环境问题。既然自然作为人类的活动对象，成为主体的一部分，人类的需求实践就应该遵循自然的规律，人类只有爱护自然，才会被自然恩养。

（三）资本的积累和再生产加剧了人与自然之间的矛盾

资本主义发展之初的原始积累是残忍的，资本家为获取足够的生产成本和购买奢侈的消费品，在世界各地疯狂开采金矿、银矿、铜矿等稀有矿产资源，燃烧森林、破坏土地等，这种不尊重自然规律的无节制的行为虽然给资本主义带来了巨大发展，但也带来了严重的生态破坏恶果。在剩余价值的驱动下，资本家更是不顾及自然的警告，错误坚持“拥有式”生产观点，不断加紧资本的再生产。马克思在对 19 世纪环境问题的思考中就已经明确指出，利用自然应具有合理性。

二、我国建设生态文明的目标和意义

改革开放以来，我国经济快速发展，GDP 增长速度不断提高，但这样的发展是以高消耗、高污染换来的。随着经济社会的发展，我国各行业对自然资源的开发利用强度日益加大，各产业之间资源利用难以协调，生态环境开始恶化。众所周知，我国生态环境压力大，人均资源占有量不到世界平均水平的一半，但单位 GDP 能耗、物耗，废水、废弃物排放量均大大高于世界平均水平。中国是世界各国经济合作的对象，全球经济贸易往来的增强间接地增加了我国生态环境遭受外来因素影响的风险。与此同时，我国关于生态保护的相关政策、法规及标准还不健全，不利于生态的保护和治理。基于对马克思主义生态理论的研究以及现存生态环境问题的认识，2003 年我们党在十六届三中全会上提出“以人为本，全面协调可持续的科学发展观”，要求以此来指导社会的发展；2007 年，党的十七大又提出“建设生态文明，基本形成节约能源资源和保护生态环境的产业结构、增长方式、消费模式”，决定 2020 年使我国成为生态良好的国家。这标志着，生态文明成为中国现代化建设的战略目标，它与物质文明、精神文明、政治文明都成为中国特色社会主义事业的崇高追求。

建设生态文明是从我国国情出发，总结国内外发展经验、顺应社会发展规律的正确选择，是贯彻落实科学发展观、全面建设小康社会的必然要求，是我们党执政理念的深化与发展，对我国社会主义社会的进一步发展具有重要的现实意义。同时，建设生态文明也是三大文明建设的支撑点，是执政党的社会基础和历史任务，是全面建设小康社会和实现社会可持续发展的重要保障。建设生态文明有利于维护人民身体健康，有利于大大提高中国的国际地位，有利于经济增长方式的转变，也有利于加强全社会对保护生态环境的重视。

三、以马克思主义生态理论指导我国生态文明建设

基于对我国生态状况的认识和建设生态文明目标的提出，我们必须加深对马克思主义生态理论的认识，以马克思主义生态理论为指导，积极采取相应措施，推动我国生态文明建设的有序进行。

（一）推进产业结构的合理化进程

传统的产业结构中，第一产业比重较大，资源消耗量大，产业内部争先发展加大了对资源的开发和利用程度，并造成了严重的资源浪费和生态破坏。第一、第二、第三产业间在资源利用上联系不紧密，资源的实际使用效率不高。然而在全球资源危机的形势下，无休止的开采、肆意的浪费是一种对后代不负责任的表现。马克思在社会资本再生产理论中就揭示了社会化大生产的必然性，是产业结构变动的普遍规律之一。今天，世界性的社会化大生产正在如火如荼地进行，我国在社会化大生产中要做的就是促进我国的产业结构的合理化进程，加强各产业间在生产规模上比例关系的协调、产业间关联程度的提高、资产结构的协调等。在产业结构优化升级的基础上协调各部门的资源利用比例，提高资源在产业间的循环使用率，加强各个产业间资源的联合开发利用，降低资源投入，提高资源的使用效率。

（二）促进经济增长方式的转变，降低消耗，保护生态环境

传统粗放型经济增长方式，主要依靠增加生产要素的投入来扩大生产规模，实现经济增长，但这种增长方式成本较高，消耗较大，对资源的利用率低，同时排放量大，经济效益较低。然而资源的供给力、环境的承载力都是有限的，若继续坚持传统的增长方式，发展与生态的矛盾就会被激化。因此我们必须转变经济增长方式，形成成本低、消耗小、环境效益好的集约型增长方式。转变经济增长方式，必须摒弃传统观念，正确地认识物质财富的增长和人的全面发展的关系，不能把人的健康、全面发展作为社会发展的代价；转变经济增长方式，必须以科学技术为动力，各产业间的相互协调为基础调整和优化经济结构；转变经济增长方式，必须加快体制创新，改变导致增长方式不合理的体制；转变经济增长方式，必须强化企业生态管理，使企业这个微观经济基础形成良好的节约资源和生态保护意识；转变经济增长方式，必须提高国民素质，使公民自觉建立绿色意识，为社会的进一步发展做好人才铺垫。

（三）建立有利于生态环境的消费方式

我国在改革开放尤其是进入 21 世纪后，生产力水平迅速提高，人们的生活水平不断改善。但发展的同时存在着许多严重的资源浪费现象，一些人在生活条件改变之后，养成了一些不良的生活消费习惯，如奢侈性消费等。这些不良习惯加大了对资源、环境的需求，给生态环境带来了不良的影响。马克思揭示了资本生产和在生产过程中存在着的浪费现象并反对这种消费方式。基于对理论与现实的认识，我国政府要积极引导并建立有利于生态环境的消费方式。在企业中要建立健全人才、技术配给机制，加大对如

何提高资源使用率的研究；各行业各部门要协调资源的使用，提高联合利用的意识；通过舆论力量和法制途径加强企业维护生态环境的责任心。在解决公民消费问题上，政府要加大宣传力度，从家庭教育着手，提高公民的生态环境意识，自觉摒弃浪费和过度消费行为，改变部分人奢侈性、炫耀性的消费方式，倡导绿色消费。

（四）以人与自然协调发展作为行为准则，建立健康有序的生态机制和生态保护法律法规

我国已颁布了一系列有关自然资源管理与环境保护的法律法规，但这些法律法规侧重点不同，缺少综合性的生态保护法。这就需要在十七大提出的建设生态文明的基本目标基础上，建立相关法律法规，把生态环境保护和建设纳入国家法制化管理体系之中。"一是制定和完善保护生态经济政策，将生态破坏和环境污染损失纳入国民经济核算体系，建立生态补偿机制；二是构建生态系统监测体系，提高生态系统监测能力，开展生态环境质量评价，建立重大生态破坏事故应急处理系统；三是加大生态保护和建设的投入，确保投入与产出的合理性以及生态效益、经济效益与社会效益的统一；四是大力开展生态保护宣传教育，努力营造节约自然资源和保护生态环境的舆论氛围，提高全民保护生态环境的自觉性；五是大力开展国际交流与合作，积极引进吸收国外资金、技术与管理经验，提高中国生态环境保护的技术和管理水平，积极参与相关国际公约，履行相应的国际义务，维护国家环境与发展权益。"[2]

马克思主义理论中所包含的人与自然的协调发展观念对我国建设生态文明具有理论指导意义。以马克思主义生态文明理论指导我国建设生态文明，走可持续发展的生态文明之路，促进人与自然的和谐发展，促进社会主义和谐社会的构建。

参考文献：

[1]马克思，恩格斯．马克思恩格斯全集(第46卷)．北京：人民出版社，1979
[2]步雪琳．我国采取六大措施保护生态安全．中国环境报，2006，06，5

论马克思主义阶级分析方法在当代思想政治教育中的深化

郭玉婷
（西南大学，重庆，400715）

毛泽东曾说过："我们不但要提出任务，而且要解决完成任务的方法问题。我们的任务是过河，但是没有桥或没有船就不能过。"[1]马克思主义阶级分析方法是认识社会现象，分析社会矛盾，解决社会问题的正确方法。充分发挥思想政治教育的力量，就必然要求正确掌握阶级分析方法，进一步学习它、传播它、发展它，才能推进人的全面发展的实现，进而推动整个社会主义社会的发展。

一、马克思主义阶级分析方法的内涵和现实价值

（一）马克思主义阶级分析方法的含义及其内容

关于马克思主义阶级分析方法的含义，学界诸多学者都曾作过论述。李崇富曾在一篇名家访谈中谈到了"九个关于"，构成了马克思主义科学的"阶级斗争学说"。倪志安在其著作《马克思主义哲学方法论研究》中对阶级分析方法也进行了界定。综合诸多观点，实际上，马克思主义阶级分析方法就是运用马克思主义的阶级和阶级斗争观点去分析、认识阶级社会及其社会历史现象和解决社会矛盾的方法，为透过纷繁复杂的阶级社会现象，认识阶级社会的本质和规律提供科学的指导。

马克思主义阶级分析方法的内容主要包括阶级结构与阶级斗争学说及其在转型期阶级问题的特殊表现形式两大部分。马克思第一次对阶级和阶级斗争学说给予历史唯物主义的系统而全面的阐述是在《共产党宣言》中："至今所有一切社会的历史都是阶级斗争的历史。"[2]由此，阶级斗争学说无疑是马克思主义阶级分析方法最重要的组成部分。阶级结构、阶级关系，尤其是阶级的经济地位和政治立场，阶级斗争与国家政权的关系以及这几者之间的发展变化，是研究马克思主义阶级分析方法必须要考虑的重要因素。

各种社会矛盾是发展变化的，作为阶级社会普遍现象的阶级和阶级斗争，也是不断变化发展的。在当前这样的历史时期，值得关注的是转型期阶级问题的特殊表现形式。

＊ 本文为2009年度重庆市哲学社会科学规划重大项目：《马克思主义阶级分析方法研究》的中期成果。项目编号：2009-ZDWT005.

真正的马克思主义者历来就坚持对文化、民主等现象作阶级分析，坚持马克思主义的阶级分析方法，就必须运用它去分析各种带有阶级性的社会现象，如文化、民主、法律等。除此之外，贪污腐败、西化现象等等都是必须重视的社会问题。因此，应当对当前的社会背景和基本国情做具体的分析，尤其是对阶级斗争性质和范围的理解，对带有阶级性质的社会现象的分析，应该作为马克思主义阶级分析方法的一部分来学习和研究。

(二)进行马克思主义阶级分析方法教育的必要性

现代思想政治教育学的理论基础是马克思主义，坚持以完整准确的马克思主义的科学体系为根本指导思想，是现代思想政治教育学能够得以建立和健康发展的根本条件，也是实现思想政治教育科学化的根本保证。[3]处于当前这样特殊的社会转型期，基于思想政治教育的历史任务和历史使命，更应该让人们对马克思主义阶级分析方法有一个正确的认识。立足于我国基本国情，在思想政治教育内进行马克思主义阶级分析方法的教育是必要的。首先，阶级斗争仍然在一定范围内长期存在；其次，带有阶级性质的社会现象存在；最后，新时期的阶级斗争形式非常特殊，更多地表现为思想文化和意识形态上的冲突和斗争。

在国际范围内，阶级矛盾更为明显。国际上社会主义和资本主义两大阵营之间的斗争将长期存在，并且随着时代的发展这两种制度斗争的形式更加多样和复杂，使得国际范围的阶级斗争任务更加艰巨。国际范围的阶级斗争对中国的影响表现在以下几个方面：首先，西方敌对势力联合起来遏制中国；其次，西方资本主义国家一再利用人权、自由、宗教等问题干涉中国内政，侵犯中国主权；最后，西方资本主义利用西方价值观等对中国进行意识形态的侵蚀，试图实行和平演变，加紧与“民运分子”、与中国国内的敌对分子相勾结，企图颠覆中国的社会主义制度。

二、当前中国阶级分析方法在思想政治教育中的现状分析

在当前的思想政治教育中，对马克思主义的相关理论，尤其是阶级分析方法的教育还比较薄弱，主要体现在教育模式的相对落后、教育方法的比较单一、教育效果的不尽人意等方面。

(一)教育指导思想的“三个淡化”

教育指导思想的“三个淡化”，即在思想政治教育理论教育阶段淡化政治、淡化意识形态、淡化马克思主义。思想政治教育作为上层建筑，是为统治阶级服务的，但是现实生活中，思想政治教育者在进行马克思主义阶级分析方法的教育工作中并未坚持“学马列要精，要管用”的原则，甚至在众多高校思想政治理论课教学中出现了违背社会主义意识形态的“中性化”、“边缘化”、“迎合化”现象。由教育部组织的对全国十六所不同类型高校的全日制在校本科生进行的调查结果显示，大学生中信仰“马克思主义”的占44.13%，与“没有明确的信仰”的学生数量(41.84%)相当，马克思主义作为信仰在大学

生中的主导地位亟待加强。[①] 在思想政治教育理论教学中，不论是模糊民族界限、淡化国家意识、世界公民主导倾向，还是顽固封闭、逃避国际竞争的狭隘民族主义倾向，都是不利于社会发展的，同时也是不利于社会成员的成长和发展的。

（二）教育方法与内容选择的"教条化"

当前的部分思想政治教育者在教学中运用马克思主义阶级分析方法分析问题、解决问题的过程中，往往过于庸俗化、公式化，即"教条化"，教条地认为阶级分析方法只适用于阶级社会中那些具有阶级性的社会现象和矛盾。现行的思想政治教育中进行"马克思主义阶级分析方法"教育的"教条化"主要体现在两个方面：一是在教育方法的使用上，大多还是采用传统的理论灌输模式，忽略了与中国具体国情相联系；二是在教育内容的选择上，有过分强制性、封闭性、单向度性和机械性的倾向，大大影响了思想政治教育的实效性，使受教育者无法将马克思主义阶级分析方法内化为自身的理论工具，指导自己的实践活动。当前，中国正处于社会主义转型的重要时期，在改革开放不断深入的过程中出现了很多矛盾、面临很多困难，正确地使用阶级分析方法显得尤为必要。因此，必须通过思想政治教育使受教育者系统地掌握阶级分析方法的内涵，真正地把握和使用阶级分析方法，指导其正确地分析问题、解决问题，促使受教育者行为符合主流意识形态，维护国家的利益和理想，促进社会主义和谐社会的构建。

（三）阶级分析方法功能的"万能化"

当前，在思想政治教育过程中还存在着一种病态的观点，将马克思主义阶级分析方法的功能"万能化"，使得马克思主义阶级分析方法的运用走向两个极端，即在分析社会问题的过程中要么事事都用它，时时都用它，要么绝不用它，违背了具体问题具体分析，理论联系实际的原则。在思想政治教育过程中，如何正确理解与使用阶级分析方法是一个薄弱环节，归根结底在于教育者对马克思主义阶级分析方法的内涵把握不充分、理解不透彻。如，思想政治教育应该要让社会成员理解"一国两制"是中国的一种基本政策，而不是阶级斗争的变身或是社会主义向资本主义的转化；又如，"苏东剧变"是历史前进中的曲折，而不是社会主义的终结或是历史的倒退。

（四）阶级分析方法运用的"表面化"

文化、民主、法律等等均属于带有阶级性质的社会现象，在面对这些现象时，思想政治教育应当充分发挥思想政治教育的功能，使受教育者透过现象看到本质，深入了解这些社会现象存在的意义及其本质，而不应仅仅停留在表面，使其运用"表面化"。在当代，随着经济全球化的进一步发展、改革开放的进一步深入，整个世界的大背景仍然是阶级社会，仍然存在阶级、阶级剥削和阶级对立，中国作为一个庞大的发展中的社会主义国家，是西方资本主义国家关注和企图改变性质的主要对象之一，也是其进行思想文化渗透的重点对象之一。以中国的文化环境建设为例，建设有中国特色的社会主义国家理

① 蒋占峰.大学生政治观的调查与思考[J].思想教育研究.2009.51-54

论，被一些别有用心的人打上了资本主义的烙印，认为中国特色的社会主义理论是在资本主义意识形态的指导下构建的，然而，当前的思想政治教育在教育的过程中，一味地灌输理论，因此也就看不到出现这些问题的根源在于西方敌对势力对中国的影响与渗透，使得教育停留在理论阶段，造成教育对象“知其然，不知其所以然”。

三、在思想政治教育中加强马克思主义阶级方法的途径

党中央在党的十六大以后，对加强和改进大学生思想政治教育作出战略部署，2004年中共中央、国务院颁发《关于进一步加强和改进大学生思想政治教育的意见》，对全国各高校思想政治理论课建设和改革作出重大决策，要求认真开展马克思主义理论体系研究。马克思主义阶级分析方法是马克思主义理论体系中最重要的部分，因此，我们必须坚持以马克思主义为指导，在思想政治教育过程中进一步加强与深化关于马克思主义阶级分析方法的教育，将马克思主义阶级分析方法与中国革命、改革和社会主义建设的实践相结合，及时吸收创新成果，既加强理论学习，又增强社会实践，把“马克思主义阶级分析方法”作为思想政治教育的主要内容和重要目标，使它真正地为人所用。要保证思想政治教育的有效性，在思想政治教育过程中构建马克思主义阶级分析方法教育与应用的具体模式：既要在理论教育中，打破单向度、表层化的思维套路，又要通过社会实践，做到真正的认同、接纳马克思主义阶级分析方法，并让受教育者有实践的欲望。

（一）树立正确的教育指导思想，深化理论教育

面对改革开放新形势和社会转型的复杂局面，应该在党的领导下，深化马克思主义阶级分析方法的理论教育，使社会成员客观和审慎地看待和分析社会矛盾和社会问题，将马克思主义阶级分析方法与中国的改革开放和社会主义现代化建设紧密地结合起来。

1. 紧抓马克思主义理论教育，正确认识转型期的阶级现象

科学的理论是无产阶级及其政党得以存在、发展、壮大并不断取得胜利的根本指南，马克思主义理论是科学，必须要用科学态度对待马克思主义理论课，尤其是在进行阶级分析方法教育的过程中，要对当前转型期的社会背景、国际背景以及具体国情做具体分析，尤其是对阶级斗争的性质和范围的理解、对带有阶级性质的社会现象进行分析，并在教学的过程中不断更新教学理念，更新完善教学内容，沟通教学对象，改革教学方式方法，使教学充满生机与活力。要站在全局的高度运用系统的方法加以整体性研究，以科研的意识和方法对待马克思主义理论课教学改革，以科研成果促进马克思主义理论课教学的理论联系实际，以科研的方法激发学生的学习兴趣，最终实现教育目的。

2. 加强思想政治教育者队伍的建设

邓小平同志曾指出：“一个学校能不能为社会主义建设培养合格的人才，培养德智体全面发展、有社会主义觉悟的有文化的劳动者，关键在教师。”[4]思想政治教育者作为教育的主要参加者与实施者，担负着传播马克思主义主义理论的重要职责，直接影响着思想政治教育的效果，因此，必须进一步加强思想政治教育者的队伍建设，要注重提高和培养教育者的政治方向意识，夯实专业基础，提高理论水平，要求其必须坚持正确的政治方向，具有扎实的学科支撑意识、基本的教育实效意识等。

(二)灵活运用各种方法,实现马克思主义阶级分析方法教育"生动化"

恩格斯曾说过:"马克思主义的整个世界观不是教义,而是方法。它提供的不是现成的教条,而是进一步研究的出发点和供这种研究使用的方法。"[5]因此,在马克思主义阶级分析方法教育的方式上也要求有所创新。

1. 更新思想政治教育方法和手段,隐性教育法与显性教育法相结合,实现多向渗透

在思想政治教育的过程中,通过选择性地吸取国外优秀的教育方法,如对话交流法、生命叙事法等来加强思想政治教育的效果。其中,对话交流法又可分为显性的和隐性的,其核心是平等、真诚、尊重、理解,通过双向平等互动的关系,实现思想上的共鸣,情感上的沟通;生命叙事法则是通过思想政治教育帮助人们树立起正确的人生观、世界观、价值观,帮助人们发现、建构生命的意义,追求生命的价值。通过广泛深入开展具有中国特色的马克思主义阶级分析方法的教育活动,利用新的理论成果和新的教育方式,将显性教育与隐性教育相结合,充分发挥统一思想、明确目标与规范行为的作用,推动社会发展。

2. 针对不同的受教育者的特点,灵活选择教育内容

美国实用主义教育的代表人物杜威说:"成年人只有通过对儿童的兴趣不断地予以同情的观察,才能够进入儿童的生活里面,才能知道他要做什么,用什么教材才能使他工作得更起劲,更有效果。"[6]实施教育时考虑受教育者的特点是获得良好的思想政治教育效果的必备条件,对受教育者的认识和了解,是编制具体的教育内容,选择适当的教育方式方法的基础,是思想政治教育实践的前提条件和依据,因此,在教育实践活动过程中,应当深切体察、认识受教育者,包括认识他的思维、性格、能力、气质、品格等,因材施教,使马克思主义阶级分析方法的教育具有更强的说服力与更高的可接受性。

(三)正确把握阶级分析方法功能,实现"具体化"

马克思主义经典理论主要是提供一种科学原则和方法,不可能对每个国家教育的发展提供一个具体的方案和现成的模式。因此,要在马克思主义基本精神的指导下,结合中国经济社会发展的实际,充分认识阶级分析方法的特点与发展规律,开创中国特色社会主义思想政治教育事业的新局面。

1. 正确界定阶级分析方法的适用范围

在思想政治教育过程中,不断加强阶级分析方法的理论教育,正确界定阶级分析方法的适用范围是实现阶级分析方法功能具体化的必要前提。首先,从社会现象的角度出发,在阶级社会中,阶级斗争只是人们众多社会实践活动之一,此外还有很多不带有阶级斗争的性质的实践活动,如科学实验。其次,就社会关系而言,阶级关系作为人们社会关系的基本方面,不能把人的社会性等同于阶级性。最后,社会矛盾不等于阶级矛盾。因此,对于不具有阶级性的社会现象和社会矛盾就不适于用阶级分析方法去进行分析。只有掌握这个尺度,并按照其科学本性去应用它,才会产生出其科学方法论的效果。误用乱用阶级分析方法,在中国社会主义建设的一个时期,已经出现过,并且对社会的发展产生了不可弥补的损失,必须牢记其深刻的教训。因此,在运用阶级分析方法分析社

会历史现象时，要正确区分不同性质的社会矛盾，具体分析不同性质的社会矛盾的相互联系和转化的条件。

2. 从具体国情出发，构建有中国特色的"马克思主义阶级分析方法"的教育体系

江泽民同志在党的十六大报告中说："面对世界范围各种思想文化的相互激荡，必须把弘扬和培育民族精神作为文化建设极为重要的任务，纳入国民教育全过程，纳入精神文明建设全过程，使全体人民始终保持昂扬向上的精神状态。"不仅是国家领导人、决策人才要用"马克思主义阶级分析方法"去认识、对待中国基本国情，作为一个社会成员，作为一个合格的中华人民共和国公民，也应该站在国家的整体利益的高度去分析、看待社会现象。因此，思想政治教育者除了要传授必要的理论知识外，还应引导受教育者正确地了解国情，站在阶级分析方法的高度去认识和分析一些具体的政策，如"一国两制"、"人民币汇率"、"住房政策"等等，正确地把握和理性地面对在社会发展过程中出现的问题和矛盾。

(四)加强阶级分析方法实践教育，实现运用的"实效性"

1. 利用多种媒介，传播阶级分析方法

随着科技的发展，信息传播的途径也越来越多，这就要求思想政治教育者在教育过程中充分利用各种媒介，如书刊资料、电视广播，尤其是网络媒介。一方面，传统的传播媒介如书刊资料等，为了适应时代的发展，应当改变以往的面貌，打造"新面目"，变得更加时尚、更具吸引力。另一方面，要充分利用与把握网络媒介的外显性、信息传播和反馈的及时性、隐匿性等特点，通过对网络的正确利用，为人们提供丰富的学习资源，扩大知识视野和交流空间，优化教育方式和培养思维能力，使其成为促进整个社会发展和个人发展最好最快的平台。

2. 构建运用马克思主义阶级分析方法的良好的社会环境

良好的社会环境为马克思主义阶级分析方法的生长提供了良好的土壤，能够帮助人们提高分析社会难题的能力和对马克思主义的信仰。在改革开放的今天，经济、政治、文化的全球化成为不可避免的趋势，受教育者在接触新观念、新事物的同时，受资产阶级意识形态以及各种文化冲击等因素的影响也是比较深的。因此，通过加强马克思主义阶级分析方法的实践教育，构建良好的社会环境，能使"马克思主义分析方法"更人性化、更具亲和力、更有感染力、更接近人们的生活。

注释：

①"九个关于"是指马克思主义关于"阶级的存在仅仅同生产发展的一定历史阶段相联系"的观点；关于阶级社会的基本矛盾必然地表现为阶级和阶级斗争的观点；关于阶级斗争是阶级社会发展的"直接动力"的观点；关于无产阶级反对资产阶级的阶级斗争的"最高表现就是全面革命"的观点；关于"阶级斗争必然导致无产阶级专政"的观点；关于无产阶级专政"是阶级斗争在新形势下的继续"的观点；关于无产阶级专政"不过是达到消灭一切阶级和进入无阶级社会的过渡"的观点；关于无产阶级的阶级地位、历史使命和它自身只有组织成为革命政党"才能作为一个阶级来行动"的观点；关于"只有承

认阶级斗争、同时也承认无产阶级专政的人，才是马克思主义者”的观点。

②“中性化”倾向是指淡化高校思想政治理论课的意识形态性，把高校思想政治理论课教学看作是一种纯业务性、纯学术性的工作；“边缘化”倾向是指淡化马克思主义理论和社会主义意识形态教育在高校思想政治理论课教学内容中的中心地位，忽视了高校思想政治理论课的本质要求；“迎合化”倾向是指脱离教学大纲，在教学中价值取向不明确，在一些重大思想和政治原则问题上采取回避甚至放任的态度。

参考文献：

[1] 中共中央文献编辑委员会. 毛泽东著作选读(上). 北京：人民出版社，1986. 63

[2] 马克思，恩格斯. 马克思恩格斯选集(第1卷). 北京：人民出版社，1995. 272

[3] 张耀灿，郑永廷等. 现代思想政治教育学. 北京：人民出版社，2001. 42

[4] 邓小平. 邓小平文选(第2卷). 北京：人民出版社，1994. 108

[5] 马克思，恩格斯. 马克思恩格斯选集(第4卷). 北京：人民出版社，1995. 742～743

[6] 转引自华东师范大学教育系，杭州大学教育系. 现代西方资产阶级教育思想流派论著选. 北京：人民教育出版社，1980. 12

关于马克思主义时代化的多维度思考

李年鑫
（西南大学，重庆，400715）

马克思主义作为人类先进思想文化的结晶，是时代的产物。马克思主义之所以具有强大的生命力，经久不衰，颠扑不破，就在于它与时代共发展、同呼吸。在党的十七届四中全会上通过《中共中央关于加强和改进新形势下党的建设若干重大问题的决定》中，第一次明确提出了马克思主义时代化的重大命题，足以充分说明马克思主义时代化的重要意义。马克思主义时代化就是要求把马克思主义的基本原理同不断变化发展的时代特征和时代精神相结合，对变化了的时代特征做出科学准确的判断和分析，并在此基础上回应时代发展的难题，升华时代精神，创新发展理论。

一、从时代主题的维度来看，时代主题和时代发展是马克思主义时代化的客观动力和外在条件

时代是人类社会发展进程中一个大的历史时期，是世界性的社会发展阶段。作为一个动态的概念，时代是一个客观实在范畴，从某种意义上来说，它和人类社会的发展一样，是一个自然历史过程，不以人的主观意志为转移。任何思想和理论要想做到长盛不衰，必须与时代发展的历史进程相一致。偏离时代发展的轨迹，背离时代发展的要求，理论就将失去活力，甚至失去存在的理由。因此，一种理论只有准确地把握时代的本质和主题，认清时代条件并提出正确的时代任务才能真正地做到立足于实践，才是科学的理论、先进的理论。站在时代前沿，用世界眼光和历史性思维去看待和发现问题是马克思主义的一大特点。马克思主义不崇拜任何“绝对的东西”，它强调每一个时代的理论思维，“都是一种历史的产物，它在不同的时代具有完全不同的形式，同时具有完全不同的内容”。[1]它还强调，“在分析任何一个社会问题时，马克思主义理论的绝对要求，就是把问题提到一定的历史范围之内”。[2]马克思主义诞生于19世纪中叶的欧洲，当时欧洲大陆资本主义社会的各种矛盾显露出来，如何认识资本主义社会的本质问题、资本主义社会向何处去的问题以及人类解放问题，如何从哲学、经济学和社会主义思想相结合的高度，以科学的世界观为指导、以对资本主义社会的经济分析为依据，得出有关资本主义社会变革和人类社会发展的科学结论，是摆在新理论创造者面前的时代任务。在这种情况下，马克思和恩格斯在充分利用前人成就，批判地继承英国古典政治经济学、法国空想社会主义和德国古典哲学等重要成果的基础上，创立了马克思主义，用以解决无产阶级和人类面临的实践和理论问题。而这一理论的开花结果，则是列宁抓住帝国主义

和无产阶级革命时代的特点，将这一理论应用于指导俄国的革命和建设，由此形成了俄国的马克思主义——列宁主义；毛泽东抓住战争与革命的时代的特点，将这一理论应用于指导中国的革命和建设，由此形成了中国的马克思主义——毛泽东思想。作为毛泽东思想进一步继承和发展的邓小平理论和"三个代表"重要思想，以及科学发展观等重大理论成果，则是在和平和发展的新的时代背景下，马克思主义指导中国社会主义现代化建设的新的理论结晶。综上所述，马克思主义本身是时代条件的产物，是自由资本主义时代经济、政治、文化、科技的反映和折射。随着自由资本主义时代发展为垄断资本主义时代，随着时代主题由战争与革命转向和平与发展，马克思主义的新生形态列宁主义、毛泽东思想、邓小平理论和"三个代表"重要思想相继形成和提出，这些新生形态都是适应时代发展要求的结果，都是新的时代特征的产物。因此，马克思主义时代化在一定程度上是由时代特点和时代进程决定的，时代主题的变化和时代发展的要求是推动马克思主义时代化的客观动力和外在条件。

马克思主义从它诞生之日起，就接受了社会实践的检验并被证明是科学的、正确的。但是，随着社会实践的发展，马克思主义理论还会继续前进，也会继续接受实践的检验。因此，马克思主义要保持科学性和生命力，要经得起实践的继续检验，最根本的一条就是要做到马克思主义时代化。这样才能适应形势的发展，才能揭示时代的本质和形势的特征，才能正确地指导实践和规划未来。归根结底，才能正确地反映客观实践的规律性。今天的世界与160多年前马克思主义诞生时的情况已大不相同，中国的基本国情与诞生马克思主义的西方社会、与诞生列宁主义的俄国的情况也大不相同，现在的中国与60多年前、30多年前的中国也大不相同。但是，马克思主义却没有过时，它仍然在现实生活中发挥着巨大的理论指导作用，最重要的原因就在于马克思主义能够真正做到与时代同行。在马克思主义发展史上，列宁、毛泽东、邓小平、江泽民、胡锦涛等革命领袖在领导革命和建设的实践中，始终坚持马克思主义的指导地位，始终坚持在实践中发展马克思主义，始终使马克思主义时代化。

二、从实践发展的维度来看，马克思主义时代化是马克思主义主动适应实践要求的基本特征

马克思主义最基本的特征是实践，实践决定了马克思主义一定要关注时代的主题和历史任务的转变。早在1843年马克思就强调："新思潮的优点就在于我们不想教条式地预料未来"，"我不主张我们竖起任何教条主义的旗帜"。[3]到了晚年，恩格斯还在谆谆教诲说："我所在的党没有提出任何一劳永逸的现成方案。我们对未来非资本主义社会区别于现代社会的特征的看法，是从历史事实和发展过程中得出的确切结论；脱离这些事实和过程，就没有任何理论价值和实际价值。"[4]从客观实际中引出理论，又紧随着客观历史进程的发展而发展，不断地接受客观事实的检验，从中引出修改和发展某些论断的必要结论，这就是马克思主义时代化的奥秘所在。例如，从《共产党宣言》的问题到后来各版本序言对其的说明、订正和补充；从强调"两个必然"的思想到提出"两个决不会"理论；从强调暴力革命到提出夺取政权的两种方式并侧重和平过渡方式；从对未来社会的原则性预见到提出未来社会发展的两个阶段理论；从社会的物质生产一种生产方式

到社会生产包括物质生产以及人的生产两种生产方式等等，都是结合实践发展和时代发展而逐渐形成的新的理论成果。恩格斯在论述这些进步时曾说过："随着自然科学领域中每一个划时代的发现，唯物主义也必然要改变自己的形式。"[5]恩格斯的论述对于马克思主义的发展只有一般的普遍的意义。这个意义最主要、最根本的一点就在于马克思主义必须坚持时代化，而不能脱离时代。否则，马克思主义势必丧失理论上的科学性和正确性。

"正确的理论必须结合具体情况并根据现存条件加以阐明和发挥。"[6]马克思主义的时代化，正是在同各国、各民族不同发展阶段的国情有机结合的过程中实现的。马克思恩格斯对他们的学说的特点作过许多阐述："我们的理论是发展的理论，而不是必须背得烂熟并机械地加以重复的教条。"[7]列宁指出："马克思主义者必须考虑生动的实际生活，必须考虑现实的确切事实，而不应当抱住理论不放。"[8]毛泽东同志曾讲到过："当某一客观过程已经从某一发展阶段向另一发展阶段推移转变的时候，要使新的革命任务和新的工作方案的提出，适合于新的情况的变化"，[9]"离开中国特点来谈马克思主义，只是抽象的空洞的马克思主义"[10]。邓小平同志也说过："不以新的思想、观点去继承、发展马克思主义，不是真正的马克思主义者。"[11]这就告诉我们：马克思主义基本原理必须与各国的具体实际相结合，而不能照搬照抄，并在结合的过程中不断"特色化"。因此，如果不顾历史条件和现实情况的变化，拘泥于马克思主义经典作家在特定历史条件下针对具体情况作出的某些个别论断和具体行动纲领；如果躺在马克思主义的书本上，拿某些现成条条和结论去限制、裁剪不断发展的无限丰富的社会生活，那就是对马克思主义的最大背叛。历史已经证明马克思主义诞生以来的一个多世纪，正是马克思主义与本国实际相结合的世纪。例如，列宁之所以能将马克思主义成功地应用到俄国，指导十月革命取得成功，是由于他准确地把握了俄国是当时帝国主义链条上最为薄弱的环节这一实际情况，及时发动群众革命，将马克思主义创始人的社会主义理想付诸实现，开辟了人类历史的新纪元。在我国，以毛泽东为代表的共产党人依据半殖民地半封建的旧中国的国情，将马克思主义的革命理论成功应用于中国，开辟了一条有中国特色的农村包围城市的革命道路，建立了社会主义新中国，实现了马克思主义在中国的第一次理论飞跃，在诸多领域丰富和发展了马克思主义。

三、从理论继承的维度来看，马克思主义时代化是在批判、扬弃各种错误思潮的基础上发展起来的

马克思主义能够实现时代化，在于其具有彻底的批判精神，在于它当时所批判的问题到了当今时代并没有得以根本的解决。"问题就是公开的、无畏的，左右一切个人的时代声音。"[12]马克思恩格斯拿起了"批判的武器"，毫不留情地揭露和批判了时代的弊端，从理论上回应了"时代声音"。从马克思主义诞生之日起，马克思主义就像任何新的真理一样都必定要遇到保守意识的反对，并且由于它是代表无产阶级根本利益的科学，对一切剥削阶级特别是资产阶级的利益有致命的颠覆性，因此所遇到的反对，特别是引起剥削阶级及其代言人的攻击、歪曲和否定，是更加残酷的和血淋淋的。他们利用社会主义事业的挫折和低潮作为攻击马克思主义的借口，使有些人对马克思主义产生"信仰危

机”，这就增加了马克思主义时代化的曲折性。在这种情况下，马克思主义者并没有向这些错误思潮低头，而是从容应对，对其进行尖锐的批判。通过及时的斗争，不断地获得对世界及其发展规律的更进一步认识，并以此为基础，进行积极的自我批判，自觉扬弃过时的个别原理和个别结论，在克服自身的错误中形成新的原理、新的结论，使得马克思主义在新的条件下获得新的发展，并创造性地指导现实生活。也正因为这样，马克思主义才能够在斗争中始终保持着现时代的品格，始终站在人类思维的制高点上，抓住事物的根本，回答人类社会生活提出的重大问题，指明人类发展的远景。

160 多年来，从《共产党宣言》的发表到列宁主义的诞生，到毛泽东思想、邓小平理论的出现，到“三个代表”重要思想和科学发展观的提出，表明马克思主义理论的发展是一个与时代共前进的历史过程。这充分体现了马克思主义时代化的连续性。但同时，又由于马克思主义的根本研究对象，在不同的时代、不同的国情条件下，它的具体内容和表现形式有时是不相同的，因此，时代给马克思主义的创始人和继承者提出的任务和所要解决的问题也是不同的。例如，从马克思、恩格斯到列宁，如果列宁不运用反映帝国主义时代特征的、资本主义发展不平衡和社会主义革命可能在帝国主义链条最薄弱的环节上突破的新理论，而固守马克思、恩格斯反映自由资本主义时代特征的、社会主义革命要在各主要资本主义国家同时发动和陆续取胜的理论，十月革命怎么可能取得胜利？社会主义怎么可能由理论、运动发展成为制度、现实？从列宁到毛泽东，如果毛泽东不从中国的实际出发，不运用反映中国具体情况的道路，即首先建立农村根据地，发动农民组织革命武装，以农村包围城市，最后夺取全国胜利，而固守“左”的教条主义者所照抄照搬的欧洲无产阶级革命以城市为中心的道路，中国革命怎么可能从严重挫折乃至绝境中挣脱出来而取得伟大胜利？从毛泽东到邓小平，要是邓小平不坚持解放思想、实事求是的思想路线，在总结我国社会主义建设的历史经验和借鉴其他国家的经验教训的基础上，提出实行改革开放和社会主义现代化建设的新理论，我国的社会主义现代化建设又怎么可能取得举世瞩目的伟大成就？马克思、恩格斯、列宁、毛泽东和邓小平都是马克思主义时代化的光辉典范，在他们前赴后继地推进无产阶级社会主义伟大事业的光辉历程中，时时闪烁着马克思主义时代化的光芒。

参考文献：

[1] 马克思，恩格斯. 马克思恩格斯选集(第 4 卷). 北京：人民出版社，1995. 284
[2] 列宁. 列宁选集(第 2 卷). 北京：人民出版社，1995. 374
[3] 马克思，恩格斯. 马克思恩格斯全集(第 1 卷). 北京：人民出版社，1956. 416
[4] 马克思，恩格斯. 马克思恩格斯全集(第 36 卷). 北京：人民出版社，1956. 419～420
[5] 马克思，恩格斯. 马克思恩格斯选集(第 4 卷). 北京：人民出版社，1995. 228
[6] 马克思，恩格斯. 马克思恩格斯全集(第 27 卷). 北京：人民出版社，1972. 433
[7] 马克思，恩格斯. 马克思恩格斯选集(第 4 卷). 北京：人民出版社，1995. 681
[8] 列宁. 列宁选集(第 3 卷). 北京：人民出版社，1972. 26
[9] 毛泽东. 毛泽东选集(第 1 卷). 北京：人民出版社，1991. 292
[10] 毛泽东. 毛泽东选集(第 2 卷). 北京：人民出版社，1991. 534
[11] 邓小平. 邓小平文选(第 3 卷). 北京：人民出版社，1993. 291～292
[12]马克思，恩格斯. 马克思恩格斯全集(第 40 卷). 北京：人民出版社，1982. 289-290

"以人为本"是马克思主义价值诉求的中国化表现形态

邵 军
(西南大学,重庆,400715)

以1848年2月《共产党宣言》的发表为标志,马克思主义诞生至今已经一百六十余年了。马克思主义的主要特征是科学性和革命性的结合、理论性和实践性的统一。马克思主义毫不掩饰自己的阶级性,从本质上讲,马克思主义哲学是无产阶级的世界观,它"把伟大的认识工具给了人类,特别是给了工人阶级"[1]。马克思主义作为无产阶级认识世界和改造世界的思想武器,作为以指导实践为目的的科学理论体系是有其独特的价值追求的。它在《共产党宣言》中宣告"现代资产阶级所有制必然灭亡,无产者最终将获得整个世界"[2]。马克思主义所强调的价值追求是"实现人的自由、解放和全面发展"。中国特色社会主义理论体系是当代中国的马克思主义,科学发展观是中国特色社会主义理论体系的最新发展成果。科学发展观所倡导的以人为本、实现人的自由全面发展是当代中国马克思主义坚持不懈的价值诉求。

一、人的自由全面发展是马克思主义的价值诉求

马克思主义关于人的全面发展理论是针对旧式分工造成人的片面、畸形发展,在批判自由资本主义弊端的基础上逐步形成的。自由资本主义追求的物质财富的增长是以牺牲个人的全面发展为代价的,马克思主义把人的自由全面发展作为社会发展理念中的一条基本原则和追求的最高价值目标。《共产党宣言》明确指出:"代替那存在着阶级和阶级对立的资产阶级旧社会的,将是这样一个联合体,在那里,每个人的自由全面发展是一切人的自由发展的条件。"[3]《共产党宣言》所追求的无产阶级和全人类的彻底解放,就是为了实现一切人的自由而全面的发展。

人的自由全面发展,是人的发展的最高阶段,主要包括以下几个方面的内容:人的劳动能力的发展、人的社会关系的发展、人的个性的发展。劳动是人的本质力量的体现,劳动的结果是人的本质力量在现实中的展示。在谈到全面发展的人时,马克思的表述是:"全面地发展自己的一切能力"、"发挥他的全部才能和力量"、"人类全部力量的全面发展";恩格斯说这是"各方面都有能力的人";列宁说这是"受到全面训练的人,即会做一切工作的人"。[4]人都是处在社会中的人,人的全面发展还包括人的社会关系的发展。人的社会关系的发展不仅包括人克服旧式分工带来的片面性实现普遍交往,还表现在人对丰富的社会关系的掌握和运用上。马克思认为:"社会关系实际上决定着一个人能够

发展到什么程度。”[5]人的自由全面发展更鲜明地体现在人的个性的发展上，在马克思、恩格斯看来，人的个性需要全面自由发展，而不被社会生产方式束缚和奴役。只有作为个体的人的个性获得充分发展，人才能成为具有独立性的人，人才能成为真正意义上自由的人。

在《德意志意识形态》中，马克思揭示了实现人的自由全面发展的条件，即消灭私有制、消灭剥削，在此基础上达到《共产党宣言》中所讲的代替资本主义旧社会的那个共同体，因为“只有在共同体中，个人才能获得全面发展其才能的手段”[6]。显然，作为马克思主义价值诉求的人的自由全面发展，是建立在生产力高度发展、社会物质财富极大丰富的基础上。只有以社会的充分发展为条件，人才能获得自由全面发展的机会和条件。

二、“以人为本”是马克思主义价值诉求的中国化表现形态

中国共产党人把马克思主义关于人的自由全面发展的普遍原理与中国具体实践相结合，创造性地中国化、具体化了马克思主义关于人的自由全面发展的价值诉求原理，这就是中国共产党人提出的“以人为本”的科学发展观。党的十七大报告指出：“科学发展观，第一要义是发展，核心是以人为本，基本要求是全面协调可持续，根本方法是统筹兼顾。”可以说，“以人为本”是马克思主义关于人的自由全面发展的价值诉求原理在中国具体化的表现形态。

所谓“以人为本”，简单地说，就是对人在社会历史发展中的主体作用和地位的肯定。“以人为本”作为一种价值取向，强调尊重人、解放人、依靠人和为了人。以人为本的价值观是建立在“人”本位基础上的价值判断和价值追求，“这里所说的个人是现实中的个人，也就是说，这些个人是从事活动的，进行物质生产的，因而是在一定的，受他们任意支配的界限、前提和条件下能动地表现自己的人”。[7]人主要处在四种关系中，即人与自然的关系、人与社会的关系、人与人的关系、人与自身的关系。我们就从这四个方面揭示以人为本的价值诉求内涵。

1. 在人与自然的关系上，“以人为本”就是不断提高人的生活质量，增强可持续发展能力，即实现人与自然和谐相处

在大力倡导“以人为本”构建社会主义和谐社会的今天，有必要对传统的人与自然的关系进行重新思考和定位。因为，人与自然的关系，不仅是人类生存的一个基本问题，也是构建社会主义和谐社会的一个前提。长期以来，占据人们头脑的观念是人定胜天、征服自然等。在这些观念支配下，人的本质力量也得到了充分发挥，人创造了前所未有的物质财富。但是，随着社会生产的发展，人对自然的开发利用日益超出自然所能承受的范围，导致了人与自然的关系日愈紧张，自然对人类无节制行为的报复给人类的生存发展带来了消极影响。

以人为本的发展理念，要求我们要正确理解、处理人与自然的关系，把人自身与自然融为一体，始终牢记自然是人类的母亲，彻底改变征服自然、奴役自然、过度索取自然的思想观念，做到人与自然共生、共荣。这就要克服以往目光短浅、急功近利的以牺牲自然为代价的发展观念，在“以人为本”发展理念的指引下，树立人与自然和谐发展的科学发展观，以使自然更好地服务于人的自由全面发展。

当代中国社会发展的目的在于提高人们的生活质量，提高人们的物质文化生活水平及其精神境界。以人为本的科学发展观追求的目标是，构建资源节约型、环境友好型社会，消除由于客观条件以及历史文化的差异造成的地区差异，增强各地区发展的可持续能力，同时保持优美的生态环境，使人们心情舒畅、身心健康，更好地享受改革开放的成果。

2. 在人和社会的关系上，"以人为本"强调既使社会发展的成果惠及全体人民，不断促进人的发展，又积极为劳动者提供充分发挥其才能的社会环境

人是一切活动的最终目的。"以人为本"要求把人民群众作为社会历史发展的目的，使社会发展的成果惠及全体人民。特别是在人们的生存问题基本解决，发展问题凸显出来之后，注重人的作用、解决人的发展问题就是十分必要的了。人民群众是历史创造活动的主体，是一切社会活动的积极参与者。因而，以人为本地实现人的自由全面发展，要求我们的发展必须依靠人民群众，同时又必须依靠人民群众的创造活动来实现人的发展。马克思在《共产党宣言》中指出："每个人的自由全面发展是一切人的自由发展的条件。"这就要求"以人为本"在人与社会的关系上，党和政府要为促进人的自由全面的发展提供发挥其才能的社会环境。

3. 在人和人的关系上，"以人为本"要求更加注重社会公正，强调满足所有人的需求，尊重所有人的能力和贡献

人虽然各有特点，但是作为社会的人，人们之间存在着必然的联系，也正因为如此，才构成了五彩缤纷、丰富多彩的社会生活。由于当今社会的竞争异常激烈，一部分人借助自己的社会关系占有了相当一部分社会资源，这就不可避免地造成了社会的不公正和人与人之间的矛盾。这是当今社会一个不争的事实，也是"以人为本"的发展不可回避的现实问题。"以人为本"的发展理念，要求更加注重社会公正，强调要满足所有人的需求，要尊重所有人的能力和贡献。而所谓更加注重社会公正，在当前就是要在特别注重弱势群体的利益与需求的满足的条件下，采取妥善措施公正合理地解决社会贫富差距问题，通过促进人民的共同富裕来实现社会的和谐发展。

4. 在人与自身的关系上，"以人为本"追求人自身的解放和幸福，强调发挥人的主体作用

人是实践的主体，体现的是一种能动的价值关系。正如马克思所说，自然性虽是人的属性，但是如果它脱离了人本质的内容，人就是动物的了。所以，使需要真正成为人的需要，体现出人作为目的的价值——即自由全面发展的价值，才能实现"以人为本"所追求的把人作为发展目的的价值追求。也只有如此，人才能摆脱自身与类的抽象对立，自然和社会才会回归于人本身，而不再是与人相对立的外在力量，人才成为真正的主体。

中国特色社会主义伟大事业是亿万人民群众广泛参与的创造性事业，是全国各族人民实现自己利益、创造美好生活的共同事业。中国特色社会主义理论体系是我们的指导思想，"以人为本"是时代发展对我们的新要求，是中国特色社会主义事业发展新阶段的必然要求。坚持"以人为本"，要求我们时时把人民群众的根本利益作为制定政策、开展工作的出发点和立足点，不断实现好、维护好、发展好最广大人民的根本利益，做到发展为了人民、发展依靠人民、发展成果由人民共享。坚持"以人为本"的发展理念，就要

在营造充分发挥人们才能的社会环境的基础上，尊重人民群众的历史主体地位，充分发挥人民群众的主人翁作用，形成全体人民团结奋斗的良好局面，始终把最广大人民群众的根本利益作为一切工作的出发点和最高标准，才能体现社会主义的本质要求。这也是构建社会主义和谐社会的根本保证。

参考文献：

[1] 列宁.列宁选集(第 2 卷).北京：人民出版社，1995.311

[2] 中共中央马克思恩格斯列宁斯大林著作编译局马列部.马克思主义经典著作选读.北京：人民出版社，1999

[3] 马克思，恩格斯.马克思恩格斯全集(第 19 卷).北京：人民出版社，1963.30

[4] 袁贵仁.马克思的人学思想.北京：北京师范大学出版社，1996.283

[5] 马克思，恩格斯.马克思恩格斯全集(第 3 卷).北京：人民出版社，1960.295

[6] 马克思，恩格斯.马克思恩格斯选集(第 1 卷).北京：人民出版社，1995.119

[7] 马克思，恩格斯.马克思恩格斯选集(第 3 卷).北京：人民出版社，1995.23

浅析胡锦涛同志的劳动观

胡小伟
（重庆师范大学，重庆，401331）

马克思在《资本论》中写道："劳动首先是人和自然之间的过程，是人以自身的活动来引起、调整和控制人和自然之间的物质变换的过程。"[1]又说："劳动过程，就我们……把它描述为它的简单的抽象的要素来说，是制造使用价值的有目的的活动，是为了人类的需要而占有自然物，是人和自然之间的物质变换的一般条件，是人类生活的永恒的自然条件。"[2]劳动作为人的最基本实践活动，是人的社会性的彰显。2010 年 4 月，胡锦涛同志在全国劳动模范和先进工作者表彰大会上的讲话，重申了"劳动光荣、劳动者伟大"的思想，喊出了让劳动者"体面劳动"的口号。本文拟就此次讲话的主要内容，结合胡锦涛同志的其他相关著述，对他的劳动观作简要的分析。

一、高度重视劳动本身的力量

在马克思看来，"整个所谓世界历史不外是人通过人的劳动而诞生的过程"[3]。以发现、创造新事物为目的的人类运动称之为劳动。劳动不但创造了人，创造了世界，创造了一切财富，劳动也促进了人的自由而全面的发展。

胡锦涛同志明确指出：我国政治、经济、文化、生态等改革开放及社会主义现代化建设的相关成果，都是广大劳动群众团结一心、辛苦劳动的结果。他说："在当代中国，工人阶级和广大劳动群众始终是推动我国经济社会发展、维护社会安定团结的根本力量。实现我们确定的宏伟目标，必须高度重视和充分发挥我国工人阶级和广大劳动群众的主力军作用。"[4]

胡锦涛同志高度重视劳动的力量，他认识到："成就任何一项伟业都离不开劳动。要实现全面建设小康社会，进而基本实现现代化的宏伟目标，必须依靠全体人民热爱劳动、勤奋劳动。"[5]

在社会主义荣辱观中，他提出要"以辛勤劳动为荣、以好逸恶劳为耻"。他把辛勤劳动当作一种社会美德去大力倡导、发扬光大。他认为，"热爱劳动、尊重劳动"应该成为全社会共同的道德认识。"忧劳可以兴国，逸豫可以亡身"。只有树立科学、正确的劳动观，我们才能拒腐防变，才能使社会主义现代化建设沿着正确的轨道前进。

二、大力倡导劳动者素质的提升

科学技术是第一生产力，科学技术的发展和推动需要强有力的人力资源支持。为此，胡锦涛同志明确指出："劳动者素质对一个国家、一个民族的发展至关重要。当今世界的综合国力竞争，归根到底是劳动者素质的竞争。不断提高广大劳动群众的综合素质，是实现人的全面发展的必然要求，也是推动经济社会发展的重要保证。"[6]

近几年来，各级政府认真贯彻胡锦涛同志的讲话精神，从落实科学发展观、构建和谐社会的高度，一直注重劳动者素质的提高。具言之：一是注重劳动者的知识文化水平的提高。国家高度重视教育制度改革，对学生、学校、教师实行了一系列优惠福利政策。二是注重劳动者职业技能的培训。为了提高劳动者的专业技能，对广大城乡劳动者进行了在职培训、岗前培训，开展形式多样的职业技能大赛，完善国家职业技术鉴定体系等。三是注重广大劳动者的思想道德素质建设。以胡锦涛同志为首的党中央提出了"八荣八耻"的社会主义荣辱观，推动了公民道德建设。大力开展多种形式的群众性精神文明创建活动，加强职业道德建设，积极发展丰富多彩、昂扬向上的企业文化、职工文化，不断满足广大劳动群众日益增长的精神文化需要，努力把广大劳动者打造成有理想、有道德、有文化、有纪律的社会主义劳动者。

三、真情呼吁劳动者人权的尊重

2008 年在中国举办的"经济全球化与工会"国际论坛开幕式上，胡锦涛同志就曾提出过"体面劳动"。他指出，让广大劳动者实现体面劳动，是以人为本的要求，是时代精神的体现，也是尊重和保障人权的重要内容。在 2010 年全国劳动模范和先进工作者表彰大会上，胡锦涛同志再次提出"体面劳动"这一概念。所谓体面劳动，就是充分保护劳动者的权益，让劳动者有足够的工作岗位，有安全舒适的劳动环境，有公平的劳动报酬，有完善的社会保障，就是保证广大劳动者在安全、公正的条件下有尊严地工作。

劳动有体力劳动、脑力劳动，有简单劳动、繁杂劳动。但不管哪种劳动都是崇高的，都是值得尊重的，无论是劳动还是劳动者，都没有高低贵贱之分。但由于人们的知识水平、生活环境、思想素质不同，造成了人们对事物的认识也不同。有一部分人错误地认为，劳动是有高低贵贱的，他们认为那些劳动环境差、劳动强度大、简单的体力活就是低贱的，他们瞧不起这种劳动，更不会尊重这种劳动。

正是由于某些人在一定程度上对劳动的轻视和蔑视，社会上出现了许多侵犯劳动者合法权益的现象。如拖欠、克扣工人工资，劳动强度与薪酬不符，劳动环境、生活条件恶劣等侵犯劳动者权益的恶性事件时有发生，以致劳资关系紧张。富士康事件为我们敲响了警钟。为此，胡锦涛同志强调说，必须要切实发展和谐劳动关系，建立健全劳动关系协调机制，完善劳动保护机制，让广大劳动群众实现体面劳动。

四、认真落实劳动者权益的保障

胡锦涛同志说："实现好、维护好、发展好最广大人民根本利益是我们一切工作的出发点和落脚点。保障工人阶级和广大劳动群众经济、政治、文化、社会权益是我国社会主义制度的根本要求，是党和国家的神圣职责，也是发挥我国工人阶级和广大劳动群众积极性、主动性、创造性最重要最基础的工作。"[7] 为了解决社会生活中各种歧视劳动的丑陋现象，真正让劳动者实现"体面劳动"，落实劳动者的权益保障，在胡锦涛同志领导下，我国人大和中央政府采取了一系列有效措施。

一是建立健全相关法律法规。仅靠员工的努力，企业的自觉，“体面劳动”也只是空口号。要真正实现“体面劳动”必须有法治的有力支撑。新时期，我国人大和中央政府相继出台了一系列的法律法规，如：《安全生产法》、《职业病防治法》、《工伤保险条例》、《企业劳动争议处理条例》、《劳动保障监察条例》、《女职工劳动保护规定》等。这一系列法律法规，调整了劳资关系，有效地保护了劳动者的合法权益。另外，国家建立健全了以职工代表大会和平等协调制度为基本形式的企事业单位民主管理制度、厂务公开制度，组织职工依法实行民主选举、民主决策、民主管理、民主监督，使广大劳动群众的知情权、参与权、表达权、监督权得到更充分更有效的保障。

二是着力解决就业问题。胡锦涛同志指出：“我们应该把充分就业作为经济社会发展的优先目标，实施扩大就业的发展战略，最大限度创造劳动者就业和发展机会，努力实现充分就业。”[8]胡锦涛同志又说：“要切实实施积极的就业政策，创造更多就业岗位，促进充分就业，改善就业环境，提高就业质量，不断增加劳动者特别是一线劳动者劳动报酬。”[9]只有稳定的就业，才有稳定的收入，中国政府把就业工作摆在经济社会发展全局更加突出的位置，制定出台了一系列稳定和扩大就业的政策措施，颁布实施了《就业促进法》等相关法律法规。为促进就业，中央财政加大投入。据报道，2010 年预算安排就业资金 420 亿元，比去年增长 66.7%。另外，中央政府还加大政策扶持力度，如：高校毕业生到城乡基层社会管理和公共服务岗位就业，给予社会保险和岗位补贴；到农村基层服务和参军入伍，给予学费补偿和代偿助学贷款等。中央政府还想尽一切办法支持自主创业，鼓励下岗职工再就业等。

三是注重社会保障体系的完善。胡锦涛同志提出，让广大劳动者实现体面劳动，最根本的是要保障他们的权益，特别是要致力于改善广大劳动者的劳动条件，提高劳动收入，实现最大限度的劳动保障。胡锦涛同志强调：切实完善社会保障体系，健全就业帮扶、生活救助、医疗互助、法律援助等帮扶制度，着重解决困难劳动群众生产生活问题，在经济发展的基础上不断提高广大劳动群众生活水平和质量，使他们不断享受到改革发展的成果。

总而言之，在胡锦涛同志看来：“劳动是人类文明进步的源泉，劳动创造世界。在我们社会主义国家，一定要在全社会大力培育和弘扬劳动光荣、知识崇高、人才宝贵、创造伟大的时代新风。”[10]劳动人民是国家的主人，我们应当尊重劳动者，保护劳动者合法权益，让劳动者活得体面、活出尊严来，真正实现“体面劳动”，真正懂得并践行劳动最光荣、劳动者最伟大的真理。

参考文献：

[1] 马克思. 资本论(第 1 卷). 北京：人民出版社，2004. 201

[2] 马克思. 资本论(第 1 卷). 北京：人民出版社，2004. 208

[3] 马克思. 资本论(第 1 卷). 北京：人民出版社，2004. 131

[4][5][6][7][9][10] 胡锦涛. 在 2010 年全国劳动模范和先进工作者表彰大会上的讲话. 人民网，2010-04-27

[8]胡锦涛. 在第五届亚太经合组织人力资源开发部长级会议上的致辞. 新华网，2010-09-16

在普通群众中推进当代中国马克思主义大众化的问题、原因及对策

李莎莎
(西南大学,重庆,400715)

当代中国马克思主义大众化是指当代中国马克思主义理论体系由抽象到具体、由深奥到通俗、由被少数人理解掌握到被广大群众理解掌握的过程。"批判的武器当然不能代替武器的批判,物质的力量只能用物质的力量来摧毁,但理论一经掌握群众,也会变成物质的力量。"[1]中国特色社会主义事业是占我国人口多数的普通群众在中国共产党的领导下进行的宏伟工程,当代中国马克思主义只有为普通群众所接受、所掌握,才能真正地实现"化"大众之目的,才能转化为人民群众进行社会主义现代化建设的强大物质力量。

一、在普通群众中推进当代中国马克思主义大众化存在的问题

尽管在党和政府的不懈努力下,普通群众中推进当代中国马克思主义大众化取得了较为显著的成绩,广大群众总体上较为了解和支持当代中国马克思主义。但是在普通群众中推进当代中国马克思主义大众化也存在一些亟须解决的问题。

(一)主客观认知差异大

本文结合国家社科青年基金项目"当代中国马克思主义大众化的挑战与对策"(08CKS003)的相关数据进行分析研究。

作为建设中国特色社会主义事业的实践主体——广大普通群众,应该较为了解指导其实践活动的理论武器——当代中国马克思主义。特别是经过中国共产党这么多年坚持不懈地进行马克思主义的宣传普及,普通群众应该了解当代中国马克思主义的相关内容和基本要点。

然而,数据分析结果显示:多数普通群众在对当代中国马克思主义的认识上存在主客观差异。71.1%的受访群众认为较为了解中国特色社会主义理论体系,但在对"科学发展观的基本要求是什么"的回答中,只有39%的受访群众能够正确指出是全面协调可持续。主客观认知不一致将会导致广大普通群众仅仅知道一些"名词",而不能真正领会理论的真谛,从而影响着对当代中国马克思主义的践行。

(二)对马克思主义发展前途态度迷茫

中国共产党以马克思主义为指导,领导人民群众取得了革命的伟大胜利和社会主

义建设的巨大成就，并且党一直在群众中进行马克思主义的宣传和教育，群众应该坚信马克思主义的发展前途是光明的。

但是，数据分析结果显示：多数群众认为马克思主义的发展前途很迷茫。一方面，有48.3%的受访群众对马克思主义的发展前途持悲观态度；另一方面，只有26.3%的受访群众坚定地认为马克思主义能够更好地指导我国社会发展。

（三）对马克思主义的信仰不坚定

马克思主义基本原理同中国实际相结合产生了两大理论成果——毛泽东思想和中国特色社会主义理论体系。中国人民在毛泽东思想的指导下取得了新民主主义革命和社会主义革命的胜利，成立了新中国；中国特色社会主义理论体系是马克思主义中国化的最新理论成果，指导着中国不断进行改革和建设，取得了举世瞩目的成就。广大普通群众是这种变化的受惠者，作为改革成果的“享受者”理应树立对科学理论坚定的信仰。

但是，从数据结果显示来看：广大普通群众对马克思主义的信仰呈不坚定状态——放弃马克思主义信仰的比例高，其中12.7%的受访群众原来信，现在不信，而原来不信，现在信的群众只占总受访群众的8.4%。

（四）理论学习呈现被动和功利化趋势

党和政府进行理论宣传和教育的最终目的是让广大普通群众能够在实际活动中自觉运用当代中国马克思主义的主要观点和方法解决问题从而达到合理改造世界之目的。群众应该是自觉自愿地进行当代中国马克思主义相关理论的学习。

数据结果却与应然层面的考虑大相径庭：当前不少群众进行理论学习的动机不纯。34.7%的受访群众是在领导或老师等要求必须参加的情况下“被迫”参加，理论学习呈被动趋势；11.8%的受访群众则是在有物质奖励、职位升迁等“诱惑”下无奈参加，呈功利化状态（见表1）。

表1　参加理论学习活动的动机

	频率	有效百分比
理论是科学的	150	21.1
领导或老师等要求必须参加	247	34.7
有好处	84	11.8

二、在普通群众中推进当代中国马克思主义大众化存在问题的原因分析

普通群众中推进当代中国马克思主义大众化存在问题的原因是多方面的：主观方面是群众自身的文化素质还有待提高，对理论的认识不深入；客观层面则是多重因素共同作用的结果。

（一）党的理论宣传队伍重结果轻过程

实现当代中国马克思主义大众化是一个艰难的过程，普通群众应该在党的理论宣

传队伍的带领下认真学习当代中国马克思主义的主要内容[2]。但是，当前党的理论宣传队伍的一些成员在对理论进行宣传时更多是注重教条式的讲解，很少将理论的真谛用群众的语言向群众进行讲解，乐于用“口号”让群众教条式地不加理解地记住邓小平理论、“三个代表”重要思想、科学发展观等名词。

追求所谓的“政绩”让部分理论宣传者急于求成，在“化”大众的过程中，他们重视群众能说出当代中国马克思主义的各项理论的名称，而忽视了在这个过程中用群众自己的语言将理论的具体内容讲解给群众，使群众真正感受理论的魅力。

（二）社会转型期各种矛盾凸显

改革开放的不断深入和市场经济的逐步完善，使中国取得了举世瞩目的成就。但是社会也充斥着各种矛盾：贫富差距继续拉大，就业难、看病难、上学难、住房难等一系列民生问题突出。社会矛盾突出势必会影响群众对当代中国马克思主义的接受情况，数据结果显示：61.1%的受访群众认为是当前出现的各种社会矛盾影响他们接受中国特色社会主义理论。社会转型期矛盾的复杂加上西方国家在缓解社会矛盾方面实行的举措，给不少群众一种假象——资本主义似乎优于社会主义。所以在社会转型期，在民生问题突出时，群众以自身的认知无法看到马克思主义的发展前途。

党政干部是普通群众践行当代中国马克思主义的先行者和榜样。他们的言行将直接关系着普通群众对马克思主义的认同和支持。随着我国市场经济的飞速发展，在社会矛盾复杂的同时，部分党政干部在利益的驱使下，利用职务之便大兴“权钱交易”之风、贪污腐败、行贿受贿、贪图享乐；将自身利益凌驾于群众之上，完全颠覆了党政干部“人民公仆”的形象。在这种“模范”的带领下，群众很难接受他们宣传的“马克思主义”。80.3%的受访群众明确指出，部分党政干部的腐败行为是影响他们接受中国特色社会主义理论的因素之一。

（三）稳定的信仰确立要经历一个较长的过程

信仰是指对某人或某种主张、主义、宗教极度相信和尊敬，拿来作为自己行动的榜样或指南，是主体在理论的指导作用下，形成一定的情感态度，又在情感态度的强化作用下确立的。从基本认知到情感态度的养成再到信仰的确立是一个较为漫长的过程，在这个过程中任何主客观因素都会影响信仰的坚定性。

如前所述，信仰确立的过程中充满着各种无法预料的“事故”，马克思主义作为指导思想的作用并不是一下子就凸显出来的，而是在实践活动的过程中逐渐地显现。普通群众是一个较为务实的群体，而且对马克思主义指导作用的感知相对滞后，一旦马克思主义作为理论指导作用滞后于群众的具体活动，那么群众会对马克思主义产生质疑态度，信仰也就无从谈起。

三、在普通群众中进一步推进当代中国马克思主义大众化的对策

提高群众文化素质的同时，还应该在改进宣传方式、理论语言表述方式等方面加大力度。

(一)党的理论宣传队伍要端正心态

当代中国马克思主义是关于中国改革和建设的理论,是对群众实践经验的理论总结,是人民群众共同创造的理论。所以,在理论宣传方式的改进方面应该注意构建共创共享的传播模式。这就要求党的理论宣传队伍要端正自己的心态,明确自己仅仅是将来源于群众实践生活的理论用通俗易懂的语言"返还"给群众。因为马克思主义不是个别理论工作者创造的,而是来源于群众实践生活,作为共创的理论就应该做到共享。所以,党的理论宣传队伍在进行马克思主义宣传和教育的过程中没有特殊的地位。

(二)在解决实际问题中进行理论宣传教育

当代中国马克思主义不能很好"化"大众的原因之一是理论和实践相脱离。理论缺乏生存的土壤,群众无法感知理论的指导作用。54.4%的受访群众认为增强当代中国马克思主义理论普及效果的措施之一,就是在解决人民群众实际问题中宣传理论。56%的群众最能接受实地考察这种方法来进行科学发展观的学习,这既是实践教育法的沿用,也是抓住关键时期进行具体理论的宣传,这样才能够做到"对症下药"。

当代中国马克思主义对普通群众而言相对抽象、晦涩,若只是单方面的"我讲你听"式宣传,群众不仅不能很好领悟当代中国马克思主义的理论真谛,而且还会产生逆反心理;若是在解决群众实际问题中,适时地结合相关理论用群众自己的语言深入浅出地将看似深奥的理论运用于具体实际中,群众就会很好地接受和领悟理论。一旦群众认同了当代中国马克思主义的科学性,群众也会用发展着的马克思主义正视社会转型时期凸显出的各种社会矛盾。

(三)用正确的利益观坚定群众对当代中国马克思主义的信仰

正确的利益观并不是"个人主义",而是在集体利益一致的前提下尊重个人正当利益,这同样是个人与社会相互关系的表现。个人只有在尊重社会发展的前提下才会得到全面的发展。"利益"二字具有很大的诱惑力,能够吸引群众的视线。所以,在引起群众注意力的同时,要用马克思主义的观点讲解真正的"利益",只有在总的方向上坚定马克思主义信仰,才会换来个体"利益"的实现。

参考文献:

[1] 马克思,恩格斯.马克思恩格斯选集(第1卷).北京:人民出版社,1995
[2] 列宁.列宁全集(第6卷).北京:人民出版社,1986

在党员中推进当代中国马克思主义大众化的问题及对策研究

张靖伟
（西南大学，重庆，400715）

党的十七大报告中提出："开展中国特色社会主义理论体系宣传普及活动，推动当代中国马克思主义大众化。"[1]在推进当代中国马克思主义大众化的过程中，七千多万中共党员是重要对象和依靠力量。为了了解在中共党员中推进当代中国马克思主义大众化的现状，本课题组从2009年2月到6月对21个省、自治区和直辖市的1625名党员进行了问卷调查。调研结果显示，大部分党员参加了当代中国马克思主义的学习和教育活动，对当代中国马克思主义的内容比较了解，并有着较为坚定的马克思主义信仰，是推进当代中国马克思主义大众化的中流砥柱。同时，调研结果也显示，在党员中推进当代中国马克思主义大众化的过程中也存在着一些亟待解决的问题，本文通过对这些问题进行分析，探索解决这些问题的对策。

一、在中共党员中推进当代中国马克思主义大众化存在的问题

中国共产党一直重视在党内开展马克思主义的学习活动，努力使每一个中共党员成为马克思主义的坚定信仰者、积极实践者和主要宣传者，但是由于各种因素的影响，在党员中推进当代中国马克思主义大众化过程中仍然存在着一些问题。

（一）对自我认知水平的估计过于乐观

对当代中国马克思主义的认知是信仰的前提。我党历来重视在党内开展当代中国马克思主义的学习活动，邓小平理论、"三个代表"重要思想和科学发展观的学习实践活动一直在持续开展，使广大党员对当代中国马克思主义的认知水平有很大提高。但是部分党员对当代中国马克思主义的认知停留在表面上，对自我认知水平的估计过于乐观，没有真正掌握当代中国马克思主义的基本内容和理论精髓。

调研结果也证明了这一点，在对"您了解中国特色社会主义理论体系吗？"这一问题回答时，分别有15.1％、44.1％和35.3％的党员选择了"很了解"、"比较了解"和"一般"，占总人数的94.5％。而在对"科学发展观的基本要求是什么？"这一当代中国马克思主

* 本文系国家社科基金青年项目"当代中国马克思主义大众化的挑战与对策"（08CKS003）的阶段性研究成果之一。

义的基本问题回答中，只有52.3%的党员选择了“全面协调可持续”，可见党员对当代中国马克思主义的主观认知和客观认知之间存在着很大的差距，对自身认知水平的估计过于乐观，这必然会造成党员对学习当代中国马克思主义的兴趣不高，动力不足。

（二）一元信仰遭遇挑战

中共党员必须坚持政治信仰的一元化，把马克思主义作为自己的行动指南，但是在一些党员中却出现了拜金主义和享乐主义等现象。再加上国外社会思潮和本土传统封建思想的冲击，党员中还出现了信仰宗教和封建迷信的现象，而且部分党员对西方价值观比较崇拜。这些都对党员的马克思主义一元信仰形成了一定的挑战。

面对社会转型时期各种“主义”和“思潮”的充斥和喧嚣，马克思主义信仰不坚定者往往易受蛊惑。在对“您认为能更好地指导我国社会发展的是”这一问题的回答中，分别有5.2%、13.7%和13.7%的党员选择了“新自由主义”、“民主社会主义”和“中国优秀传统文化”，而选择“马克思主义”的只占到43.4%。可见在党员群体中也出现了政治信仰多元化的问题，这将直接影响到党的思想的统一。

（三）理论与实践相脱节

“哲学把无产阶级当作自己的物质武器，同样无产阶级也把哲学当作自己的精神武器。”[2]马克思主义是科学的世界观和方法论，作为中共党员应该把马克思主义作为自己想问题和处理问题的根本方法和价值标准。但是在实际生活中，一些党员只把学习马克思主义当作任务来完成，一些党员干部只是把马克思主义当作讲话或作报告时的装饰，没有把当代中国马克思主义理论应用到解决实际问题中，造成了理论和实践的脱节。调研结果也证实了这一点。在对“您想问题和处理问题时一般是以什么为标准?”这一问题的回答中，分别有27.1%和15.9%的党员选择了“中国传统价值观”和“感觉或直觉”，而选择“马克思主义的立场观点”的只占37.8%。而在对“您了解中国特色社会主义理论体系吗?”这一问题回答时，分别有15.1%、44.1%和35.3%的党员选择了“很了解”、“比较了解”和“一般”，占总人数的94.5%。可见大部分党员虽然对当代中国马克思主义主观认知较好，但是并没有把马克思主义应用到工作和生活中，存在着理论和实践相脱节的问题。

（四）主体意识淡薄

中共党员不仅应该是当代中国马克思主义的坚定信仰者，而且应该是当代中国马克思主义大众化的主要宣传者。但在现实中，部分党员并没有向自己周围的群众很好地解释党的大政方针政策，积极宣传当代中国马克思主义理论的最新成果，也没有成为践行当代中国马克思主义的模范，这是一些群众对党和国家政策不理解和对当代中国马克思主义冷漠的一个重要原因。调研结果也证实了这一点。

在对“您参加过邓小平理论、‘三个代表’重要思想和科学发展观的哪些学习或教育活动?”这一问题的回答中，只有8.9%的党员选择了“对他人进行宣讲”，可见大部分党员并没有很好地肩负起宣传当代中国马克思主义的责任，推动当代中国马克思主义大众化的主体意识淡薄。

(五)学习动机不纯正

每一个党员都应该出于对马克思主义的兴趣和信仰去积极参加当代中国马克思主义的学习,用马克思主义中国化的最新理论成果来武装自己。但是我们在实际的调研中却发现党员学习当代中国马克思主义的热情并不是太高,参与学习的动机存在着多样化的问题。

第一,有一大部分党员参与学习呈现出被动的倾向。调研结果显示,在对"如果您参加上述活动(中国特色社会主义理论体系的学习活动)是出于什么原因"这一问题的回答中,有60.9%党员选择了"领导或老师要求必须参加"。这将导致其学习当代中国马克思主义只是在走过场,不可能真正信仰和实践当代中国马克思主义。

第二,有一部分党员参与学习呈现出功利化的倾向。调研结果显示,在对"如果您参加上述活动(中国特色社会主义理论体系的学习活动)是出于什么原因"这一问题的回答中,有5.4%的党员和9.7%的党员分别选择了"参加活动有物质奖励"和"能给升职、找工作或评奖带来好处"。由此看来,这部分党员参与学习就是为了自身的发展,而非出于由衷的信仰,导致的后果只是把当代中国马克思主义理论体系当作自己的敲门砖,而不能内化为自己的世界观和价值观。

第三,还有一部分党员参与学习呈现出从众的倾向。调研结果显示在对"如果您参加上述活动(中国特色社会主义理论体系的学习活动)是出于什么原因"这一问题的回答中有9.1%的党员选择了"别人参加所以自己也参加"。

二、在党员中推进当代中国马克思主义大众化存在问题的原因

(一)中国共产党的角色转换对入党动机的影响

中国共产党从革命党到执政党的历史性转变,对一部分人的入党动机产生了影响,有一部分人入党不是出于对马克思主义的坚定信仰。特别是一些投机分子,希望借入党来获取政治资本,作为获得自身利益的手段。这些人对当代中国马克思主义并没有真正的信仰热情,这将直接影响到入党后对当代中国马克思主义进一步的深入学习和保持坚定的信仰,更不会把马克思主义作为自己分析和解决问题的指南。

(二)社会转型期多种矛盾凸显

1978年党的十一届三中全会的召开,标志着中国的改革开放拉开了序幕,中国社会进入了转型期。经过三十多年的发展,完成了从计划经济向市场经济的转型,社会主义市场经济体制的确立和完善带动了中国经济长达三十多年的快速增长。但是由于各地的资源禀赋、历史条件和优惠政策的差异,再加上各项法律制度的不健全和市场经济本身的特点,造成了区域发展不平衡和贫富差距的拉大,普通百姓中出现了上学难、看病难、住房难和就业难的突出问题,这些突出问题在普通党员中也普遍存在。这必然会影响到党员对社会主义共同富裕的理念的信仰,进而影响到对中国特色社会主义理论体

系的信仰和践行。调研结果显示,有67.9%的党员认为影响人们接受当代中国马克思主义的主要因素是"当前出现的各种社会矛盾"。

(三)少数党政干部的腐败行为

作为处于领导岗位上的党员,理应是践行当代中国马克思主义的先锋,理应是全心全意为人民服务的模范。但是仍然有一些党政干部,严重背离当代中国马克思主义理论的基本要求和我们党全心全意为人民服务的宗旨,以权谋私,贪污腐败,严重败坏了党在人民群众中的崇高威望和良好形象,也对普通党员学习信仰当代中国马克思主义产生了一定的负面影响,动摇了党员对当代中国马克思主义的信心。调研结果显示,有81.1%的党员认为影响人们接受当代中国马克思主义的主要因素是"少数党政干部的腐败等行为"。

(四)不良社会思潮和落后文化的冲击

中国是一个经历了两千多年封建社会的国家,封建思想根深蒂固,其中腐朽落后的东西对党员学习和信仰当代中国马克思主义有一定的负面影响。再加上对外开放的不断深入,对外交流的日益频繁,国外的各种思潮,如新自由主义、民主社会主义、普世价值观等等,在利益主体多元化和价值取向多样化的中国,都找到了自己的信仰者。这在一定程度上对党员信仰马克思主义造成一定的冲击。我们的调研结果显示,在对"您认为影响人们接受中国特色社会主义理论体系的主要因素有哪些?"这一问题的回答中,有25.6%的党员选择了"中国传统文化中腐朽落后的东西",有24.3%的党员选择了"西方不良思潮",可见不良思潮和中国传统文化中腐朽落后的东西对党员的马克思主义信仰的影响也很严重。

三、进一步在中共党员中推进当代中国马克思主义大众化的对策

(一)建立和完善在党员中推进当代中国马克思主义大众化的制度和机制

1. 建立完善的党性动态考察制度

一个人先前的价值观和信仰倾向,影响到他对新的理想和价值观的信仰。新党员对当代中国马克思主义的态度和他入党前的信仰状况有很大的联系,而且,由于中国共产党由革命党向执政党的转变对一部分人的入党动机产生了影响,所以必须建立严格、完善的入党动态考察制度。第一,注重入党考察期间的思想考察问题。人的思想是行动的向导,所以要重视思想考察。主要采取写思想汇报、定期谈心的方式,而且要有专门的党委成员进行一对一的考察。第二,要进行规范的民意测评。一个人入党前的思想状况和行为作风,他身边的群众是最清楚的。所以要高度重视民意测评,主要采取不定期测评和无记名投票的方式,保证测评的公平公开公正。对于民意测评不过关的要进行帮助和教育,不允许入党动机不纯的人入党。

2. 改进和完善反腐败制度

《中共中央关于加强和改进新形势下党的建设若干重大问题的决定》中指出:"坚决

反对腐败,是党必须始终抓好的重大政治任务。”[3]反腐败是一项系统的社会工程,必须标本兼治,建立包括党内监督、人大监督和舆论监督在内的反腐败监督体系,这样才能够保持党的机体的纯洁性,保持党的先进性,才能够使党员坚定共产主义事业的信心,为在中共党员中推进当代中国马克思主义大众化创造良好的环境。

3. 建立在党员中推进当代中国马克思主义大众化的效果评估机制

要检验在中共党员中推进当代中国马克思主义大众化的效果,必须建立一套科学合理的评估机制。主要措施如下:

第一,检验党员对当代中国马克思主义的认知方面,可以采取笔试、演讲和面试的方式进行,使党员全面掌握和深刻理解当代中国马克思主义的基本内容和理论精髓。

第二,检验党员对当代中国马克思主义的信仰,可以通过科学的心理测试和民意调查的方法来了解党员对当代中国马克思主义的信仰状况。

第三,检验党员对当代中国马克思主义的践行状况。对于党政干部来说,主要考察他的政绩。对普通党员来说,要看他能不能在日常生活中始终做到为百姓做好事,办实事。

(二)切实解决好民生问题

党的十七大报告中指出:“必须在经济发展的基础上,更加注重社会建设,着力保障和改善民生。”[4]可见民生问题十分重要,不仅影响到经济社会的发展,同时也是影响在中共党员中推进当代中国马克思主义大众化的一个重要因素。群众能不能从党和国家的各项政策中得到实实在在的好处,是他们判断政策好坏的重要标准。所以,要通过制定各项解决民生问题的政策,解决好人民群众遇到的各种困难,才能在实践层面上推进当代中国马克思主义,当代中国马克思主义在党员中才有说服力和感染力,才能够顺利地在中共党员中推进当代中国马克思主义大众化。调研结果也证实了这一点,在对“您认为怎样才能增强当代中国马克思主义理论的普及效果”这一问题的回答中,有60.4%的党员选择了“在解决人民群众的实际问题中宣传理论”。

(三)不断创新理论宣传和普及的手段和方式

当代中国马克思主义是中国特色社会主义建设经验的理论总结,具有深奥和抽象的特点,而且每一个党员的学习习惯不一样,所以要不断创新学习的手段和方式。我们的调查结果也说明了这一点,在对“您认为宣传科学发展观的困难有哪些”这一问题的回答中,有48.3%的党员选择了“宣传方式单一”这一选项,在对“您认为怎样才能增强当代中国马克思主义理论的普及效果”这一问题的回答中,有40.4%的党员选择了“改进和创新宣传教育的方法”。由此可见,宣传方式单一是影响科学发展观宣传效果的一个重要因素。这就需要我们不断创新理论学习的手段和方式。

第一,要建立远程教育系统。现在是信息时代,党和国家的最新大政方针要及时地传达到每一个党员,建立远程教育系统是必要的。

第二,要不断创新学习方式,重视调研考察在学习当代中国马克思主义中的重要作用。

第三，发挥媒体隐性教育的功能。媒体现在已经成为人们日常生活中不可或缺的一部分，当代中国马克思主义的宣传可以以它为载体，通过专题网站、电视节目等生动形象的形式来宣传当代中国马克思主义。

（四）加强当代中国马克思主义大众化的理论研究

理论是实践的向导，要在中共党员中推进当代中国马克思主义大众化，就必须研究中共党员这一群体的特点，探索在中共党员中推进当代中国马克思主义大众化的规律。由于当代中国马克思主义大众化是一个庞大的内容丰富的体系，所以需要把当代中国马克思主义的核心理念提炼出来，这样才能够让党员一进门就能够把握住理论的精髓。

参考文献：

[1][4] 高举中国特色社会主义伟大旗帜　为夺取全面建设小康社会新胜利而奋斗. 人民日报，2007-10-25

[2] 马克思. 黑格尔法哲学批判导言. 马克思恩格斯选集(第1卷). 北京：人民出版社，1995. 15

[3] 中共中央关于加强和改进新形势下党的建设若干重大问题的决定. 人民日报，2009-09-28

在大学生中推进当代中国马克思主义大众化的问题分析及对策

刘小菊
（西南大学，重庆，400715）

党的十七大报告提出：在新的历史时期，要“大力推进理论创新，不断赋予当代中国马克思主义鲜明的实践特色、民族特色、时代特色，开展中国特色社会主义理论体系宣传普及活动，推动当代中国马克思主义大众化”[1]。大学生是青年中最富有知识的群体，是国家宝贵的人才资源，是当代中国马克思主义大众化的重要对象之一。为了深入了解在大学生中推进当代中国马克思主义大众化的现状，本课题组于2009年2月至6月，对全国21个省、自治区和直辖市的多所高等院校包括专科、本科以及硕士研究生在内的3716名在读大学生进行了调研，通过问卷调查、座谈、深度访谈等形式，重点从大学生对马克思主义的认知、情感、信念和行为等方面对在大学生中推进当代马克思主义大众化的现状进行总体把握，并针对存在的主要问题进行研究分析，提出一些对策性意见和建议。

一、在大学生中推进当代中国马克思主义大众化过程中存在的主要问题

课题组通过调查研究发现，在大学生中推进马克思主义大众化虽然已取得一定成绩，但同时也存在着许多不容忽视的问题。

（一）对马克思主义理论的认识不深

高校开设的思想政治理论课是我国所有大学生必修的课程，是大学生集中学习系统的马克思主义理论的主渠道。但是课题组在测试大学生的马克思主义理论知识时，发现多数大学生对马克思主义理论的基本知识认识不清。课题组在对“科学发展观的基本要求是什么”进行调查的时候，发现能够正确回答为“全面协调可持续”的仅占47.1%，准确率不到一半。

（二）部分大学生对马克思主义的信仰不稳定

首先，普通大学生群体信仰马克思主义理论的人数在减少。在对“你是否相信马克思主义”问题的调查中，大学生选择“原来不信现在信”的占8.9%，选择“原来相信现在不信”的占12.8%。其次，对党员信仰一元化问题认识不清。中共党员的信仰只能是马克思主义，但是通过调查我们发现，大学生在对“您对有些党员干部相信宗教的态度是

什么"问题的回答时，大学生选择"坚决支持"的占 2.9%，选择"支持"的占 10.7%，选择"个人私事，不必干预"的占 62.6%。可见，绝大部分大学生在对党员是否该信教的问题上认识不清。

（三）理论与实践相脱节

马克思主义理论不是书斋里的学问，只有与大学生的社会实践相结合才能发挥作用。但是，在问及"您想问题和处理问题时一般是以什么为标准"时，大学生选择"马克思主义的立场观点"的仅占 25.4%。这表明绝大部分大学生想问题和处理问题并不是以马克思主义的立场和观点为标准的。可见多数大学生并没有把所学的理论转化为行为标准来指导自己的实践活动。

（四）参加马克思主义实践活动的动机不纯

在问及"您参加关于邓小平理论、'三个代表'重要思想或科学发展观的活动是出于什么原因"时，我们发现以下问题：第一，大多数大学生参加这些活动并非出于真正对该理论活动感兴趣，有 45.9%的大学生选择"领导或老师等要求必须参加"，说明这一部分大学生都是被动参加这些活动的。第二，在调查中，有 5.7%的大学生选择"参加活动有物质奖励"，10.6%的大学生选择"能给升职、找工作或评奖等带来好处"，说明这部分大学生参加活动的动机是获得物质利益。第三，有 7.4%的大学生选择"别人参加，所以自己也参加"，这反映出部分大学生参加活动的从众心理。在这个问题的回答中，只有 34.4%的大学生选择"这些理论是科学的"。可见大部分大学生参加马克思主义理论活动的动机不纯且多样化。

二、在大学生中推进当代中国马克思主义大众化存在问题的原因分析

上述问题形成的原因是多方面的，既有国际国内环境的影响，同时不乏大学生身心发展特点以及宣传教育因素的影响等。

（一）国际国内社会环境的影响

第一，从国际环境上看，经济全球化和西方敌对势力实施的对华策略对大学生影响较大。一方面，经济全球化促进了各国间的文化交流，同时也造成多元文化的激烈竞争，突出表现为多种价值观念的冲突。这也对大学生的价值观念造成了不小的冲击，难免会冲淡他们对主流价值观念的认同度。另一方面，中国作为当前仅存的五个社会主义国家之一，一直被西方敌对势力视为和平演变的对象，我国的青年大学生一直是他们进行和平演变的重点人群。大学生由于世界观、人生观和价值观还不稳定，对诸多事物的认识比较感性和片面，辨别事物真伪的能力还较弱，因而易受到外部世界的影响和干扰。

第二，从国内环境来看，社会转型时期凸显的各种矛盾对大学生产生一定的负面影响。首先，在改革开放和社会主义市场经济背景下形成的多元社会格局导致价值评价标准的多元化，这给大学生的价值评价以及价值取向带来更多的参照标准，使他们形成了复杂的、多元的价值取向。其次，当前社会上存在的不正之风和腐败现象，给大学生产

生了困扰。目前社会上频频曝光的政府官员腐败、贫富差距、分配不公以及就业困难等问题，使一些大学生对改革开放和社会主义的前途感到迷茫，有的大学生甚至对马克思主义理论的科学性和真理性产生了质疑，影响他们接受当代马克思主义理论的程度。

（二）大学生身心发展特点的影响

首先，大学生处于世界观、人生观、价值观的形成和巩固时期，对很多事物的认识比较片面。其次，大学生有较明显的求异心理。很多大学生具有崇尚个性、标新立异的心理特征和独立思维。他们不仅想了解和掌握学校灌输的社会主义主流价值思想，还十分渴望了解其他国家特别是西方发达资本主义国家的思想理论观点。再次，大学生有较明显的从众心理。大学生普遍具有的从众心理使其在进行价值判断的时候容易受到外界人群言行的影响。大学生的这种求异和从众心理，使他们容易被社会上的一些表象或假象所迷惑。这在一定程度上容易动摇他们的马克思主义信仰，对中国特色社会主义理论的认同度易出现偏差。

（三）高校思想政治理论课的作用没有得到充分发挥

思想政治理论课是在大学生中推进当代中国马克思主义大众化的主阵地。首先，滞后的教育观念对思想政治理论课作用的发挥产生了重要影响。长期以来，思想政治理论课存在一种倾向，即片面强调对马克思主义理论基本知识的传授，而忽略了对马克思主义理论蕴涵着的十分丰富的理论品格、思想方法、理论价值、实践性质等方面的理解和把握。讲授方法多为纯理论式方法，而学生在现实中观察甚至切身体会到的一些问题，教育者没有及时解决。我们在对“您认为宣传科学发展观的困难有哪些”问题的调查中，发现大学生选择“理论不能解决实际问题”的占 53.7%。这就有可能削弱马克思主义理论在大学生中的影响力，使大学生对马克思主义的认同感降低。其次，大班教学对思想政治理论课作用的发挥影响较大。随着我国教育改革的深入，高校不断扩招，很多高校的思想政治理论课都实行大班教学。但大班教学难以保证教学效果，并且对教学方法的多样化产生一定的限制，存在教学的针对性和实效性不强等问题。再次，思想政治理论课存在考核困难的问题。思想政治理论课教育的考核主要以考试为主，而单纯的考试在检验学生掌握马克思主义理论的力度方面显得比较单薄，使思想政治理论课教育流于形式。

三、在大学生中推进马克思主义大众化的对策和建议

（一）明确在大学生中推进当代中国马克思主义大众化目标的层次性

在大学生中推进当代中国马克思主义大众化，对激励当代大学生承担历史使命，应对西方敌对势力的“和平演变”，以及引导其理想信念的健康发展有至关重要的作用。但是大学生在社会发展中扮演的角色、发挥的作用不尽相同。因此，在大学生中推进马克思主义大众化的过程中，应该从这一实际出发，明确大众化目标的层次性，克服不切实际的一刀切的做法，从而使当代中国马克思主义大众化更具有实效性。

首先，从在大学生中推进当代中国马克思主义大众化的目标结构来看，首要的是要使大学生完整、准确地理解和掌握当代中国马克思主义。只有这样，才能使大学生对当代中国马克思主义、对中国共产党的领导、对中国特色社会主义作出正确的判断，才能使大学生对当代中国马克思主义理论产生普遍认同，才能使大学生信仰当代中国马克思主义，才有可能使大学生运用它来指导自己的社会实践。

其次，从当代中国马克思主义大众化的目标对象来看，重点是大学生党员群体。大学生党员对待当代中国马克思主义理论的态度以及言行举止，代表和影响着党的形象，同时也影响其他同学对党和当代中国马克思主义理论的态度和行为。因此，我们必须把好大学生入党这一关口，既注重培养他们的思想政治素质，又强调业务学习能力和实践工作能力，真正把德才兼备的大学生吸纳到党内来。此外，中国特色社会主义的良性发展的多元价值观中，必须是马克思主义占据着主导地位。在这一前提下，多种价值观和谐共处，健康发展。当然，大学生的其他信仰也不是全部要支持和包容，要看"是否有利于社会发展、是否有利于增进民族团结、是否有利于维护和谐稳定"[2]。

(二)提高当代中国马克思主义大众化宣传和教育的实效性

第一，充分发挥思想政治理论课主阵地的作用。首先，要提高思想政治理论课教学的实效性，增强其吸引力和说服力，使学生真正感到学习马克思主义理论能够解决实际问题。而这其中的关键就是使思想政治理论课有鲜明的针对性。针对学生的专业、年级和成长环境的不同，授课教师对理论内容应尽量做到有的放矢。其次，实现教学形式和手段的多样化。可以借鉴和运用教育学、心理学等相关学科的原理，采用导学式、互动式、案例式、情境式等多种教学方法和手段，充分发挥学生的主体性和能动性。

第二，建设一支具有高素质的思想政治教育工作队伍。思想政治教育工作者必须努力提高自身的素质，坚定马克思主义的信念，加强思想道德修养，增强社会责任感，以饱满的政治激情、丰富的人生阅历与渊博的知识，循循善诱地对大学生进行当代中国马克思主义的宣传和教育。

(三)充分发挥大学校园的优势特征，营造良好的氛围

在校园文化建设中有意识、有计划地引导学生了解和学习当代中国马克思主义理论，注重用隐性教育的方式来推进当代中国马克思主义大众化。要充分利用大学校园文化的熏陶感染功能，积极开展形式多样的主题活动和进行校园文化的建设，使大学生通过亲身感受，在不知不觉中受到影响和感染，进而影响他们的思想观念、思维方式、精神状态、价值取向和行为方式等。

参考文献：

[1] 高举中国特色社会主义伟大旗帜　为夺取全面建设小康社会新胜利而奋斗[N]. 人民日报，2007-10-25

[2] 杨燕，韩善光. 当代大学生价值观取向的问题分析及对策[J]. 道德与文明. 2010(3)

当代大学生对马克思主义指导思想认同的现状研究

邓钧升 何 跃

（重庆大学，重庆，400045）

大学生所处的年龄阶段正是世界观、人生观与价值观形成的重要时期，也是个人良好社会公德、行为习惯和健全人格形成的重要时期。随着我国改革开放的扩大与国际地位的提升，各国文化通过各种途径进入我国，并与我国文化发生剧烈碰撞，其中有不少先进思想，同时也不乏糟粕。中外文化的剧烈碰撞给当代大学生的思想和心灵带来了巨大的冲击，深刻影响着他们思想与行为。加强当代大学生对马克思主义指导思想认同的研究，并给予他们思想与行为正确引导，这不仅是各高校应该关注的，同时也是全社会应该予以高度重视的。当代大学生是否认同马克思主义指导思想，关系到我们国家的未来发展和中国特色社会主义的命运。

一、当代大学生的马克思主义指导思想现状调查

按照中共中央宣传部关于各高校要把《六个“为什么”》作为大学生思想政治理论课重要辅助教材，推动中国特色社会主义理论体系进教材、进课堂、进头脑的通知要求[1]，我们对当代大学生对马克思主义指导思想认同的现状做了问卷调查。

2010 年 6 月，我们在重庆地区对重庆大学、西南大学、西南政法大学、重庆师范大学、重庆医科大学五所高等院校的大学生发放了调查问卷 600 份，回收有效问卷 535 份，其中包括学生党员、学生干部和普通同学，同时兼顾了不同的系部和专业，最后经过数据统计处理分析，得出一些相关的百分比图表，从图表中发现当代大学生对马克思主义指导思想认同方面具有了一些新的特征。

1. 当代大学生多数认同马克思主义

表一 您赞成马克思主义是科学的理论体系吗

		频率	百分比	有效百分比	累积百分比
有效	非常赞成	127	23.7	23.7	23.7
	比较赞成	306	57.2	57.2	80.9
	不确定	74	13.8	13.8	94.8
	比较不赞成	23	4.1	4.1	98.9
	非常不赞成	6	1.2	1.2	100.0
	合计	535	100.0	100.0	

在对“马克思主义是否是科学的理论体系”的调查中，比较赞成的占 57.2%，非常赞成的占 23.7%，而不赞成的仅仅占 5.2%。数据表明大多数同学认为马克思主义作为我

们的指导思想有它的合理性和实用性，认同马克思主义。

表二　您认为马克思主义作为指导思想与个人的成长关系密切吗

		频率	百分比	有效百分比	累积百分比
有效	非常密切	91	17.0	17.0	17.0
	比较密切	221	41.3	41.3	58.3
	不确定	128	23.9	23.9	82.2
	比较不密切	73	13.6	13.6	95.9
	非常不密切	22	4.2	4.2	100.0
	合计	535	100.0	100.0	

表三　您认为马克思主义作为指导思想与国家的繁荣关系密切吗

		频率	百分比	有效百分比	累积百分比
有效	非常密切	149	27.9	27.9	27.9
	比较密切	223	41.7	41.8	69.7
	不确定	112	20.9	21.0	90.6
	比较不密切	36	6.7	6.7	97.4
	非常不密切	14	2.6	2.6	100.0
	合计	534	99.8	100.0	
缺失	系统	1	0.2		
	合计	535	100.0		

在对“马克思主义作为指导思想同个人成长与国家繁荣的关系密切程度”的调查中，赞成密切的人数突破了50%。这表明大多数同学都肯定了马克思主义作为指导思想对其本身与国家的影响，有着强烈的爱国情怀和社会责任感。

表四　在下面的思潮中，您相信什么

		频率	百分比	有效百分比	累积百分比
有效	马克思主义	217	40.6	40.6	40.6
	民主社会主义	115	21.5	21.5	62.1
	新自由主义	86	16.1	16.1	78.1
	后现代主义	58	10.8	10.8	89.0
	其他	59	11.0	11.0	100.0
	合计	535	100.0	100.0	

在对各种思潮的信仰调查中，马克思主义信仰占40.6%，民主社会主义占21.5%，新自由主义占16.1%，后现代主义占10.8%，其他占11%。数据表明大多数同学具有坚定的马克思主义信仰，热爱自己的祖国，热爱社会主义。

2. 当代大学生在马克思主义指导思想的选择上呈现多元化与不确定性特征

表五　有人说:"社会经济成分可以多样化,意识形态领域的指导思想也可以多元化",您赞成这个观点吗

		频率	百分比	有效百分比	累积百分比
有效	非常赞成	87	16.3	16.3	16.3
	比较赞成	237	44.3	44.3	60.6
	不确定	125	23.4	23.4	83.9
	比较不赞成	59	11.0	11.0	95.0
	非常不赞成	27	5.0	5.0	100.0
	合计	535	100.0	100.0	

在对"意识形态领域的指导思想多元化期望"的调查中,比较赞成的占44.3%,非常赞成的占16.3%,赞成的占多数。数据表明当代大学生心中还是对指导思想有多元化的期望。当代大学生思想中出现这样的想法值得我们深思,反映了我国思想政治教育课的效果还不尽如人意,需要大家共同努力并将中央的相关要求真正落实到实处。

表六　假如有人反对马克思主义,您愿意站出来与之作斗争吗

		频率	百分比	有效百分比	累积百分比
有效	非常愿意	43	8.0	8.1	8.1
	比较愿意	116	21.7	21.7	29.8
	不确定	250	46.7	46.8	76.6
	比较不愿意	87	16.3	16.3	92.9
	非常不愿意	38	7.1	7.1	100.0
	合计	534	99.8	100.0	
缺失	系统	1	0.2		
	合计	535	100.0		

在对"假如有人反对马克思主义,您是否愿意与之作斗争"的调查中,比较愿意的占21.7%,非常愿意的占8.1%,不确定的占46.8%,比较不愿意的占16.3%,非常不愿意的占7.1%。数据表明当代大学生对马克思主义指导思想还呈现不确定性的特征。前面调查中对马克思主义的信仰的比例为40.6%,但对马克思主义的坚持性一项调查发现,不确定的人数占到了接近50%。数据表明大学生对自己所坚持的信仰还不明确,多少有些迷茫。

二、当代大学生在马克思主义指导思想方面存在的问题

1. 当代大学生对马克思主义指导思想大众化的认识比较模糊

当代大学生对马克思主义指导思想大众化的认识仅仅停留在将马克思列宁主义以及中国化的理论成果普及到每一个普通人身上的阶段,多数同学能够认识到马克思主义大众化的必要性和重要性,但也有少数同学选择了不确定,比例还不低,这就说明他们对马克思主义指导思想大众化的认识还比较模糊。例如:

表七　您认为马克思主义大众化必要吗

		频率	百分比	有效百分比	累积百分比
有效	非常必要	143	26.7	26.7	26.7
	比较必要	236	44.1	44.1	70.8
	不确定	98	18.3	18.3	89.2
	比较不必要	48	9.0	9.0	98.1
	非常不必要	10	1.9	1.9	100.0
	合计	535	100.0	100.0	

表八　您认为马克思主义大众化会有利于更多的人学习马克思主义吗

		频率	百分比	有效百分比	累积百分比
有效	非常有利于	150	28.0	28.0	28.0
	比较有利于	241	45.0	45.0	73.1
	不确定	111	20.7	20.7	93.8
	比较不利于	21	3.9	3.9	97.8
	非常不利于	12	2.4	2.4	100.0
	合计	535	100.0	100.0	

从上面两个表格可以看出选择不确定的同学分别占了18.3%和20.7%，这比例也许会有人说不是很高，但绝对数量并不低，需要我们给予相当的关注。

2. 当代大学生多数对马克思主义思想的指导地位不认同

根据马克思主义理论的经典表述，“统治阶级的思想在每一时代都是占统治地位的思想”。以前是这样，现在也应该是这样，但是当代大学生多数则认为指导思想应该多元化，一元化会阻碍思想文化的繁荣。

表九　有人认为意识形态领域的指导思想多元化比一元化更适合我国的发展，您赞成这个观点吗

		频率	百分比	有效百分比	累积百分比
有效	非常赞成	80	15.0	15.0	15.0
	比较赞成	211	39.4	39.4	54.4
	不确定	146	27.3	27.3	81.7
	比较不赞成	72	13.5	13.5	95.1
	非常不赞成	26	4.8	4.8	100.0
	合计	535	100.0	100.0	

表十　有人说：“意识形态领域的指导思想一元化会阻碍各种学术学派和艺术流派的发展。”您赞成这个观点吗

		频率	百分比	有效百分比	累积百分比
有效	非常赞成	86	16.1	16.1	16.1
	比较赞成	209	39.1	39.1	55.1
	不确定	120	22.4	22.4	77.6
	比较不赞成	89	16.6	16.6	94.2
	非常不赞成	31	5.8	5.8	100.0
	合计	535	100.0	100.0	

表九中赞成意识形态领域的指导思想多元化更适合我国的发展的占到了54.4%，

不确定的占到27.3%；表十中认为意识形态领域的指导思想一元化会阻碍各种学术学派和艺术流派的发展的占55.1%，不确定的占22.4%。这表明当代大学生对我国国情了解甚少，盲目地接受西方多元化的思潮，没有考虑到我国意识形态领域的指导思想多元化后对我国的威胁，我国本身是一个社会主义国家，在改革开放深入的同时不能否认我国公有制的基础。因此，虽然调查只是反映了局部的问题，但是当代大学生是我国未来的中坚力量，应该引起相关部门的高度重视。

3. 当代大学生对马克思主义指导思想学习的目的和态度存在偏差

当代大学生学习马克思主义的目的，爱国主义情怀占主导地位，迫于考试压力次之，从而导致了学习的情绪出现偏差。

表十一　您学习马克思主义是基于什么目的

		频率	百分比	有效百分比	累积百分比
有效	基于兴趣	38	7.1	7.1	7.1
	基于爱国，觉得有必要了解国家的指导思想	220	41.1	41.2	48.3
	基于好奇，觉得具有神秘感	31	5.8	5.8	54.1
	迫于考试压力	209	39.1	39.1	93.3
	其他	35	6.5	6.6	100.0

表十二　您学习马克思主义有什么样的情绪

		频率	百分比	有效百分比	累积百分比
有效	愉快	104	19.4	19.4	19.4
	无聊	180	33.6	33.6	53.1
	厌恶(反感)	83	15.5	15.5	68.6
	兴奋	34	6.4	6.4	75.0
	其他	134	25.0	25.0	100.0

表十一和表十二只是对当代大学生学习马克思主义的态度做的调查，其中也反映了思想政治理论课教学上有所缺陷，再加上意识形态领域的指导思想缺乏创新以及与现实挂钩比较少，造成了当代大学生的思想状况及认知态度存在偏差。

4. 少数大学生的思想政治素质让人堪忧，中共党员(含预备党员)的思想政治觉悟比较高

表十三　您赞成马克思主义是科学的理论体系吗

		非常赞成	比较赞成	不确定	比较不赞成	非常不赞成	合计
政治面貌	中共党员(含预备党员)	44	70	19	1	1	135
	共青团员	75	226	49	15	3	368
	群众	6	8	6	6	2	28
	其他	2	2	0	0	0	4
	合计	127	306	74	22	6	535

在调查中我们发现有5%～15%的大学生在政治思想、道德认知方面存在严重的偏差，应引起我们足够的重视。尽管相对比例比较低，但是绝对数量还是挺多。除此之外，

我们还发现政治面貌的不同造成同学们之间的政治思想状况存在差异性，中共党员（含预备党员）的思想政治素质普遍高于其他同学，思想政治觉悟比较高，有较强的政治素养和责任感。这些现象表明，我国大学生思想政治培养模式上有缺陷。

三、加强大学生对马克思主义指导思想认同建设的对策

通过问卷的调查统计分析，我们发现当代大学生在马克思主义指导思想认同方面存在许多问题。针对这些问题，我们提出如下对策与建议。

1. 加强基层党委学习型组织建设，发挥党员模范带头作用

认真落实贯彻中共中央关于加强大学生思想政治工作的一系列文件，加强基层党委学习型组织建设，充分发挥党员大学生的先锋模范作用，引导当代大学生认真学习马克思主义理论，坚持马克思主义信仰[2]。同时，还要大力宣传先进集体和先进人物的事迹和思想，深入挖掘他们的社会价值和时代意义，在学生中形成崇尚先进、学习先进的风气。做好推优入党工作，不断将优秀的大学生推送到党组织中去，为我们党输送新鲜的血液。

2. 培训师资，提高教学质量，健全思想政治理论课教学组织和教师队伍

马克思主义思想政治理论课教学是对学生进行思想政治教育的主渠道和基本环节。要积极搞好思想政治理论课教学，不断提高教学水平和效果，对学习态度认真、成绩突出者给予表扬与奖励，对学习态度和成绩太差的学生给予批评与引导，广泛开展各种活动与辩论赛，增进对马克思主义基本理论的了解与学习[3]。为此，需要建立健全思想政治理论课的教学组织和师资队伍。

3. 开展政治理论教育的学术讲座

学校可以定时邀请国内外知名的教授或者学者，以名家讲坛的形式使当代大学生能够从众多社会思想中明辨是非，吸收各种先进的思想，抵制错误思潮[4]。同时要组织学生在深入学习中国特色社会主义理论体系的基础上，学习《六个“为什么”——对几个重大问题的回答》这本政治理论读物，让学生理解其中的精髓和真谛，这不仅对全面推进中国特色社会主义的伟大事业有积极的作用，而且具有重大的现实意义和深远的历史意义。

4. 改进教学方法，更新教学内容，培养教师理论联系实际的教学态度

积极推进理论创新，与时俱进，让马克思主义指导思想能够更加贴近于当代大学生思想变化的要求，将理论与实践相结合，对学生们的疑问一一解答，阐明其中的利害关系，让学生从内心产生兴趣去学习、研究并撰写论文。我们还要给予鼓励，营造良好的学术氛围，让他们有源源不断的动力[5]。而且，教师授课时要有饱满的热情，充分利用形式多样的授课方式，联系实际，让同学们有更高的积极性学习思想政治理论。

5. 积极建立课外理论学习小组

大家互相讨论，以开展学术沙龙的形式，畅所欲言，锻炼自己的思辨能力，而且小组可以定期组织学生参加社会实践，帮助小组成员了解和认识社会，增强社会责任感与使命感，同时教导同学们不要一味地把理论学习当做应付考试的工具，慢慢培养理论学习的兴趣，让学生们从心里去感受理论学习的真正乐趣。

6. 弘扬红色革命传统，培养大学生的爱国主义情怀

大力开展以校园文化艺术节为主的校园文化活动。重要纪念日、重大历史事件和重大的社会活动，要举办相应的有教育意义的活动，积极宣传延安精神、井冈山精神、红岩精神等红色革命传统文化，充分发挥学生会与相关学生社团的作用，积极开展各种以弘扬红色革命传统、培养大学生的爱国主义情怀为主题的竞赛活动，教育帮助学生学习宣传马克思主义。

7. 重视正确的舆论导向

舆论宣传必须坚持实事求是，坚持团结稳定、鼓励正面宣传为主，牢牢把握正确的舆论导向[6]。要加强广播、影视、报栏、专刊、书屋等文化宣传舆论阵地的建设和管理，发挥其正确的导向和宣传作用，大力弘扬爱国主义精神和艰苦创业的精神，全心全意为人民服务，引导学生树立建设中国特色社会主义的共同理想和正确的世界观、人生观和价值观。

8. 发挥网络的引导与宣传作用

网络作为我们生活的重要一部分，它的力量不容忽视，我们应该建设融思想性、知识性、趣味性、服务性于一体的主题教育网站[7]，对当代大学生加以正面教导与鼓励，同时还要加强对信息网络的监控和管理，防堵有害信息侵入，保证网络化条件下思想政治工作的健康进行。

总而言之，当代大学生对马克思主义指导思想的认同与引导工作是一项艰苦而长期的任务，它需要全社会、学校各环节的团结协作，应因势利导，因材施教，在使用传统方法的基础上，与时俱进，创新性地探索有效的新方法、新途径，让当代大学生的思想能向积极健康的方向发展。

参考文献：

[1] 中共中央、国务院关于进一步加强和改进大学生思想政治教育的意见.（中发[2004]16 号）

[2] 中宣部教育局、教育部社科思政司、团中央学校部组编.加强和改进大学生思想政治教育文件选编.北京：中国人民大学出版社，2005

[3] 冯刚.推进高校马克思主义大众化，加强大学生思想政治教育.学校党建与思想教育，2009(2)

[4] 张静.推进马克思主义大众化是高校德育理论创新和学科建设的使命和责任.中国高等教育，2010(1)

[5] 杨万义.大学生群体新变化与高校思想政治教育工作.中国青年研究，2010(3)

[6] 张朋钊.大学生思想政治工作中坚持以人为本的路径探究.学校党建与思想教育，2010(8)

[7] 张国启，王忠桥.新时期思想政治教育方法创新的思路分析.学校党建与思想教育，2010(8)

网络意识形态斗争中马克思主义大众化面临的机遇与挑战

何海涛
(西南大学,重庆,400715)

中国革命和建设的历史告诉我们,高度重视意识形态工作,不断推进马克思主义大众化,是中国实现民族复兴的重要经验。目前,我国已经进入网络化时代,据第26次中国互联网络发展状况统计报告显示,截至2010年6月,中国网民规模达到4.2亿,接近全国人口的1/3。他们是全国人口中非常有活力、生产力和创造力的群体,其思想、举措、行动在很大程度上决定着中国的命运和走向,因此,分析网络环境下马克思主义大众化的机遇与挑战,抢占网上马克思主义阵地,通过网络推进马克思主义大众化具有极为重要的现实意义和历史意义。

一、网络意识形态斗争中马克思主义大众化面临的机遇

网络可以大大促进马克思主义的广泛传播。意识形态斗争实质上是使群众掌握马克思主义科学理论,克服各种非马克思主义、反马克思主义思想观念,促进马克思主义大众化的过程。马克思主义作为无产阶级和被压迫民族寻求解放与发展的理论武器,本身就是为最广大的人民群众服务的。了解、掌握它的群众越多,它就越会在与非马克思主义、反马克思主义的竞争、斗争中彰显出科学理论的强大力量,就更有助于它的大众化。衡量网络意识形态斗争成败的标准应看通过斗争使信仰马克思主义的群众数量增多了还是减少了,信仰程度加深了还是变浅了。网络极大地解放了普通民众的信息获取能力、传播能力,仅从工具意义层面来看,网络无疑为推动马克思主义大众化、使更多的群众了解并信仰马克思主义带来了前所未有的巨大机遇。网络时代,"我们看到越来越多的人将个人电脑连接到全球通信平台上,已经没有什么能够阻挡人们通过数字化的格式传输任何信息"。[1]这样,互联网使人民群众与马克思主义有了更宽广的融合面,人民通过网络能更容易地接触、学习、传播、掌握马克思主义。网络的草根性、大众性决定了马克思主义与网络结合的过程也是通过网络将马克思主义更加广泛深入地引向人民群众的过程,是推进马克思主义大众化的过程。

网络为马克思主义公平公开地战胜反马克思主义思潮提供了平台。网络解放了普通民众的知悉权和话语权,有利于在社会思想领域形成百花齐放、百家争鸣的局面,各种社会思想自由争论只会进一步证明马克思主义的科学性,暴露其他社会思潮的不足,增强人民的辨别能力与免疫能力,使人民群众与马克思主义结合得更紧密。毛泽东同

志说："人们问：在我们国家里，马克思主义已经被大多数人承认为指导思想，那么，能不能对它加以批评呢？当然可以批评。马克思主义是一种科学真理，它是不怕批评的。实行百花齐放、百家争鸣的方针，并不会削弱马克思主义在思想界的指导地位，相反地正是会加强它的这种地位。"[2]换句话说，百花齐放更有助于马克思主义的大众化。网络作为一种新型的交流工具，本身是中立的，不存在立场倾向问题。意识形态也是中性的，但任何具体的意识形态都是有阶级性的，有其鲜明的价值取向、政治立场、利益诉求。网络之所以在意识形态斗争中更有助于马克思主义的胜利，是由网络传播的平民化特点及马克思主义为人民服务的宗旨决定的。

二、网络意识形态斗争中马克思主义大众化面临的挑战

虽然从大趋势来看，网络的本质特点及马克思主义的本质属性决定了网络能极大地促进马克思主义大众化，网络意识形态斗争的最后胜利必将属于马克思主义，但对新的竞技平台给意识形态斗争和马克思主义大众化带来的严峻挑战，我们也应该保持清醒的认识与高度的警觉。这些挑战主要体现在敌对势力加紧通过网络对我国主流的马克思主义意识形态进行资本主义渗透，实施"西化"、"分化"等颠覆活动；国内社会转型所带来推进的矛盾与冲突在网络上的放大使群众的马克思主义自我认同受到巨大冲击；党在通过网络推进马克思主义大众化上尚缺乏经验，传统方式已不能适应新的要求。

（一）敌对势力的网络渗透与颠覆

在传统媒体时代，敌对势力要冒着巨大风险，用巨额金钱甚至生命才能开展的意识形态渗透与颠覆活动，现在通过一个小小的计算机按键就可以完成，这为他们的进攻提供了前所未有的方便。西方国家也越来越把网络作为摧毁"赤色阵营"的重要战略武器，不断通过网络大肆对我国进行或正面或隐蔽的意识形态渗透，实施"西化"、"分化"等颠覆活动，使我国的意识形态安全、马克思主义在意识形态领域的主导地位受到巨大威胁。如果把各国政府主导的大型广电媒体新闻网看成网络意识形态斗争的"正面战场"的话，那么各种论坛、贴吧、博客、即时聊天工具、邮箱、社交网、视频网等为个人（包括敌对势力）表达、上传、分享、传播信息提供了自由平台的"草根舆论场"则构成了网络意识形态斗争的"隐蔽战场"。这两个战场的斗争相互交织，成为网络意识形态斗争的重要阵地。

一是来自"正面战场"的挑战。"正面战场"主要是指广电媒体新闻网，政府主导的意识形态宣传网等。"当前，世界范围内各种思想文化交流、交融、交锋更加频繁，'西强我弱'的国际舆论格局还没有根本改变，新闻舆论领域的斗争更趋激烈、更趋复杂。"[3]虽然自1994年接入国际互联网以来，我国就很重视网上马克思主义阵地的建立，然而与西方广播媒体网相比，我国在通过网络抵御意识形态侵略、传播主流意识形态的研究及实践方面起步较晚，在与西方世界的正面交锋中尚处于疲于应付的境况中。

"传播力决定影响力。当今时代，谁的传播手段先进、传播能力强大，谁的文化理念和价值观念就能更广泛地流传，谁就能更有力地影响世界。"[4]网络新媒体产生于西方，目前无论从技术系统支撑，还是从网络运营、意识形态渗透理论与方法上看，西方资本

主义国家在应用官方主导的网站传播意识形态方面都比我国更有优势。世界著名的第三方测评机构 Alexa 的网站排名系统的近期统计，BBC、CNN、央视国际网站的排名就可以说明这一点。[5]西方世界通过网络向中国大肆宣传资本主义自由、民主、人权等极具迷惑性的思想，同时在他们的支持下，一些满脑子西化思想，迷信资本主义制度、极力主张搞资本主义的中国右翼学者文人在网上极力鼓吹"私有财产神圣不可侵犯""国有企业民营化"等为新生的特别利益集团保驾护航的资本主义论调，使集体主义、公有制等马克思主义基本信条受到前所未有的巨大冲击。

3 家网站的排名情况

网站	BBC	CNN	央视国际
综合排名	46	58	426
中国	422	141	52
英国	7	136	不详
美国	56	18	3793

网络传播力不仅跟网络技术、运营水平有关，更与语言有关。在语言方面，英语毫无疑问是因特网上使用最频繁、最普及、影响力最大的国际通用语言，这是汉语无法企及的。语言不仅是信息承载工具，更是思想文化本身。英语的向外输出其实也是英美等国资本主义意识形态的向外输出，语言霸权也是意识形态霸权。随着互联网的普及，年轻人直接阅读、接听英语，使用英语更加频繁，对英美国家的政治思想、价值观念的认同明显增强，甚至推崇备至，这对我国主流的马克思主义意识形态在网络平台上赢得青年构成了巨大阻力。

西方影视作品通过互联网在中国的广泛传播构成一种隐性的意识形态入侵。西方大片在资金投入、制作的想象力、技术艺术水准等各方面都比中国电影技高一筹，他们注重观众的审美要求，善于迎合观众心理接受习惯，因此很容易在中国市场打败中国电影。网络时代中国人接触西方影视作品更频繁，受到的影响无疑在增大，西方影视巨大的向外输出能力正潜移默化地改变着国人固有的价值观念，消解着国人对马克思主义的固有信念。

二是来自"隐蔽战场"的挑战。"隐蔽战场"其实是一种以"全球网民生产"的"微内容"为主体的信息传播、分享的网络环境，具有草根性、隐蔽性、全民参与性等特点，集中体现了网络自身的特点，因此实为网上意识形态斗争的主战场，最大程度地决定着马克思主义在网络意识形态斗争中的胜败。

"西方敌对势力加紧以各种手段和方式对我国施行西化、分化的政治战略，企图颠覆中国共产党的领导和中国的社会主义制度，他们的这种政治图谋是绝不会改变的。我们同国内外各种敌对势力在渗透和反渗透、颠覆和反颠覆上的斗争将是长期的、复杂的。"[6]秘密潜入我国草根舆论场一直是国内外敌对势力加紧对我国实施渗透与颠覆行动的最主要手段。据调查，我国目前有 140 多万 BBS 论坛，许多比较有影响力的论坛的注册会员中就潜伏着不少受西方国家资助的"法轮功"、"疆独"、"藏独"等敌对分子，这些"网络特工"混迹于广大网民之中，通过收集整理分析论坛言论来把握我国绝大多数网民的政治思想动态、心理需求，通过编撰并散布负面报道、不实报道，或在敏感事件上添油加醋等方式来煽动网民的非理智情绪，迎合网民的不健康的心理需要，激化网民对社会的不满，丑化党和政府的形象，以达到离间党群关系、政民关系，瓦解人们马克思主义信念，制造思想混乱，危害社会稳定的目的。据分析，近年来，不少"百万级点击率"的网络群体性事件（如"瓮安事件"、"石首事件"等）短时间内的急剧喷发就与敌对分子的幕后蓄意谋划、策动有着密切关系，他们有组织地灌水、拍砖，散布偏激言论、蓄意夸大矛盾，将问题上纲上线，把问题的根源推给社会主义制度，使事件迅速升级升温，不明真相的广大群众在这些情绪化网络言论的炮轰下很容易失去理智，从而引发巨大的社会危机。而网络的虚拟性、匿名性也增大了将网络敌对分子从普通网民中甄别出来的难度。

除了在论坛、贴吧、博客等草根舆论场大做文章外，建立专门的反共网站进行网上阵地式宣传更是敌对势力实施网络渗透的重要手段，这些网站在国内被屏蔽，为此他们制作翻墙软件以邮件等方式传播，供人下载，使他们的网站通过翻墙软件绕开屏蔽，呈现在国人面前。他们攻心的主要对象是中国的青年一代，年轻人社会阅历少，最容易被他们的"自由民主"等价值观念蛊惑。各种反马克思主义的言论在网络出现之前就普遍存在着，但在传统媒体时代，这些言论的传播渠道很有限，传播平台很小，只能构成"小道消息"，因而其社会负面效应比较小；但网络为反马克思主义言论提供了快捷、高效、宽广的传播平台，这些负面信息可以"光天化日之下"点对点、高保真地传到全国各地，使得官方主导网站在与这些反共网站争夺民心的拉锯战中丧失了传统的管控优势。

（二）网络草根舆论冲击着人们对马克思主义主流意识形态的认同

草根舆论主要指的是网民自发的网络舆论，与主流意识形态是人民内部矛盾的关系，但是这些舆论往往与敌对势力的网络颠覆纠缠在一起，使网络意识形态斗争环境变得十分复杂。

网络草根舆论环境差。网络给人们更多的言论自由，在促进社会民主，强化社会监督方面意义重大。但与言论自由相伴而来的则是言论的"贬值"。传统媒体时代，公开传播出去的言论都要经过深思熟虑、精心加工，否则报纸、广播电视等就不会发布出去，而网络时代则不同，每个人都可成广播站，想说就说，想发就发，非常自由，自由的结果必然是言论的"贬值"，任意胡说、不负责任、粗口脏口、编造谎言、情绪发泄就全出来了。从心理学的角度来看，当人处于没人管的环境时，其人性中比较低级、粗俗的东西就容易表现出来，而网络就提供了这样一个虚拟、自由的"没人管"的环境。这使得严肃的、抽象的、促使人向上的马克思主义与网络草根语言环境似乎有一种天然的不相适应性。当社会危机出现后，各种非理智的猜忌、评价往往先成为网上主流声音。

网络草根舆论叛逆性强。网上草根言论逆反心理强，对正统的政治说教往往很反感，轻则冷嘲热讽，重则口诛笔伐、恶语相向，甚至人身攻击，骂其为"党棍"、"党奴"、"五毛党"等；对于马克思主义主流价值宣传往往是调侃的态度而非尊敬的态度，似乎非主流才是网上的主流。中国普通网民，甚至包括很多名人在网上（如：贴吧、论坛、博客、交友网、视频）发言时，对党的事业的质疑、批评的声音往往比较多，肯定、褒扬的声音比较少；负面消息比较多，正面消息比较少；解构主流价值观的言论比较多，建构主流价值观的言论比较少；宣传新自由主义、民主社会主义、新左翼思潮、复古主义等非马克思主义的言论比较多，而宣传科学社会主义的言论比较少，这些都是必须要面对的现实挑战。

网络草根舆论放大社会矛盾。现阶段我国处于发展加快期、改革攻坚期，也是矛盾多发期、稳定敏感期，社会和民生问题积累较多，矛盾和冲突多发易发，整个社会心态比较浮躁，使网络成为各种社会心理和情绪宣泄的主渠道。由于网络是虚拟社会，网民行为不受约束，具有非理性特征，表达对问题的意见和看法时往往情绪化倾向严重。这样一来，一些比较突出的社会矛盾和问题，就有可能迅速成为网上舆论热点，引发大范围的社会关注，扩大和加剧社会矛盾，影响社会稳定。网络不是平面镜，而是放大镜，甚至是哈哈镜，人们非理性以及刻意的网络发泄使社会矛盾冲突的网上暴露往往成几何倍数的放大式暴露，同时网络是个“报忧不报喜”的地方，因此现实社会的“好事”与“坏事”的网上呈现比例往往低于社会现实。这就导致当人们过度依赖网络，透过网络来看社会现实时，更多看到的是扭曲丑化的假象。

（三）马克思主义大众化方式面临的挑战

推进马克思主义大众化包括两方面内容，一方面通过正面宣传扩大马克思主义在群众中的影响力，一方面通过封锁负面信息，减少反马克思主义思想对群众的侵袭。但随着网络的普及，推进两方面工作的主要方式“灌输法”与“删堵封”面临越来越大的挑战。

网络的自由开放对传统马克思主义意识形态输入方式的挑战。灌输方法是一种非常有效的方法，但它的有效性与传统媒体的信息传播方式有着非常密切的关系，传统媒体环境下信息传播方式是由中心向四周的倒金字塔式的层级单向传播结构，信息只能从高层流向低层，所处层级越高对信息就越具有控制权。在传统的大众传播环境下，政府与民众信息等级差的存在是保证意识形态灌输效果的重要条件。但是网络的出现彻底打破了这种信息等级差，“在几乎一切事物都能被数字化、虚拟化和自动化的真正的信息变革时代里，不管你在地球的什么地方，你都会发现，等级制度正遭受来自社会底层的挑战，或者正从自上而下的关系变成更加平等和合作的关系。”[7]当国家不再是信息之源时，当民众享有几乎与政府同等的信息知悉权与表达权时，国家的灌输权就受到挑战，民众会不满足于被“灌输”，而会根据自己的喜好去“觅食”。信息级差的打破与反“被教育”的情绪的高涨是同一个过程，因此，中国社会由信息相对封闭的状态转为完全开放状态的转型阶段是广大民众对国家政府的叛逆性表现最为激烈的时段，这对显性“灌输”法的挑战是空前巨大的。

网络信息难以监控对“删堵封”的挑战。在网络传播手段上，除论坛、翻墙网站外，博客、邮箱、即时聊天工具、社交网、视频网等更是敌对势力进行渗透的重要工具，他们跟论坛、翻墙软件的结合使意识形态渗透更隐蔽，网络监控难度更大，甚至使监控方法完全失效。论坛至少有一道审查，或机器审查或人工即版主审查或二者兼用，就可过滤掉很多不合要求的言论。但邮箱、即时聊天工具等几乎没办法监控。而视频、音频分享网使得文字审查办法完全失去作用，因为计算机很难辨别、抓取音视频内容。因此，网络是无法阻隔的，只要愿意，一切信息皆可通行，审查、屏蔽、封锁等方式对于抵制网上反马克思信息的传播能起到很大作用，但却无法从根本上禁止，甚至还有较大的副作用，如会强化民众的逆反心理、好奇心理，使个性张扬的网民更想了解负面报道，对马克思主义、对党和政府更猜忌、更抵触。

参考文献：

[1] [美]托马斯・弗里德曼/著．何帆，肖莹莹，郝正非/译．世界是平的．长沙：湖南科学技术出版社，2006.39

[2] 毛泽东．关于正确处理人民内部矛盾的问题．毛泽东选集（第5卷）．北京：人民出版社

[3] 胡锦涛．在人民日报社考察工作时的讲话．http://politics.people.com.cn/GB/1024/7408514.html.

[4] 刘云山．在中央文化宣传单位负责同志座谈会的讲话．http://www.ce.cn/culture/zt/zzwl/04/200902/12/t20090212_18186052.shtml.

[5] 周云倩，陈信凌．广电媒体网站评价的比较研究及启示，人大复印报刊资料《新闻与传播》，2010(5)

[6] 江泽民．江泽民文选（第3卷）．北京：人民出版社，1996.83

[7] [美]托马斯・弗里德曼/著．何帆，肖莹莹，郝正非/译．世界是平的．长沙：湖南科学技术出版社，2006.33

当代大学生马克思主义信仰的缺失与重构

司树鹏
(西南大学,重庆,400715)

科学的信仰作为思想意识形态的重要组成部分,表征着人们对未来的美好追求和精神向往,一旦形成就会成为支配人们活动的精神力量和支柱。马克思主义信仰作为一种科学的信仰,是迄今为止人类信仰史上最伟大的信仰。当代大学生作为一个特殊的社会群体,其理想和信念直接关系着我国构建社会主义和谐社会的进程和步伐。胡锦涛同志指出:"一个有远见的民族,总是把目光的关注投向青年;一个有远见的政党,总是把青年看做推动历史发展和社会前进的重要力量。"[1]当前,我国正处于各种体制和制度的转型期,社会存在的转变带来了社会意识的变化,当代大学生在思想意识领域出现了一系列的波动,其中大学生马克思主义信仰缺失是一个日益严峻的问题。及时改变这种现象,对于大学生摒弃不良思想的侵蚀,坚定马克思主义信仰,树立正确的世界观、人生观和价值观,具有重要的理论价值和现实意义。

一、当代大学生马克思主义信仰状况分析

为了深入而全面地分析当代大学生的马克思主义信仰状况,我们沿引了中国社科院青年人文社科中心撰写的"青年学生马克思主义信仰状况调研"的调查报告。这项调查报告表明,当代大学生在对马克思主义的认识上,有 78.8%的学生认为马克思主义"有说服力、没有过时";有 4.8%的学生认为马克思主义已经"没说服力、完全过时了";而有 16.4%的学生感到"说不清楚"[2]。这说明,当代大学生马克思主义信仰的主流是好的,并不存在大范围的信仰危机,但是我们也看到部分大学生对马克思主义信仰出现了模糊、不确定的趋势和状态,而且马克思主义信仰在当代大学生心目中的地位正在逐步削弱和淡漠。

二、当代大学生马克思主义信仰缺失的原因

(一)社会转型时期所带来的一系列矛盾和问题是当代大学生马克思主义信仰缺失的直接原因

我国正处于由计划经济体制向市场经济体制转型的时期,在思想意识形态领域表现为由过去传统的、封闭的、一元的价值取向,向现代的、开放的、多元的价值取向转变。改革开放以来,我国经济发展的速度、广度、深度都达到了前所未有的地步,然而经济的快速发展并没有带来人们在思想意识形态领域的快速转变,从而导致了社会存在和社

会意识的脱节,带来了一系列的矛盾和问题,主要表现在以下几个方面:

1. 社会转型期贫富差距的逐步拉大,社会不公平现象集中显现

改革开放以来,伴随着由计划经济体制向市场经济体制的转轨,国家把经济建设放在优先发展的地位,同时提出“效率优先,兼顾公平”的分配原则。这极大地解放和发展了社会生产力,激发了广大劳动人民的生产积极性,使我国经济取得了举世瞩目的伟大成就,但是也造成了贫富差距的逐步扩大,社会不公平现象的日益严重。这极大地增强了人们对贫富差距的不公平感和对社会现实的失落感,导致部分大学生对马克思主义信仰逐步弱化,甚至导致极少数大学生投入拜金主义、实用主义的怀抱。

2. 部分党员干部贪污腐化现象极大地降低了党和政府在当代大学生心目中的信任度和影响力

改革开放以来,我国在政治、经济、文化等各个层面取得了举世瞩目的成就,人民物质生活和精神生活等方面有了显著的提高。但是,贪污腐败现象在我国的政治、经济、文化各领域不断蔓延,个别党和政府的工作人员因抵制不住金钱、美色等诱惑,走向了违法犯罪的道路。这不但给我国造成了巨大的经济损失,败坏了社会风气,而且给年轻一代,特别是当代大学生的成长和发展造成了恶劣的影响,使得他们对党和政府的信任感有所降低,同时自己的马克思主义信仰也有所动摇。

3. 日愈严峻的大学生就业问题

由于我国正处于社会转型期,经济结构的调整不可避免地带来了越来越多的结构性失业现象,再加上我国高等教育发展过程中的“跳跃式”前进,使得当代大学生的就业形势不容乐观。严峻的就业问题带来了当代大学生对自己未来命运和前途的担忧,导致了他们对党和政府某些决策有所抱怨,折射出我国在教育领域和社会保障等方面的不足。这同样会间接地导致当代大学生马克思主义信仰的不断缺失。

(二)世界经济全球化和世界社会主义运动进入低潮是导致我国当代大学马克思主义信仰缺失的外部因素

第三次科技革命的迅速推进和快速发展带来了世界经济全球化的浪潮。资本主义国家在带给我们先进的科学技术和优秀发展成果的同时,还利用其经济、政治、军事方面的优势来达到控制世界各国的目的,甚至在文化领域对社会主义国家进行渗透,促使社会主义国家逐步抛弃马克思主义信仰,达到其“和平演变”的目的。当代大学生在生理和心理上正处于快速发展但未成熟的状态,他们对新鲜事物具有天然的好奇性和易于接受性。西方资本主义国家抓住当代大学生这一特点和弱点,大肆宣扬资本主义的优越性。另外,随着东欧剧变、苏联解体,世界社会主义运动进入了低潮,部分大学生开始对社会主义及共产主义理想产生了质疑,这些自然会促使其马克思主义信仰的动摇。

(三)我国教育中存在的种种问题和失误是导致当代大学生马克思主义信仰缺失的重要原因

改革开放以来,我国的教育事业有了长足发展,人们的科学文化水平和思想道德素

质有了显著的提高。但是，长期处于应试教育体制下的马克思主义信仰教育也存在一系列的问题和不足，具体体现在以下两个方面：

1. 对马克思主义理论的学科认识或定位不到位

(1)将马克思主义理论视为一种实用型理论。

我国正处于由计划经济体制向市场经济体制的转型时期，市场经济体制自身的弊端也显现了出来，实用主义就是典型代表，再加上我国的教育长期处于应试教育体制下，实用主义在我国教育领域更加盛行。在马克思主义理论课上，学生更注重的是考试纲目中知识点的记忆，对于马克思主义理论的其他知识却不求甚解。同样，高校教师在马克思主义理论的教育中，更多地注重知识点的讲授，却忽视了学生的世界观、人生观、价值观的培养，未能结合学生自身情况，培养学生的社会实践能力。这种不协调的马克主义理论教育理念使得当代大学生马克思主义信仰逐步缺失。

(2)将马克思主义理论视为一种万能型理论。

在我国高等院校的马克思主义教育中，明显存在的一个问题是教育的泛政治化，这直接导致了当代大学生的逆反心理。当代大学生从小就开始接受马克思主义理论教育，过去我们将某些成功经验直接附会到马克思主义的原理中，将之视为攻无不克、战无不胜、放之四海而皆准的绝对真理，这直接导致了马克思主义被神圣化、绝对化。大学生在接受马克思主义理论教育中只能信仰、崇拜、赞赏，不容许有些许怀疑，但是在社会中，大学生不可避免地接触到了一些腐化堕落等丑恶现象，书本上的知识很难对这些负面现象做出合理的解释，教师在遇到这些问题时也避而不谈，绕道而行，从而更加深了学生对马克思主义信仰的淡漠，导致当代部分大学生马克思主义信仰的逐步缺失。

2. 传统马克思主义理论教育中教育形式和教育方法的欠缺

应试教育体制下的马克思主义理论教育的教育形式过于单一，教育方法缺乏创新，致使高校马克思主义理论教育长期处于被动状态。传统的马克思主义理论教育重知识的传授，轻实践能力的提升，重知识的记忆，轻世界观、人生观、价值观的培养，导致教师、教材、学生长期处于分离状态，未能达到有机的统一。教学形式单一，教学内容脱离实际，致使一部分学生对马克思主义理论失去兴趣，逐步放弃了对马克思主义理论的学习，导致了当代大学生马克思主义信仰的逐步缺失。

三、当代大学生马克思主义信仰重建的途径及方法

(一)高校教师是重建当代大学生马克思主义信仰的中坚力量

在全面实施素质教育的今天，当代大学生马克思主义信仰重建的关键在于建设一支高素质、具有坚定的马克思主义信仰的高校教师。邓小平同志指出："一个学校能不能为社会主义建设培养出合格人才，培养出德智体全面发展、有社会主义觉悟有文化的劳动者，关键在于教师。"[3]

高校教师要在社会主义核心价值体系的指导下，引领当代大学生马克思主义信仰的重建。要针对当代部分大学生马克思主义信仰缺失的现状，更加坚定地坚持马克思主义的指导地位不动摇，坚持用发展着的马克思主义指导教育实践，有针对性地对当代

大学生进行马克思主义的世界观、人生观和价值观的教育，给予他们正面的、积极的价值引导，重塑大学生的马克思主义信仰。要不断探索行之有效的马克思主义理论教育方法，不断丰富马克思主义理论教育的形式，提升学生的学习兴趣。要鼓励当代大学生参加有意义的社会实践活动，在社会实践中加深对马克思主义理论知识的理解和把握，做到理论和实践的统一。

（二）大学生自身马克思主义素养的提高对重建当代大学生马克思主义信仰有积极的促进作用

首先，当代大学生要时刻牢记历史使命，充分认识我国国情，认识到我国社会主义初级阶段的复杂性和艰巨性。其次，要认真学习马克思主义理论，以提高自己用马克思主义的观点、方法分析和解决现实中实际问题的能力。再次，要在学习过程中努力把对马克思主义信仰的认识转化为实践的能力，引导自身的行动和实践。最后，要注重自身的全面发展，积极参加社会实践，不仅要学好书本知识，还要不断提升自身世界观、价值观、人生观，做一名德智体全面发展的新时代大学生。

（三）良好的社会环境和社会氛围是重建当代大学生马克思主义信仰的重要的外部条件

首先，在科学发展观的指引下，进一步深化经济体制改革，建立健全社会主义市场经济体制，在分配政策上要更加注重公平，努力缩小贫富差距；其次，要全面进行政治体制改革，加大反腐力度，建立健全社会主义法制，努力构建社会主义和谐社会；再次，要加强和谐校园文化建设，积极探索教育体制改革，使教育逐步去行政化，真正做到教书育人、管理育人、服务育人的“以人为本”的理念；最后，要充分发挥正确的舆论导向作用，要以各种社会传媒为中介，让当代大学生对党和政府的各项政策和措施有充分了解，对大学生所反映的各种问题，要积极面对，采取措施，使之得到合理的解决。

参考文献：

[1] 中共中央、国务院关于进一步加强和改进大学生思想政治教育的意见. 人民日报，2004-10-15

[2] 中国社科院青年人文社科中心. 青年学生马克思主义信仰状况调研. 北京日报，2004-01-24

[3] 邓小平. 在全国教育工作会议上的讲话(1978 年 4 月 22 日)，邓小平文选(第 2 卷). 北京：人民出版社，1994. 108

论当代大学生马克思主义精神的重塑

陈丽萍
（重庆理工大学，重庆，400050）

高校是培养高素质全面发展人才的摇篮，担负着提高全民族整体素质、培养社会主义事业接班人的神圣使命。在当代全球化竞争日益激烈，西方意识形态不断进行渗透，多元文化冲突碰撞愈演愈烈的复杂形势下，高校大学生的思想状况发生了重大转变，呈现多元化的发展趋势。因此，在新形势下，继续加强高校的马克思主义教育，引导青年学生克服种种错误思想，树立科学的世界观、人生观和价值观，重塑当代大学生的马克思主义精神是一个艰巨而紧迫的时代使命。

一、马克思主义精神的内涵

历史实践证明，马克思主义是迄今为止对人类历史进程影响最大的思想体系之一，是推动人类进步的不竭的思想源泉，是推动马克思主义中国化进程的强大思想武器，是社会主义建设事业坚实的理论基础和精神支柱。[1]

虽然，目前学术界尚未对马克思主义精神作出全面明确的定义，但从高校对大学生的培育目标这一视角出发，我认为可以从以下几个方面对马克思主义精神进行界定：

（一）马克思主义精神表现为对马克思主义的坚定信仰

马克思主义是科学的真理，它预测并设计了社会的美好图景和未来，体现了人类崇高的理想，是真理之真与价值之真的统一。正是凭着对马克思主义的坚定信仰，中国共产党才能取得革命和建设事业的伟大成就，才能不断推进改革开放和现代化建设的发展进程。邓小平说过："对马克思主义的信仰，是中国革命胜利的强大精神动力，如果没有对马克思主义的充分信仰，中国革命也搞不成功。""现在我们搞经济建设，仍然要坚持社会主义道路，坚持共产主义的远大理想，年轻一代尤其要懂得这一点。""我们干的是社会主义事业，最终目的是实现共产主义。这一点在我们任何时候都不要忽视。"[2]

（二）马克思主义精神体现在对马克思主义的科学认识和科学态度

实事求是是马克思主义的精髓，是毛泽东思想、邓小平理论、"三个代表"重要思想和科学发展观的根本思想路线，是推进马克思主义中国化进程的指导思想[3]。与时俱进是马克思主义的品质，是马克思主义理论得以在实践中不断丰富和发展的动力。中共历代领导集体正是依靠实事求是、解放思想、与时俱进的思想路线，才能不断推进马克思主义中国化和中国特色社会主义事业的顺利进行，才能不断促进改革开放和全面建设小康社会的向前发展。

（三）马克思主义精神表现为学习与实践马克思主义理论的自觉性和主动性

当代大学生除了认真掌握科学文化知识，更要自觉主动地学习马克思主义的理论知识，深刻领会马列主义、毛泽东思想、邓小平理论、“三个代表”重要思想和科学发展观的理论精髓，不断提升自身的理论水平和思想政治素质。理论学习的同时，青年学生要自觉将所学理论运用于实践工作，要充分运用马克思主义的立场、观点、方法认识问题、解决问题，坚持理论联系实际，不断在实践中检验和发展理论，最终提高理论学习与实践工作的实效性，真正做到学有所用，学有所成。

（四）马克思主义精神指向科学先进的文化观

马克思曾说过：“理论在一个国家的实现程度，总是取决于理论满足这个国家的需要的程度。”[4]马克思主义作为比一般先进文化更为先进的文化，是符合我国革命和建设的发展需要，我们在过去、现在和将来都要坚持和发展。建设中国特色社会主义的特色文化，必须树立起科学先进的马克思主义文化观，要积极地在对传统文化批判继承、对国外优秀文化成果去粗取精的基础上，注入时代基因，顺应历史潮流，不断发展引导人类文明进步的现代先进文化。

二、当代大学生马克思主义精神的基本状况

当代大学生科学文化水平的高低，马克思主义精神素质的好坏直接关系到中国共产党未来的发展，关系到共产主义事业的兴衰。然而，在全球化和社会多元文化的冲击下，当代大学生的思想正发生深刻的变化，呈现出喜忧参半甚至恶化的状况。

（一）当代大学生马克思主义精神的积极方面

培养一批具有坚定马克思主义信仰的社会主义事业合格建设者和可靠接班人，是高等院校的神圣职责，是一项战略性的系统工程。我们党一贯重视发展高等教育，注重青年学生的思想政治教育。高校始终坚持党的思想政治教育这一“生命线”，坚持对学生进行马克思主义理论教育，用马克思主义中国化的最新理论成果武装他们，引导青年学生树立正确的世界观、人生观、价值观，养成良好的行为习惯和品格，最终把他们培养成为坚定的马克思主义者和推动中国社会主义建设前进的积极力量。

（二）当代大学生马克思主义精神的缺陷

在社会多样化发展的趋势中，当代大学生的世界观、人生观和价值观也呈现多元化趋势，甚至出现了严重的思想道德误区，对社会主义事业和特色文化的健康发展产生极大的威胁。

1. 缺乏坚定的马克思主义理想信念和正确的“三观”

现实中，部分大学生缺乏坚定的马克思主义理想信念和正确的“三观”，从个人主义、利己主义、金钱主义出发，对为人民服务的事业和观念嗤之以鼻，甚至不惜背信弃义以

换取个人利益。

2. 马克思主义“过时论”与“无用论”的泛滥

马克思主义是一个科学的、具体的、不断发展的思想体系，是在任何时候都不会过时的。然而，当代大学生中仍有不少人无法弄清什么是真正的马克思主义，没有认清马克思主义的发展规律，不能科学地认识和对待马克思主义，而是简单地对马克思主义基本原理持怀疑态度，将马克思主义等同于没有价值、不合实际的教条主义。

3.“思想政治理论课”学习缺乏积极性，理论学习观念淡化

“思想政治理论课”教学是党中央推进马克思主义在当代中国的理论创新，加强和改进大学生思想政治教育的重要举措。尽管许多高校都对思想政治理论的教学和改革非常重视，但是收效并不理想。当代青年学生没有真正意识到学习的目的性，缺乏学习动力和积极性；局限于课堂和教材学习，对社会动态、时政新闻漠不关心；学习与实践相脱节，不能学以致用，甚至犯了教条主义、本本主义的错误。

4. 缺乏先进科学的文化观念

当代青年学生缺乏先进科学的文化观念，在文化观念上出现两个极端：一方面，许多学生抛弃了我们历史上引以为傲的传统文化和传统道德，出现了文化选择的西化、俗化，传统道德情感没落、茫然等现象；另一方面，部分学生由于对历史认知的偏差，对外来一切事物采取极端仇视和盲目排斥的态度，特别是在中日历史问题上，一些学生抱以极端的复仇心理，缺乏“以史为鉴，面向未来”的长远眼光和宽广胸襟。

5. 高校大学生党员队伍素质的弱化

大学生党员是青年中的先进分子，他们的思想道德素质和能力素质对共产主义事业的未来起着关键作用。然而，当代大学生党员队伍的素质呈现出弱化的趋势，有的学生党员入党前后表现不一，忽视理论学习，思想懈怠；工作缺乏积极性和干劲，没有发挥先锋模范作用；以自我为中心，缺乏奉献精神；有的甚至是从利己主义出发，将入党当做实现自我功利目的的跳板。

三、重塑当代大学生马克思主义精神的对策与建议

马克思主义中国化是一项长远而艰巨的伟大事业，只有在一代又一代人的承前启后、继承创新中才能不断向前推进。现实中，当代青年大学生马克思主义精神逐渐弱化这一问题已暴露无遗，且有日益恶化之势。可见，重塑当代大学生的马克思主义精神已迫在眉睫，势在必行。

(一)坚持马克思主义理论指导地位，积极发展健康的多元文化

“马克思主义是我们立党立国的根本指导思想，是全国各族人民团结奋斗的理论基础。”[5]在社会多元化发展的背景下，高校的思想政治教育首先必须坚持马克思主义理论的指导地位，牢固树立马克思主义的精神信仰。

首先，高校必须充分利用各种思想文化阵地，形成马克思主义的学术氛围，有目的有针对性地开展马克思主义信仰教育，大力宣传马克思主义中国化的理论成果，引导学生形成科学的世界观、人生观、价值观。

其次，让教育者首先接受教育。高校的政治理论课教师队伍肩负着马克思主义教学的艰巨任务，必须不断提高自身的马克思主义理论水平和教学水平，要善于从学生现实需要和特点出发，努力提高教育教学的时效性和针对性。

最后，高校应加强文化教育引导，帮助学生正确认识传统与现代、中国与西方的辩证关系，自觉形成良好的文化取向和审美情趣；要肃清校园内的落后腐朽文化，积极发展丰富、健康、多元的社团文化，积极营造良好的文化环境，帮助学生提高自身的文化修养和理想情操。

（二）大力推进高校思想政治理论课的改革和发展，积极引导“四有”青年的培养

在理论建设上，必须坚持实事求是、与时俱进的理论品格，不断丰富马克思主义理论教育的时代内容，特别是要引进西方马克思主义理论的比较教育，完善教学内容的理论体系，推进马克思主义的理论创新和学科建设。

在实践上，高校要坚持以马克思主义理论为指导，组织学生学好马克思主义，要注重从多方面着手，加强对学生的思想政治教育。

首先，要善于观察学生的思想变化和心理特点，因时制宜，因人而异，以理服人，以情感人，提高思想宣传工作的说服力和针对性，始终保证学生正确的思想动向。

其次，引进先进的教育技术，改进教育方式和方法。教师要注重通过增加课堂的教学互动，采用研究与讨论、案例分析、调查研究、模拟教学等形式来丰富教学内容，激发学生的学习热情和动力。

再次，要突出理想信念教育、形势政策教育和就业辅导的地位，引导学生深刻领悟马克思主义的发展规律和远大前景，辩证地分析历史与现实、中国与世界的关系，转变传统的就业观和人才观，使学生牢固树立为共产主义事业而奋斗不止的崇高理想。

最后，要坚持党团的宏观指导，广泛开展主题教育活动和各种党团活动，鼓励、引导政治理论类学生社团的发展，坚持学生党员建设工作和思想政治教育工作的两手抓，牢固把握马克思主义教育的思想阵地，努力把学生培养成为“四有”青年。

（三）整合各种资源，优化社会环境，为把青年学生培养成为坚定的马克思主义者创造良好的环境

首先，政府要加强对市场的宏观调控，引导市场道德观念、法纪观念、价值观念、人文关怀等观念的形成，弥补市场机制的不足，遏制市场经济中极端个人主义、功利主义等错误思想趋势。

其次，学校和社会要充分利用网络开展思想政治教育，加强网络舆论的互动、因势利导；注重网络引导，形成自律与他律的良好局面；健全网络的法制机制，引导学生分清善恶美丑，形成自觉、健康的价值追求和行为规范。

再次，高校要按照先进文化要求建设高品位的校园文化，以道德教育为基础，以素质教育为宗旨，提高学生的综合素质；以人为本，从细微之处体现思想政治教育的人文关怀，激发学生的人文精神，加强学生对国家、集体和社会的责任感和道德感；肃清校园风气，遏制商业、低俗风气的蔓延，重建严谨治学的良好学风。

最后，高校应该建立与家庭教育的合作互助模式，双管齐下，引导家庭教育方式的转变，注重家庭情感教育与学校教育相结合，为学生的健康成长提供温馨的教育氛围。

(四)引导大学生的自我重塑，自觉树立正确的世界观、人生观和价值观

加强对当代大学生的马克思主义教育，不但要充分发挥学校教育和社会环境的影响作用，更要从学生自身因素寻找突破口。

首先，要从学生自身的需要和特点出发，增强马克思主义理论教学的时代感和针对性，进而激发学生的学习热情和需求意识。

其次，要刺激青年学生的学习需求，提高学生的需要层次，充分发挥内在作用，积极主动地学习马克思主义理论，提升自身的思想政治素质和理想道德情操。

再次，要及时关注学生的思想问题，及时给予心理健康知识的教育和心理咨询辅导，引导他们形成正确的自我认识，自觉地调试心理障碍，纠正错误思想，树立起马克思主义的正确价值观、道德观和人生观。

最后，要引导学生形成正确的就业观和人才观，克服狭隘的知识观和价值观，注重思想道德素质与专业素质的共同进步，自觉投身到祖国需要的地方去，树立起正确的世界观、人生观、价值观，实现人的自由全面发展。

总之，加强对当代青年学生的马克思主义理论教育，既要与时俱进，不断促进理论的继承创新，又要理论联系实际，推动实践与理论的辩证发展；既需要政府、社会、家庭和学校的齐抓共管，密切配合，也需要从学生的内因出发，自省自律，激发学习需求；既要以国家方针政策为宏观指导，也要从高校的实际出发，具体实施思想政治教育工作。可见，重塑当代大学生的马克思主义精神是一项意义深远而任务艰巨的战略工程，高校的马克思主义理论教育工作任重而道远。

参考文献：

[1] 俞可平，李慎明，王伟光. 马克思主义研究丛论(第1辑). 北京：中央编译局，2005. 46

[2] 邓小平. 邓小平文选(第3卷). 北京：人民出版社，1993. 110-116

[3] 黄蓉生. 马克思主义理论与思想政治教育研究. 重庆：西南师范大学出版社，2004. 23

[4] 华东师范大学法政学院. 马克思主义理论教育创新研究. 上海：学林出版社，2003. 60-61

[5] 何继龄. 马克思主义中国化问题研究. 北京：中国社会科学出版社，2006. 25

从历史进步和历史代价的双重维度看中国的改革开放

赵华飞
（西南大学，重庆，400715）

改革开放三十年来，中国在经济建设、政治制度建设、文化建设和社会建设等多个方面取得了巨大的成就。自20世纪70年代末以来，我国政府实行的改革开放政策是我国谋求发展道路最成功的举措，这是举世公认的。但是，三十年的改革开放之路是在摸索中前进的发展道路，因而在取得巨大成就的同时，不可避免地要以付出巨大的历史代价作为其条件。这种认识并不是要否定改革开放三十年以来所取得的巨大成就，而是主张对在改革开放中所造成的历史代价进行深刻的认识与反思，它对我国未来的发展是有重要理论和现实意义的。

一、历史发展中的历史进步、历史代价

改革开放三十年以来，中国社会的方方面面发生了很大的变化，如经济的持续快速增长，物质财富的急剧增加，综合国力的日益增强，人民生活水平的普遍提高，科技文化的巨大进步，教育事业、慈善事业和社会保障事业的进一步发展与完善等等，都是改革开放三十年以来所取得的辉煌成就。这些巨大成就推动了中国社会的文明进步，使中国融入了世界的主流文明，并确定了有中国特色的发展道路。但是，三十年的改革开放之路是一条在摸索中的发展道路，在取得巨大发展成果的同时，不可避免地要付出巨大的发展代价作为其条件和基础，这是我们应该重视并加以深刻认识和反思的。

需要指出的是，并非只是中国三十年的改革开放所取得的辉煌成就是以巨大的历史代价作为交换条件的。马克思主义历史代价论与历史进步论告诉我们，历史的发展与文明进步总是伴随着一定的历史代价，这是任何国家、民族和地区以及任何社会形态在谋求自身发展的同时都不可能避免的。“历史代价是与历史进步直接相关的一个概念，表征的是人类为实现自身历史的发展与进步而做出的牺牲和付出，是人类为达到自身的发展目标而承担的消极后果。”[1]历史代价的产生是人类文明进步过程中必然发生的历史现象，是不可避免的，只要人类还在向前发展，就必须以一定的历史代价作为交换条件。恩格斯在《致尼古拉·弗兰策维奇·丹尼尔》的信中曾指出：“历史可以说是所有女神中最残酷的一个，她不仅在战争中，而且在‘和平’的经济发展时期中，都是在堆积如山的尸体上驰驱她的凯旋车。”[2]

人类在谋求自身进步的同时，必须牺牲和支付一定的历史代价作为其条件，这是人类历史发展的必然，也是我们必须认识的人类历史发展规律。历史进步与历史代价在人类历史发展过程中是辩证统一的，两者都是不可离开对方而独自存在的。人类历史的每个发展阶段，都没有逃脱这对矛盾共同支配的命运，传统的农耕社会是这样，现代的工业社会也是这样。传统的农耕社会由于其社会生产力水平的低下，对人类自身、社会和自然环境等方面的破坏力度很小，而它所支付的历史代价也就很小。在现代大工业生产的社会条件下，由于其高速发展的社会生产力和急剧变革的社会关系，对人类自身、社会和自然环境等方面的破坏力度极大，其社会发展不再拘泥于地区和民族的界限，而是把整个世界都纳入了它的范围，它对人类自身、社会和自然环境等方面的破坏也超出了民族和地区的界限，延伸至整个人类世界。

由现代化进程所推动的人类社会的巨大进步，是以牺牲巨大的历史代价作为其基础和条件的。我们可以清楚地看到，在社会财富急剧增加和人民生活水平普遍提高的背后，人们面临着巨大的生存压力和生存危机，其具体表现为：人的畸形发展，人与自我的疏离，人与他人之间关系的冷淡，人性的缺失，形而上的迷失，信仰的缺乏，道德的普遍滑坡，拜金主义和享乐主义的盛行，地区之间发展的不平衡，霸权主义和强权政治的普遍存在，局部战争和民族纠纷的从不间断，资源的匮乏和日益紧张，环境污染的日益严重，生态的普遍失衡，水土流失和土地沙化日趋严重等等，这些表明这个时代发展的历史代价正威胁着人类的生存。而生存压力和生存危机的出现，表征着人类在文明进程中所必须支付和牺牲的历史代价，是现代化进程中必然出现的、不可避免的历史现象。但是，在现代化进程中，人们是可以在一定程度上减少和降低如此惨重的历史代价，这就是人类自身发展必须要遵守的“人——自然——社会”的和谐发展规律。遗憾的是，资本主义的现代化进程并未探索出这条规律，而是以经济危机和资源浪费与殖民掠夺和战争的姿态出现，它极大地破坏了社会生产力，肆意践踏了人与自然、社会固有的平衡，在一定意义上增加了它的历史代价。同样的，在经济全球化发展的今天，我们应该携起手来共同解决由现代化进程所带来的巨大历史代价及诸多关乎人类生存命运的迫切问题，寻求更加适合人类社会自身生存与发展的途径和道路。

二、现代化与中国改革开放的历史代价

西方社会所开辟的现代化进程对整个世界和人类社会发展都产生了不同程度的影响，它的积极成果推动了全人类社会的文明进步，尤其是推动了落后的民族和地区的跨越式的文明和进步。中国近代和现当代的发展，也同样被拖入世界现代化进程的滚滚洪流之中，它既受到世界现代化进程的文明成果的积极推动和快速发展，又成为西方资本主义殖民掠夺和践踏破坏的对象。二战后，新中国的成立为中国的发展赢得了机遇和动力，为中国的发展创造了良好的环境，在经济、政治和文化建设等方面取得了很大的成就。但是，这样良好的发展态势并不长久，中国的发展道路还未探索出来，就遭到了“左倾”思潮和长达十年之久的“文化大革命”的干扰而中断。“文化大革命”结束后，在党

的十一届三中全会以及以后的多次重要会议中，确定了党在新时期的发展道路和发展方向，最重要的举措是把改革开放作为中国的一项基本国策。同时，改革开放三十年以来的实践也已经证明，它给中国带来了翻天覆地的变化，这是中国政府非常成功的重大举措。

中国的改革开放是世界现代化进程中的一个重要组成部分，它虽然比西方欧美各国的现代化进程相对较晚，但它不仅以保持高速度的经济增长而令世人羡慕和称赞，而且以中国社会方方面面的巨大变革而受到世人的普遍关注。同时，一定要指出的一点是，中国的改革开放对西方的资本主义现代化进程进行了深入的思考，尤其是对西方的资本主义现代化进程中所带来的消极后果进行了深刻的反思，并提出了一些有利于中国进行改革、建设和发展的深刻思想和科学理论，与西方资本主义数百年的现代化过程所支付的历史代价相比，已经大大降低了。但是，与经济同时崛起的西方欧美各国相比，改革开放所带来的历史代价又相对比较大。那么，我国改革开放三十年的辉煌成就所带来的历史代价主要体现在哪些方面呢？

从人自身的发展、社会发展和自然环境等方面来看，中国改革开放过程中所产生的历史代价主要体现在：信仰缺乏和道德滑坡、社会不公和资源环境代价等。信仰缺乏和道德滑坡代价主要表现为：物欲的膨胀、享乐主义和拜金主义盛行、理想主义和虚无主义盛行、信仰的缺乏、极端的个人主义、爱国主义和民族意识淡薄等。社会不公代价主要体现为：两极分化严重、地区之间发展不平衡等。资源环境代价主要体现为：环境污染现象日益严重、自然资源的匮乏、生态失衡现象严重、水土流失日益严重、土地沙化、耕地资源紧张等。改革开放三十年所造成的历史代价及其所带来的诸多问题，日益威胁着人们的生存和生活，已经成为中国必须解决的问题。因此，我们必须对改革开放三十年以来中国所支付的历史代价作出深刻认识与反思。

三、反思改革开放的历史代价对中国未来发展的意义

既然历史的进步总是伴随着一定历史代价的，而改革开放三十年以来所取得的巨大成就，同样也伴随着一定的历史代价。对改革开放三十年来的历史代价进行深刻反思与认识不仅是必要的，而且对中国未来的发展具有重要的理论和现实意义。

虽然改革开放所带来的历史代价是历史性的生成，但这同我国生产力的变革与生产关系的滞后、经济基础的改革与上层建筑的落后的矛盾是完全分不开的。中国生产力的变革和经济基础的改革并不是自发的，而是被迫的。中国要发展，必须首先解放生产力和发展生产力，变革落后的生产关系，以及改革一切落后的经济基础和上层建筑。改革开放三十年的经验告诉我们：生产力水平发展的背后，生产关系的变革没有跟上；经济基础改革的背后，上层建筑的变革没有跟上；经济的巨大发展与法制体制和政治制度发展的不健全相背离，社会财富的巨大增加与人们观念的落后并存等等。这些现象的必然结果是导致社会诸多问题的产生和历史代价的生成。

虽然，改革开放三十年来所取得的巨大历史进步带来了一定的历史代价，但我们决

不能放弃改革开放。改革开放三十年的成功经验告诉我们:改革开放是我们唯一的强国之路和发展之路。我们党在制定改革开放的路线、方针和政策中,对可能出现的历史代价问题进行过深入的探讨,并对已经由经济发展所带来的历史代价问题进行了具体的分析、全面的总结和深入的思考。邓小平同志曾指出:“要坚持两手抓,一手抓改革开放,一手抓各种犯罪活动。打击各种犯罪活动,扫除各种丑恶现象,手不得软。”[3]“三个代表”重要思想和科学发展观的提出,以及党的历届会议和报告都对历史代价问题进行了合理的解答。同时,理论界也对这个问题进行过深入的探讨,并提出了十分有价值的解决方案。随着经验的不断积累与总结、科学技术的进一步发展和理论探讨的深入,人们一定能寻求一条更加适合解决中国改革开放以来的历史代价问题的合理途径和新的发展道路,这无疑对中国未来的发展具有重大的理论和现实意义。

参考文献:

[1] 林艳梅.恩格斯的历史代价思想.江汉论坛,2003(11)

[2] 马克思,恩格斯.恩格斯致尼古拉·弗兰策维奇·丹尼尔.马克思恩格斯全集(第39卷).北京:人民出版社,1962.40

[3] 邓小平.邓小平文选(第3卷).北京:人民出版社,1993.378

延安时期党的学习活动对马克思主义学习型政党建设的价值反思

杜和军
（西南大学，重庆，400715）

党的十七届四中全会审议通过的《中共中央关于加强和改进新形势下党的建设若干重大问题的决定》中指出：世界在变化，形势在发展，中国特色社会主义实践在深入，不断学习、善于学习、努力掌握和运用一切科学的新思想、新知识、新经验是党走在时代前列，引领中国发展进步的决定性因素[1]。必须按照科学理论武装、具有世界眼光、善于把握规律、富有创新精神的要求，把建设马克思主义学习型政党作为重大而紧迫的战略任务抓紧抓好。建设学习型政党，社会实践是学习型政党建设的终极目标，创新是学习型政党建设的不竭动力，学习型领导班子是学习型政党建设的重要内容，学习型党组织是学习型政党建设的主体。

一、社会实践是学习型政党建设的终极目标

十七届四中全会通过的决定指出：要建设马克思主义学习型政党，应号召广大党员同志以马克思列宁主义、毛泽东思想、中国特色社会主义理论体系为指导，深入贯彻落实科学发展观，继续解放思想，坚持改革开放，推动科学发展，促进社会和谐。“没有革命的理论，就没有革命的行动。”当今时代，科技迅猛发展，在和平与发展成为时代主题的情况下，面对着机遇与挑战，各国的执政党都在不断调整自身的执政方式和政策路线以适应不断变化的新形势，中国共产党作为拥有7000多万党员的世界上最大的执政党，面对当今世界日新月异的快速变化，更应该寻求能够紧跟时代的科学理论，来作为自己的行动指南，同时更要坚持和不断发展马克思主义，用马克思主义的最新成果来武装党。理论学习的最终目的是为了社会实践，离开了社会实际，理论的学习就会失去其目的性，变为空中楼阁。同样，离开理论指导的实践，将导致盲目性。

在延安时期的学习活动中，党中央非常重视理论学习与社会实践的关系。[2]1941年8月1日，中央发出了《中央关于调查研究的决定》，针对党内当时主观主义、形式主义的作风仍然未被消灭，大多数党内同志及领导干部对这一错误并未能深刻认识，而且主观主义和形式主义给党的革命事业带来巨大的损失这一现实状况，党中央果断号召广大党员从加强共产党员党性的高度，本着实事求是、理论联系实际的态度，去开展调查研究历史、周围的环境，国内外、省内外、县内外的具体情况。这次调查研究活动的开展规

模是空前的。1941 年 7 月 7 日，中央发出了《关于设立调查研究局的通知》，公布了调查研究局的组织机构和各级领导人，毛泽东为调查研究局主任，任弼时为副主任，下设情报部、政治研究室、党务研究室等机构，由党的领袖来负责调查研究工作，当时党中央的重视程度可见一斑。这次调查研究之风的兴起，极大地扭转了党的风气，使党的领导干部以及广大党员摆脱了那种纸上空谈，不注意联系实际，与中国社会实践相脱离的恶习，从而调动了广大党员学习的积极性、主动性，从而有助于用科学的、辩证的马克思主义方法来看待问题，为党的学习活动确立了实事求是的思想作风。

二、创新是学习型政党建设的不竭动力

我们党之所以能够在长期艰苦的环境中带领广大人民群众不断取得重大的突破，一个很重要的原因是我们党是一个具有创新意识的党，敢于打破教条、偏见的束缚，实事求是，理论与实践相结合。建设马克思主义学习型政党，就要号召广大党员开展学习活动。活动开展的好坏，最重要的决定因素就是活动的策划与安排，这里面就包括学习活动开展的对象、方式、内容、效果评价等等，可以说，延安学习活动的开展为我党建设学习型政党树立了一个很好的榜样。延安的学习活动开展，不是一蹴而就的，它是党在遵义会议以后，针对党内仍然存在的主观主义、教条主义的残余，尤其是党的高级领导干部思想不统一，对“左倾”机会主义认识不深刻，仍然执行其错误的指导思想，而且时时危害着党的领导和革命事业的发展而展开的。这次学习活动的首要目标就是清除党的高级领导干部头脑中的主观主义思想。

早在六届六中全会上，毛泽东同志就提出要在全党开展一场学习的竞赛。1938 年 12 月 13 日，中央组织部召开延安党政军机关及群众团体检查工作的干部会议，毛泽东在会上指出，加紧学习，学习马克思列宁主义、革命运动以及中国的历史，从中央委员会机关干部研究较深的理论直至各机关人员学习文化为止。这里不仅涵盖了学习的内容，而且也包括了学习的对象及学习的方式(根据实际情况不同由浅入深)。学习活动的开展最重要的是要有一个领导机构去有计划地推动实施，当时的党中央很重视学习领导工作的开展，1939 年 2 月成立了干部教育部，由张闻天任部长，李维汉任副部长，领导全党的马克思主义学习，其中最重要的是在职干部的学习。毛泽东同志提出了“挤”和“钻”的方法，工作忙就要挤时间，看不懂就要钻进去，可以说这种不怕吃苦的奋斗精神为我们树立了榜样。针对广大党员文化水平参差不一的实际，党的学习领导机构认真分析，提出了不同的学习内容。1940 年 1 月，中央发出《关于干部学习的指示》[3]，指出要按照由浅入深、由中国到外国的原则分为高中低三种不同的学习课程，对不同文化水平的干部提出的学习要求也不一样，尤其是文化较低的干部改为扫盲为主，这样才能够真正提高广大党员干部的理论素质，为马克思主义理论的学习打下基础。经过一年的学习，广大党员干部都反响强烈，许多老同志的理论水平有很大提高，学习的积极性也有很大的提高，能够自觉地发现自身存在的不足。由此可见，党的创新体现在各个方面，包括学习方法的创新、学习制度的创新以及学习内容的创新等。关键是要打破传统观念的束缚，能够以实际为基础，不拘泥于形式，才能真正实现学习目的。

三、学习型领导班子是学习型政党建设的重要内容

江泽民同志曾经说过:“领导班子的建设是整个干部队伍建设的重点。”学习型政党的建设离不开党的组织和领导,学习型政党建设的好坏关键在于党自身的重视程度,其中最重要的就是广大党员领导干部作用的发挥程度。党的十七届四中全会指出,建设学习型政党需要党员领导干部作真学真懂真信真用的表率,着力提高理论素养和解决实际问题的能力。大力弘扬理论联系实际的学风,引导党员、干部把学习理论同研究解决人民最关心最直接最现实的利益问题、本地区本部门改革发展稳定的重大问题、党的建设突出问题结合起来,增强工作的原则性、系统性、预见性、创造性。建设学习型领导班子,包括三个方面的重要内容:领导班子对学习的重视程度、领导班子自身的学习力建设、领导班子的集体智慧的发挥。

延安时期的学习活动,党中央面对党内存在的主观主义、教条主义的危害,果断提出通过整风学习来清除这些毒害,首先就是要在党的高级干部中进行整风学习。1941年9月,政治局扩大会议讨论通过了《关于高级学习组的决定》[4],指出成立高级学习组的目的是为了提高党内高级干部的理论水平和政治水平,包括中央、各中央局、中央分局、区党委、省委委员等,同时规定了理论与实践相统一的学习方法,第一期为半年,研究马恩列斯的思想方法论与我党二十年历史两个题目,然后再研究马恩列斯与中国革命的其他方面,以达克服错误思想(主观主义与形式主义)之目的。当时的党中央特别重视高级领导干部学习,毛泽东同志在政治局“九月会议”之后,花费了很大的精力与时间对各地的高级学习小组进行指导。对于中央学习组,他强调重点要放在中共党史的学习上面,要求将六大以来的83个文件通读一遍,进一步明确自身的思想认识。在他的精心安排下,各地高级学习组的学习有条不紊地开展起来,为全党的学习活动奠定了思想基础。按照学习型组织理论,学习力包括学习动力、学习毅力、学习能力三个基本要素。在延安时期的学习活动中,当时的党中央组织的高级学习小组活动已经包含了这三方面的因素:1941年中共中央出台了《中央关于延安在职干部学习的决定》(同时适用于各地)[5]要求广大在职干部要以本职业务学习为主,以课外学习辅助之,强调不能够脱离实际工作,同时要求广大在职干部广泛开展调查研究,研究自身的工作材料。决定中特别强调由于党的在职干部中部分党员文化水平较低,学习理论具有一定的困难,所以学习要靠自己的努力与奋斗,党员应该养成艰苦奋斗的学习习惯。

四、学习型党组织是学习型政党建设的主体

党的基层组织是党执政的基础,是党全部工作和战斗力的基础,是落实党的路线方针政策和各项工作任务的战斗堡垒。我们要加强党的执政能力建设,建设学习型政党,离不开对党的基层组织的建设。

通过对延安时期学习活动的考察,我们可以从中发现党当时已经形成了一整套科学的具有实效性的党组织学习模式。1941年5月19日,毛泽东在延安干部会议上作了《改造我们的学习》的报告[6],号召全党将学习方法和学习制度改造一下,广大的党员应

该确立实事求是的学风，理论联系实际，要去研究中国的历史，摆脱主观主义与教条主义的态度，树立真正的马克思主义的科学态度，这样就为学习活动的开展指明了方向。1942 年 4 月 3 日，中宣部作出了《关于在延安讨论中央决定及毛泽东同志整顿三风报告的决定》[7]，这个决定是经毛泽东修改，中央会议讨论通过的，历史上称为“四三决定”。该决定对各部门负责学习活动的领导同志、学习的计划、内容及考试办法等给予了详细规定。由于延安是中共中央所在地，中央直属机关、中央军委以及大批的学校与群众团体都聚集在这里，所以这里的学习运动更具有典型性。陕甘宁边区建设厅是整风学习搞得比较好的单位。1942 年 4 月 14 日，建设厅召集临时会议，讨论中宣部的“四三决定”，同时规定最近三个月的中心任务是学习整风文件，在学习中进行个别的自我检查。会议还规定每星期集体办公时检查各单位学习的进度；每星期各单位集体讨论一次；每一文件要做到深思熟虑，做阅读笔记；三个月后，要进行严格考试。5 月 19 日，建设厅召开各局科级以上干部讨论会，讨论的中心问题是反对主观主义的七个整风文件，会议开了三天，平均每人发言在七次以上。最后会议做出决定：“讨论内容由各单位负责人向本单位同志传达；由建设厅召集各单位低级组全体人员作反对主观主义的报告；各单位交换学习心得，选出最好的和比较好的，进行比较；实行奖惩制度等。”通过对陕甘宁边区建设厅学习活动的考察，我们可以看出党组织在学习活动中发挥着领导核心作用，而且有效的学习活动体现了集体的智慧，形成了浓厚的学习氛围，通过集体讨论调动了党员学习的积极性，在实际中查找问题，不断进行分析与研究，敢于开展批评与自我批评，形成工作思路，然后积极地执行。这是一套科学的学习体制，而且通过奖惩制度不断激励每个党员积极学习，形成了良性循环的竞争机制，这些都是值得我们深思的。

参考文献：

[1] 中共中央关于加强和改进新形势下党的建设若干重大问题的决定.人民日报，2009-9-28

[2] 高新民，张树军.延安整风实录.杭州：浙江人民出版社，2000

[3] 中共中央文件选集(第 12 册).北京：中共中央党校出版社，1991.227

[4] 中共中央文件选集(第 13 册).北京：中共中央党校出版社，1991.205

[5] 中共中央文件选集(第 13 册).北京：中共中央党校出版社，1991.240

[6] 毛泽东.毛泽东选集(第 3 卷).北京：人民出版社，1991.795～803

[7] 中共中央文件选集(第 13 卷).北京：中共中央党校出版社，1991.363

中国特色社会主义共同理想在社会主义核心价值体系中的地位和作用

严春蓉
(西南大学,重庆,400715)

中国特色社会主义共同理想是在中国共产党的领导下,走中国特色社会主义道路,把我国建设成为富强、民主、文明、和谐的社会主义现代化国家。中国特色社会主义共同理想是社会主义核心价值体系的重要组成部分,是社会主义核心价值体系的主题,是全国各族人民共同奋斗的思想基础和精神支柱。探讨中国特色社会主义共同理想在社会主义核心价值体系中的地位和作用,既可以在社会主义现代化建设中更好地发挥社会主义核心价值体系的精神力量,为中国特色社会主义共同理想的实现提供智力支持和精神保障,也可以使社会主义核心价值体系在社会主义建设中得到更广泛的认可和传播。

一、中国特色社会主义共同理想的民族独特性

实现共产主义是我们党在建党时期就确立的远大理想,它在每一个历史阶段都有自己的具体奋斗目标。中国特色社会主义共同理想是我党基于社会主义初级阶段的基本矛盾,在总结国内外社会主义改革建设的历史经验教训基础上提出来的。它是马克思主义基本原理同我国的具体国情、民情、实情相结合的产物,体现中国自身发展规律,带有民族独特性,是科学社会主义在我国的本质体现。

其一,中国特色社会主义共同理想的确立有其独特的社会土壤。中国特色社会主义共同理想是中国广大人民群众在中国共产党的领导下,战胜帝国主义、建立新中国、改造社会主义、加强经济建设、促进社会和谐发展的进程中逐渐形成、发展、最终坚定的理想信念。在经济全球化、政治多极化、文化多元化的趋势下,在总结历史经验教训,特别是苏联、东欧社会主义模式失败的教训的基础上,我们党和人民坚持走中国特色社会主义道路,把我国建设成为富强、民主、文明、和谐的社会主义现代化国家。其二,中国特色社会主义共同理想不同于资本主义社会的共同理想。严格意义上讲,资本主义国家没有共同理想。社会共同理想必须反映全社会绝大多数人的利益。如果说资本主义社会有共同理想,其共同理想也是为了实现少数人的富裕,实现少数人的利益。相反,我国是社会主义国家,是广大人民群众当家作主的人民民主专政的国家,政权掌握在广大无产阶级手中。我国的方针政策的制定者和执行者是代表最广大人民群众根本利益的中国共产党。中国特色社会主义共同理想以广大人民群众的根本利益为出发点,最终实

现共同富裕。其三,中国特色社会主义共同理想不同于其他社会主义国家的共同理想。对于"什么是社会主义,怎样建设社会主义",伟大的设计师邓小平提出:"把马克思主义的普遍原理和我国的具体实际结合起来,走自己的路,建设有中国特色的社会主义。"[1]苏联解体和东欧剧变的最主要原因就是其没有结合自身实际搞建设。中国在社会主义建设中总结苏联社会主义建设模式的教训,勇敢地探索出适合自己国情的发展道路。其四,广阔的包容性和强烈的批判继承性。在中国特色社会主义建设的过程中,我国大胆地借鉴相同社会性质的社会主义国家建设的先进经验,吸取他们建设发展中的教训,也吸收不同社会意识形态国家的先进科学技术和优秀的文明成果。其五,中国特色社会主义共同理想坚持四项基本原则绝不动摇。四项基本原则是立国之本,也是实现共同理想的根本。

二、中国特色社会主义共同理想是社会主义核心价值体系的主题

"社会主义核心价值体系作为一个有机整体,必然有自己的主题。所谓主题,就是这个体系中各项内容都围绕着它展开的主轴或主线。中国特色社会主义共同理想正是这样一个主题。"[2]中国特色社会主义共同理想不仅是社会主义核心价值体系的主要内容,而且是社会主义核心价值体系的主轴。社会主义核心价值体系的各项内容都围绕着中国特色社会主义共同理想这一主轴或主线而展开。

首先,中国特色社会主义共同理想具有承担"主轴或主线"任务的可能性。在社会主义核心价值体系中,马克思主义指导思想是灵魂,以爱国主义为核心的民族精神和以改革创新为核心的时代精神是精髓,社会主义荣辱观是基础,它们三者都是社会意识形态的表现,是高度凝练的精神理论。无论是马克思主义指导思想还是民族精神和时代精神,还是社会主义荣辱观,作为社会主义核心价值体系的主题,都是以精神解释精神,以高度的意识形态来诠释意识形态,以理论来指导理论,只有服务于社会主义现代化建设,才具有存在的现实价值和实践意义。在现阶段,建设中国特色社会主义是我们全社会的共同理想。中国特色社会主义共同理想既是一种理想信念,更是实践活动。它是理论性与实践性、理想主义与现实主义的统一。因此,建设社会主义核心价值体系,应该用中国特色社会主义共同理想来统一思想、鼓舞人心、凝聚力量。

其次,中国特色社会主义共同理想的现实价值体现了其成为社会主义核心价值体系主题的必然性。中国特色社会主义共同理想,代表了最广大人民群众的根本利益。只有走中国特色社会主义道路,才能完成社会主义初级阶段的历史任务。它调和了不同社会阶层之间的矛盾,把个人理想的实现寓于共同理想的实现之中。发展经济,满足人民群众日益增长的物质需求;建立民主,巩固政治文明建设成果;建设文明,提高人民精神文化修养;构建和谐,促进社会发展。中国特色社会主义共同理想通过其自身在社会主义核心价值体系中的地位,整合了社会主义核心价值体系的强大精神动力和思想素质,调动了社会各阶层人民群众的积极性和创造性,励精图治,艰苦奋斗,提高了经济发展水平,增强了综合国力,并逐步实现民族复兴,国家富强,人民幸福,为世界的和平与发展贡献力量,承担起一个大国应该有的责任。

最后,中国特色社会主义共同理想体现了社会主义核心价值体系的方向。理想是

一个政党治国理政的旗帜，是一个民族繁荣富强的向导。有了共同的理想，就有了共同的追求；有了共同的追求，才有统一的行动。理想信念是社会主义核心价值体系的目标和方向，是社会主义和谐文化的支柱和动力。共同的理想和信念，是引导全国人民共同奋斗的思想基础。中国特色社会主义的共同理想和信念，指明了当代中国的社会发展方向和目标，即坚持党的领导，坚持改革开放，坚持四项基本原则，为解放生产力、发展生产力、实现共同富裕，为社会主义现代化建设提供智力支持和力量保证。市场经济和西方社会思潮带来的负面影响正冲击着我们国家的主流意识形态，文化多元化也带来了价值观念上享乐主义、拜金主义的取向。社会主义核心价值体系则可以结合社会主义现代化建设的实践，通过理想信念教育的形式，引领社会思潮，使社会主义的核心价值观念深入人心，把全民族的力量凝聚起来，最终实现共同理想。

三、中国特色社会主义共同理想在社会主义核心价值体系中的作用

中国特色社会主义共同理想在社会主义核心价值体系中的作用，是由中国特色社会主义共同理想在社会主义核心价值体系中的地位决定的，具体表现为以下两个方面：

第一，中国特色社会主义共同理想是社会主义核心价值体系理想信念的具体体现，提高了社会主义核心价值体系的系统整合力和引导力。任何一个核心价值体系都有自己的理想、自己的信念，当理想与信念结合在一起时，就会产生极大的整合力。“社会主义核心价值体系是一个融指导思想与行为规范、理论与实际运用、历史与现实为一体的有机整体，具有广泛的包容性和适用性，也具有强大的整合力和引领力，而作为其中有机组成部分的中国特色社会主义共同理想更从价值目标和理想追求的层次突出了这种功能。”[3]走中国特色社会主义道路，建设现代化的社会主义国家是全中国人民的一致选择和根本愿望。通过共同理想信念教育，更能将分散的个体力量整合起来，将个人理想与社会理想融合起来，形成共同的思想认识和价值观念，进一步加强社会主义核心价值体系的强大整合力和凝聚力。共同理想可以通过把各党派、各团体、各阶层、各民族团结和凝聚起来，走中国特色社会主义道路，实现民族的独立、国家的富强和人民的幸福。有了共同理想，共同的价值认同，人民群众更能自觉地把自己的个人理想的实现与共同理想建设统一起来，通过社会主义核心价值体系建设，提高劳动人民的政治觉悟性和思想道德素质，使之在认识世界、改造世界的过程中以马克思主义基本思想为指导，坚持马克思主义基本立场、观点和方法，在社会主义建设中发挥爱国主义和改革创新精神，坚持中国特色社会主义建设的方向。

第二，中国特色的社会主义共同理想在社会主义核心价值体系中起到了中介联结作用。一定的社会意识形态，是一定的经济基础和一定政治基础的产物，充分反映了那个时代的要求，并为那个时代服务。社会主义核心价值体系是中国特色社会主义建设的产物，不能离开这个实践而独立存在。在理论与实践相统一的过程中，中国特色社会主义共同理想联结了马克思主义指导思想、以爱国主义为核心的民族精神和以改革创新为核心的时代精神以及社会主义荣辱观三大内容，使社会主义核心价值体系更加系统化、科学化。首先，如果马克思主义指导思想离开了中国特色社会主义建设这个实践基础，其灵魂作用也毫无意义，脱离社会的高深理论迟早会被人民束之高阁，被社会所

遗弃。其次，如果以爱国主义为核心的民族精神和以改革创新为核心的时代精神离开了中国特色社会主义建设，也就失去了社会主义性质，失去了奋斗的目标，失去了时代的特色；我国是社会主义国家，爱国主义就离不开社会主义制度这个现实，改革创新也是在社会主义建设中突破传统，创新发展。最后，社会主义荣辱观更是针对中国特色社会主义建设这个最大的国情提出来的。同样，中国特色社会主义共同理想也不能离开社会主义核心价值体系其他三个方面单独存在。在社会主义核心价值体系中，这四个方面相辅相成、缺一不可，其灵魂、主要内容和基础在一定程度上更体现为思想理念、精神意识、价值取向，某种程度上就是为实现共同理想服务的。实现中国特色社会主义共同理想是中国人民在社会主义现代化建设过程中的共同价值追求和实践目标。在这里，中国特色社会主义共同理想就起到了连接社会主义核心价值体系与中国特色社会主义建设的基础作用，是社会主义核心价值体系的现实基础和落脚点，是社会主义核心价值体系的一条主线，同马克思主义指导思想一样是社会主义核心价值体系的最高层次。

参考文献：

[1] 邓小平．邓小平文选(第3卷)．北京：人民出版社，1993.3
[2] 刘建军．中国特色社会主义共同理想是社会主义核心价值体系的主题．高校理论战线，2007(4)
[3] 陈先宝．以共同理想教育为基点建设社会主义核心价值体系．中共山西省委党校学报，2008(6)

基于科学发展观的我国低碳经济政策研究

费珊珊
（重庆大学，重庆，400043）

冰川融化、海平面上升、生态系统退化、自然灾害频发等大量事实表明，全球气候变暖的后果将触及粮食、水资源、能源、生态以及公共安全，甚至直接威胁到人类的生存和发展。

气候剧烈变化和人类生存环境的恶化催生了低碳经济理念[1]。庄贵阳认为，发展低碳经济的目的是减缓气候变化和促进人类社会经济的可持续发展，其核心是能源技术创新和制度创新，即依靠技术创新和政策激励措施，建立一种较少温室气体排放的可持续经济发展模式[2]。因此，以科学发展观为指导，建立一套适合我国国情的促使国民经济又快又好发展的低碳经济政策成为当务之急。

一、我国当前的低碳经济政策

在国家层面上，我国陆续出台了一系列政策推动低碳经济的发展。

为节约能源、优化能源结构、转变经济发展方式，保护和改善生活环境与生态环境，我国先后颁布了《环境保护法》《可再生能源法》《可再生能源中长期发展规划》《气候变化国家评估报告》《中国应对气候变化国家方案》《国家环境保护"十一五"规划》和《节能减排综合性工作方案》《单位 GDP 能耗考核体系实施方案》《循环经济促进法》《应对气候变化的政策与行动》等。这些政策、法规对保障和推动低碳经济的发展发挥了重要作用。

但从总体上看，我国现在还没有建立起系统的低碳经济政策和适应我国国情的低碳经济发展的激励机制、市场手段、法律保障等，这对我国低碳经济发展是极为不利的。基于此，本文依据科学发展观的要求，提出了发展我国低碳经济的几个基本原则和政策需求。

二、发展低碳经济的几个基本原则

（一）实践发展原则

马克思主义哲学是科学的世界观和方法论。马克思主义认为，实践是全部人与自然、人与世界、人与个人关系的基础。随着社会形态的不断演进，人类对于人与自然和社会的关系的认识也不断深化：人类对自然界的过度开发，导致耕地减少、水土流失、粮食和能源短缺、环境污染等，甚至威胁到公共安全和人类的生存。人们在反思的过程中，提出了可持续发展的理念，并把发展低碳经济作为既能解决发展又能实现人与自然和谐的最主要的经济模式。人类之所以最终提出低碳经济这种经济模式，是因为“凡是把理论导致神秘主义的神秘东西，都能在人的实践中以及对这个实践的理解中得到合理的解决”。[3]

相对于信息经济、知识经济等，低碳经济也是人类社会发展到一定阶段的必然产物，人们对于这种全新的经济模式总体来看了解还不够多，理解也不够深。而马克思主义实践观认为，实践是认识的来源，是认识发展的根本动力，是检验认识正确与否的唯一标准。因而，我们也必须从实践中来认识低碳经济的发展规律。列宁明确指出实践的观点应该是认识论的首要的基本的观点，提出了“实践高于认识，因为实践不仅有普遍性的优点，并且有直接的现实性的优点”[4]的著名论断，论述了实践基础上认识的辩证运动和发展。

作为一种全新的经济模式，低碳经济在我国的发展历史更为短暂。受到教育水平、发展阶段、经济发展程度等各种基本国情的影响，我国对于低碳经济的认识还处在初级阶段，还没有建立起适应其发展的政策保障、法制环境等。因此我们“要使马克思列宁主义的理论和中国革命的实际运动结合起来，是为着解决中国革命的理论问题和策略问题而去从它找立场，找观点，找方法的”。[5]

我国还处在社会主义初级阶段，人口多，底子薄，正处于工业化、城市化进程中，在未来的一段时间内，对于能源的需求是巨大的。如何平衡能源需求和低碳经济发展是一个重要课题，能否解决好这个问题，也将直接关系到低碳经济在我国发展的前景。另一方面，作为低碳经济的代表，新能源的价格往往要高于传统能源，远远超出了居民、企业的消费能力。如果不考虑实际的消费能力，盲目地发展新能源，也不利于低碳经济在我国的发展。同时，在我国的有些地方如内蒙古地区，不顾自身条件的限制，盲目地发展风能产业，造成设备的大量闲置和资金的巨大浪费。因此，必须依据我国的基本国情，在科学发展观的指导下发展低碳经济，制定低碳经济政策。科学发展观是从发展的实践中得出的科学认识，是马克思主义中国化的最新理论成果。胡锦涛在党的十七大报告中指出：“科学发展观，是立足社会主义初级阶段基本国情，总结我国发展实践，借鉴国外发展经验，适应新的发展要求提出来的。”我国低碳经济发展必须一要立足自身，二要立足国情。立足自身就是中国低碳经济发展的立足点在于依靠自身的实践发展和理论进步，立足于中国低碳经济发展的实践与认识，不断总结这些实践和认识的内在规律，结合中国具体的国情，吸收外国的成功经验，不断开拓和探索中国特色低碳经济发展的新道路。

（二）全面协调可持续发展原则

全面协调可持续发展是科学发展观的基本要求，是建立在马克思主义实践自然观的基础上，超越传统自然观而提出的，是与时俱进的马克思主义发展观，也是我国发展经济和制定低碳经济政策的基本原则。

我们认为，低碳经济的全面发展是指根据马克思主义的人的全面发展和社会全面进步理论，立足于我国基本国情和生产力发展水平，从社会的整体、国家的全局出发认识和处理低碳经济发展问题，以人为本，实现人与自然、人与社会、人与人的和谐，促进人的全面发展和社会的全面进步。低碳经济作为面向生态平衡、资源节约、气候改善和社会发展的目标追求，将为实现发展与生态的均衡提供可能的选择手段。发展低碳经济，制定低碳经济政策，必须避免单一的决策思维，必须是促使经济、政治、文化、生态环境等全面协调、多元目标整合的发展。全面的低碳经济发展，必将使我国在经济建设、政治建设、文化建设、社会建设、生态环境建设上获得长足进步。

发展低碳经济，制定低碳经济政策所遵循的协调发展的基本原则就是要求在全面建设小康社会和实现社会主义现代化建设的伟大实践中，坚持生产发展、生活富裕、生态良好的文明发展道路，坚持建设资源节约型、环境友好型社会，坚持低碳经济政策工具的多样化和相互协调，最终实现经济发展的速度、社会发展的程度、自然生态保护的力度之间的协调，使人民在良好生态环境中生产生活，实现经济社会永续发展。

科学发展观认为："可持续发展，就是要促进人与自然的和谐，实现经济发展和人口、资源、环境相协调，坚持走生产发展、生活富裕、生态良好的文明发展道路，保证一代接一代地永续发展。"[6]低碳经济的可持续发展原则，就是指以实现经济、社会和环境的协调发展和生态的可持续为目标，最终实现人类的可持续全面发展。

发展低碳经济和制定低碳经济政策所遵循的全面、协调、可持续发展的各个原则之间是相互联系、相互作用的。全面的低碳经济发展战略必将推进生产力和生产关系、经济基础和上层建筑相协调，促使经济、政治、文化和社会的各个环节、各个方面相协调。而协调发展也是实现全面和可持续发展的有效途径。同时，只有坚持低碳经济可持续发展，才能最终实现社会的全面发展和协调发展。

（三）公众参与原则

发展低碳经济的目的是为了在发展和环境保护方面取得平衡。人们享有发展的权利，也享有环境的权利。环境权作为一种新型的人权，反映了新的社会价值观和生态理念。低碳经济源于实现环境友好型社会的可持续发展的理念。低碳经济中的公众参与原则是指在发展低碳经济的过程中必须依靠社会公众的广泛参与，公众有权参与解决发展低碳经济的决策过程，并对国家、单位、个人与生态环境有关的行为进行监督。公众参与能有效弥补市场调节和国家干预的不足。

低碳经济与中国目前开展的能源节约和环境保护努力是一致的，是科学发展观、建设资源节约型环境友好型社会、经济增长方式转型等重大战略和政策的延伸和扩展。

三、我国低碳经济发展的政策路径

发展低碳经济，完善低碳政策，不仅要成为政府关注的事情，更要成为政府的责任和行为。

（一）制定低碳经济政策必须与我国的具体国情相结合

我国经济经过几十年的高速增长，经济总量已经处于世界第二位，但人均国民生产总值水平仍然较低，掌握的核心技术还不多，经济结构不尽合理，还处在世界经济链的末端。因此，在当代中国，低碳经济发展必须融入“经济建设”这个中心里，制定低碳经济政策也必须贯彻“发展才是硬道理”的基本思想。在发展阶段上，我国与西方发达国家存在着明显的差距：当西方发达国家全面迈入信息化社会并向更高阶段发展的时候，我国正经历着工业化和城市化快速发展的阶段。城市人口数量的增长、消费需求的增加、消费结构的转变以及基础设施的大量建设，使得我国对于能源的需求出现了爆炸式增长：1990 年中国能源消费总量为 9.9 亿吨标准煤，到 2007 年达到 26.5 亿吨标准煤[7]。在发展模式上，我国还处在世界工业产业链的低端，对能源和资源的依赖程度较高。中国经济发展仍然呈现粗放式的特点，以粗放型为主的增长方式仍然没有根本改变，单位国民生产总值能耗和主要产品能耗均远远高于世界主要能源消费国家的平均水平。在能源结构上，中国的煤炭储量占全世界的 13%，而石油和天然气储量只占全世界的 1%，国内能源需求的 2/3 需要由煤炭来满足，水力、风能、太阳能、生物质能等可再生清洁能源的比重还很低。我国的这种能源结构，决定了中国以煤为主的能源生产和消费格局将长期存在。在经济结构上，钢铁、建材、电解铝、铁合金、电石、焦炭、煤炭等高耗能高污染行业在国民经济中占着较大的比重，造纸、酒精、味精、柠檬酸等落后生产能力行业依然大量存在。

按照目前的经济发展模式，我国的可持续发展将难以为继。一方面，环境恶化和能源短缺将是我国今后发展的最大的瓶颈；另一方面，我国二氧化碳排放的快速增长趋势与减少温室气体排放、遏制全球气候变暖、保护人类生存环境的目标形成越来越尖锐的矛盾，我国面临着越来越大的国际政治压力。

因此，根据我国的发展水平、经济产业结构和能源资源结构等，必须制定一套既符合我国基本国情又适应世界经济发展趋势的低碳经济产业政策，发展低碳能源技术，推进技术创新，转变经济发展模式和社会消费模式，积极发展核电、风电、太阳能、地热、生物质能等新能源，走一条具有中国特色的低碳经济发展之路。同时，我国的能源结构决定了发展低碳经济更多地应把目光放在节能减排上，而不是盲目地跟随西方发达国家，不切实际地发展低碳经济。

（二）制定低碳经济政策必须与市场激励约束机制相结合

政府应通过市场调节的手段构建低碳政策激励约束机制，对低碳创新行为给予各种可能的政策支持和法律保障，抑制创新主体过渡滥用资源和破坏环境的欲望，加大对企业在资源环境使用上的低碳制约和对资源环境保护的低碳法律责任，进而形成良性的激励约束机制。

市场化机制有利于资源的合理配置和使用效率的提高，能有效提高企业自主参与的积极性。在发展低碳经济过程中，应更多地发挥市场的作用，设立碳税、建立碳排放权交易市场，促进低碳经济发展。碳税政策与我国目前的依靠投资和外需为主的经济增长转为以内需为主的经济增长的政策是完全一致的；碳交易是由政府决定一个全社会碳排放总量，把二氧化碳排放权作为一种商品，由各经济活动体进行二氧化碳排放权的交易。与碳税相比，实施碳交易政策制定者无需掌握所有经济活动个体的信息就可将碳排放控制在社会最优水平。

建立和完善以市场调控为主、行政方法为辅的碳排放宏观调控体系，探索低碳经济的生产机制、生态补偿机制、矿产资源有偿使用机制、强制退出的退出机制和财税政策的激励机制，完善低碳发展的技术成果转化体系，搭建低碳发展的技术服务平台。按照污染者负担原则和污染综合控制原则，明确污染主体，提高污费征收标准，并在污染总量上进行综合控制。黄海认为，发展低碳经济，应安排低碳经济发展专项基金，加快低碳经济立法进程，建立和完善低碳经济的指标体系、监测体系和环境影响评价制度，加大对高碳经济发展的制约力度。[8]

（三）制定低碳经济政策必须与有效推动低碳创新相结合

低碳经济的核心是低碳技术创新和制度创新。

从国外一些国家发展低碳经济的实际经验来看，制定低碳经济政策首先必须能够推动低碳科技创新。英国是世界上第一个为温室气体减排目标立法的国家，也是全球率先推出并开征气候变化税的国家；德国政府积极调整产业结构，建设示范低碳发电站，加大资助发展清洁煤技术、收集并存储碳分子技术等研究项目，以找到大幅度减少碳排放的有效方法；日本政府恢复对家庭购买太阳能发电设备提供补助的制度，并对碳捕捉及封存技术给予大力支持。其次，依据基本国情和低碳经济实际发展情况，我国的低碳创新政策应包括低碳创新决策机制、环境影响评价机制、低碳创新实施机制、低碳创新监督手段、污染综合控制和过程控制体系等。[9]

（四）制定低碳经济政策必须符合综合决策的要求

低碳经济综合决策是我国经济实现可持续发展的一个重要因素，有利于资源的优化配置，降低发展成本。制定低碳经济综合决策，必须依据我国的基本国情和各地的不同发展情况，在充分调查的基础上，遵循生态规律和自然规律，遵守经济、社会与环境协调发展以及可持续发展的原则，统筹兼顾，民主决策，综合治理，达到同步规划、同步实施、同步发展的目的，最终实现经济效益、社会效益和环境效益的最佳综合。实现低碳经济的综合决策，必须建立健全的环境政策体系、环境法规体系，环境资源管理制度体系和完善的法律保障机制，以实现综合决策的规范化、制度化、法制化。

（五）制定低碳经济政策必须有助于提高公众的低碳参与意识

发展低碳经济，保护环境，实现人与自然的和谐是一项伟大的工程，必须按照科学发展观的要求统筹兼顾，充分发挥人的主观能动性和实践性。低碳经济政策的制定要有利于低碳创新意识和生态环境保护意识的培养，有助于提高社会大众保护和改善环境的积极性，有助于全社会力量的参与。要通过各种形式社会宣传，把低碳、环保、生态、和谐、可持续发展等观念形成一种低碳文化渗透到人们的生活中，在全社会形成一种强烈的低碳意识和价值观。

结　语

低碳经济的发展模式，为实现人与自然的和谐和落实科学发展观、建立资源节约型环境友好型的社会的综合实践提供了一种现实可能。制定低碳经济政策必须依据我国的基本国情和西方发达国家的发展状况综合考虑，有所为有所不为。

全球向低碳经济转型已是大势所趋。与成功的改革开放战略相一致，我国的选择只能是融入世界经济发展浪潮，走低碳经济发展道路，通过发展低碳经济，践行科学发展，实现国民经济的持续健康发展。

参考文献：

[1] UK Government. Energy White Paper, Our Energy Future: Creating a Low Carbon Economy [R]. 2003

[2] 庄贵阳. 中国经济低碳发展的途径与潜力分析. 国际技术经济研究，2005，(3)

[3] 马克思，恩格斯. 马克思恩格斯选集(第 1 卷). 北京：人民出版社，1995. 60

[4] 列宁．哲学笔记. 北京：人民出版社，1974. 310

[5] 毛泽东. 毛泽东选集(第 3 卷). 北京：人民出版社，1991. 801

[6] 胡锦涛．在中央人口资源环境工作座谈会上的讲话. 十六大以来重要文献选编(上). 2004. 850

[7] 庄贵阳，储诚山等．低碳经济选择与践行科学发展. 中外能源，2009(14)

[8] 黄海．发达国家发展低碳经济政策的导向及启示. 环境经济，2009(71)

[9] 陆小成，刘立．基于科学发展观的区域低碳创新系统架构分析与实现机制．中国科技论坛，2009(6)

完善中国特色政党制度的法律思考

王　娟
（重庆市委党校，重庆，400041）

中国的政党制度既不同于西方国家的两党制或多党制，也有别于一些国家实行的一党制，是中国共产党领导的多党合作和政治协商制度。它是一项具有中国特色的民主制度，是马克思主义政党理论与中国实际相结合的产物，集中体现了我国社会主义政治制度的特点和优势。它不仅具有强大的利益表达功能，而且具有强大的利益协调功能，是推进社会主义民主的重要制度保障。随着社会主义民主的发展和法制的健全，迫切需要从法律的角度对完善中国特色政党制度进行研究。

一、中国政党制度已具有坚实的法律和政策基础

一项完整的政党制度，必须有一套规范政党及其地位、作用和政治行为的法律制度框架体系。中国共产党领导的多党合作和政治协商制度正是以宪法和法律的形式固定下来，明确了共产党和各民主党派在国家政治生活中的地位。随着改革的不断深入，作为民主制度的重要组成部分，中国共产党领导的多党合作和政治协商制度也在不断发展完善，逐渐形成了以宪法、法律与其他规范相互支撑、相互补充的法律、政策体系。

（一）中国共产党领导的多党合作和政治协商制度的宪法依据

宪法是国家的根本大法，具有"宪法至上"的最高法律效力，以宪法条文的形式对共产党领导的多党合作制度予以确认，从根本上赋予了这项制度的权威性。《中华人民共和国宪法》序言中，明确规定了"中国共产党领导的多党合作和政治协商制度将长期存在和发展"，同时也规定了各政党和社会团体都必须以宪法为根本的活动准则。

在实践中，中国共产党领导的多党合作和政治协商制度的宪法依据经历了逐步发展的过程。54宪法、78宪法和82宪法都强调了中国各民主党派是统一战线的重要组成部分，82宪法还第一次使用了"各政党"的重要提法，强调了各政党"都必须以宪法为根本活动准则，并负有维护宪法尊严、保护宪法实施的职责"。"这些规定是多党合作制度法律化的重要成果，并为多党合作制的宪法化打下了一定的基础。"[1]"九三修宪"中增加了"中国共产党领导的多党合作和政治协商制度将长期存在和发展"这一内容，并沿用至今。这一内容的增加即明确将中国共产党领导的多党合作和政治协商制度写进了宪法，开创了我国政党制度宪法化的新阶段。

（二）中国共产党领导的多党合作和政治协商制度的政策性依据

中国共产党作为执政党，其政策对于整个国家活动都起着指导作用，中共中央的文件对于国家政治生活具有重要的指导意义。因此，党的文件作为规范体系的一部分，其中有很多关于中国共产党领导的多党合作和政治协商制度的阐述。

1989年，中共中央颁布了《关于坚持和完善中国共产党领导的多党合作和政治协商制度的意见》，首次以中央文件的形式宣布："我国实行的中国共产党领导的多党合作和政治协商制度是符合中国国情的社会主义政党制度。"明确规定了中国共产党的执政地位和民主党派在我国政党体系中的参政党地位，并且规定了参政的基本内容和发挥民主监督作用的总原则。2005年2月颁布了《中共中央关于进一步加强中国共产党领导的多党合作和政治协商制度建设的意见》，其中，进一步表述了民主党派作为参政党的性质，并且提出把政治协商纳入决策程序。

（三）中国共产党领导的多党合作和政治协商制度的其他规范性依据

中国人民政治协商会议作为中国共产党领导的多党合作和政治协商制度的重要机构，其章程也是我国政党制度的重要依据。1982年12月修改的人民政协章程规定，政协全国委员会和各级地方委员会的主要职能是政治协商和民主监督。1994年3月修订政协章程时，对其职能又增添了参政议政的表述："中国人民政治协商会议全国委员会和地方委员会的主要职能是政治协商、民主监督、参政议政。"

此外，中国共产党领导的多党合作和政治协商制度的规范性依据，还有《中国的政党制度》白皮书。2007年11月15日，国务院新闻办发布的《中国的政党制度》白皮书，是第一次向世界全面介绍中国政党制度的重要文件。它全面阐述了中国共产党领导的多党合作和政治协商制度在我国基本政治制度框架体系中的地位和作用，指出这一制度"真实反映了我国多党合作制度从政治策略向政治制度发展的趋向和方向，反映了我国政党制度规范化和程序化的发展路向"。[2]

二、中国政党制度在法律上仍有待完善

中国共产党领导的多党合作和政治协商制度是在我国新民主主义革命和社会主义革命和建设的历史进程中发展起来的，它是我国具体历史条件下的产物。但是，"我国多党合作制度建设，特别是法制化建设过程中还不可避免地存在一些问题和不足，需要进行认真的总结，并从理论上回答实践中提出的新问题"。[3]

（一）中国政党制度的宪法依据仅限于原则性

我国政党制度形成了以宪法、法律与其他规范性依据相互支撑、相互补充的体系，但是在法律构架上仍不完善，首先表现在其宪法依据上。宪法对中国共产党领导的多党合作和政治协商制度的确认仅仅限于原则性规定，"中国共产党领导的多党合作和政治协商制度将长期存在和发展"。这样概括性的表述仅仅明确了中国共产党的领导地

位，以及肯定了各政党的合法性存在，而对各政党在国家政治生活中的地位、权利和义务、活动方式和内部组织结构均未做出具体规定。相比较而言，为促进政党政治的发展，世界上许多国家在宪法中对政党的合法存在、组织原则和活动范围作有较为具体的规定，如法国、意大利、德国等。虽然也有一些政党政治比较发达的国家在宪法中没有有关政党组织及活动的任何规定，如美国、英国、加拿大，但是这些国家隶属英美法系，通常根据不成文的、具有宪法内容实质的习惯法来活动，它们形成的是长期植根于其政治文明和政治生活的"宪法惯例"，实质上是具有宪法效力的。作为大陆法系的国家，显然这种依靠惯例来约束政党制度的行为对我国是不适用的。参考对政党活动在宪法中有明确规定的国家，我国宪法对政党制度的规定还是相对薄弱的。仅仅明确规定中国共产党在中国政党制度中的领导地位，而并没有中国共产党作为执政党以及各民主党派作为参政党的表述，对于一项完整的政党制度而言，这无疑是宪法层面上的一个缺憾。

（二）中国政党制度过多依靠中央政策的形式来规范

中国政党制度在法律架构上仍不完善的另一个方面，就是对中国政党制度的规范过多依靠政策，而并不是法律。首先，依靠政策来规范政党制度，不适应客观形势发展的需要。中国共产党作为领导的党、执政的党，其政策对国家的政治生活有重要的规范作用，这一点是毋庸置疑的。从上文中不难发现，中共中央不乏对于中国共产党领导的多党合作和政治协商制度的政策性规定，这些规定对于其具体形式和内容等方面也相对明确，而且适用范围也相对广泛。但是，政策相对于法律而言，适用范围相对较小，更重要的是缺乏法律效力、约束力，党的思想和主张经法定程序上升为国家意志和国家行为，才对全体国民具有约束力。尤其是在民主法治不断推进的今天，过多地依靠政策而不是法律来规范政党制度显然不符合客观形势的发展。其次，对中国政党制度进行规范的政策本身仍不完善。目前在相关文件中对共产党作为执政党的执政程序、执政途径以及参政党的参政内容、程序、参政方式和途径都无明确规定。对于多党合作，也没有完整系统的规定，尤其是多党合作的内容、形式的规定仅仅限于原则；对于政治协商，也只规定了"中国人民政治协商会议是有广泛代表性的统一战线组织"，对政协履行职能的方式、程序缺乏法律性的规定。因此，中国政党制度法律架构上需要增加相关法律依据，使政党在国家政治生活中的地位、参与国家政治生活途径和方式明确化。

（三）中国政党制度的保障性法律规范不健全

再完美的制度架构，如果不付诸实践也将是一纸空谈。中国政党制度已经具备了相对较为完备的基础和独特的优越性，但是并未辅之以保障性的规范来确保政党制度在法律框架下有效地运行，使得在实际操作中没有被彻底地贯彻实施，其优越性也未得到充分发挥。首先，各政党法律地位未得到充分保障。中国共产党是执政党，各民主党派是参政党，中国共产党和各民主党派是亲密友党，这是中国政党制度的重要内容。一方面，党作为领导的党和执政的党，其地位和作用的发挥在实际操作中容易混淆。"党作为执政的党，要通过把自己的主张经过法定程序，变为国家意志，来实现对国家的政治领导。"[4]另一方面，民主党派作为参政党的地位由于缺乏保障容易不被足够重视。"我国宪法并无执政党和参政党的法律理念和规定，对参政党用的仍是‘民主党派’这一历史称谓，实际上就产生了执政党和参政党在宪法层面上法律地位的缺失，使我们无法在宪法层面确定执政党和参政党相应的政治、法律地位。”[5]各政党法律地位的保障不明确，直接影响各政党的运作。其次，我们的政党制度更多的是只看到了执政党的作用，而在参政党作用的发挥问题上并没有充分发挥它的价值。“一些地方的工作还存在不足，有的对新时期民主党派的性质和地位缺乏正确认识，有的不能充分发挥民主党派的作用，有的不注意解决民主党派工作和生活中的实际问题。”[6]这些现象都是当前民主党派作用未能充分发挥的表现，同时也是由于缺乏相应保障性法律规范造成的，这就迫切要求建立健全相应的配套措施，使多党合作和民主协商制度进一步规范化、制度化、法律化。总之，保证中国政党制度贯彻实施的程序性规范的缺失，保障监督的法律不充分，以及政党违反宪法和法律后的矫正及制裁方法的缺失，这些保障性法律法规的不健全直接导致了实际操作中中国政党制度的作用没有得到最大限度的发挥。

三、完善中国政党制度的法律思考

基于中国特色政党制度所存在的问题，我们需要在立足国情和坚持原则的基础上对多党合作和政治协商制度进行进一步完善。同时，完善我国的政党制度也是适应时代发展和世界政党制度发展的需要。当今世界不少国家都在积极推进政党制度的法律化，对政党组织及其活动加强规制和监督。“这种政党问题法律化的现象表明，当代宪法和法律所面向的政治领域和效力范围正向政党政治方向发展，制度化和法律化将是当代政党政治及其制度发展的一个重要方向。”[7]

（一）充实宪法，完善中国政党制度的宪法依据

“第二次世界大战以来，顺应政治民主化、制度化、规范化的时代要求，许多国家开始重视政党立法，试图通过宪法或其他法律来规范政党地位与政党行为。”[8]我国在政党制度立法的进程中，首先要做的便是充实和规范宪法在政党制度规定方面的条文。宪法对于政党制度的规定实质是确定政党在国家政治生活中的地位，规范政党与公共权力机关之间、政党之间的关系，规定政党如何执掌、参与国家政权，实现政治目标等问题。因此，充实我国宪法需要在坚持中国共产党的领导和执政、允许政党合法存在的基础上，增加对中国各政党地位、组织原则和活动范围的规定。包括在我国宪法中明确规定中国共产党与民主党派之间执政与参政的地位和关系、各民主党派之间互相合作与互相监督的关系以及执政党和参政党各自的权利和义务。同时还有必要规定共产党对各民主党派的领导方式、执政党和参政党在多党合作和政治协商中的活动准则和活动范围等。充实中国政党制度的宪法依据，对于理顺党法关系，维护宪法的权威，建设中国特色社会主义政治文明，具有重要的现实意义和深远的历史意义。

（二）加强立法，增加中国政党制度的法律依据

适应新世纪新阶段形势的需要，按照党的领导、人民当家作主和依法治国相统一的

根本原则，制定有关中国政党制度的专项法律，将执政党和参政党的权利和义务纳入法制的轨道。“据不完全统计，目前世界上至少有 62 个国家曾经制定过《政党法》，对政党进行比较详细的规定”[9]，其中德国的政党法最为典型和完备。但是，因为我国的国家性质决定了我国不能搞西方多党竞争的模式。笔者所指的制定有关中国政党制度的法律并非西方部分国家当前所存在的政党法，我们需要出台的是中国共产党领导的多党合作和政治协商制度的具体操作性法律，包括执政党的执政内容、执政方式，参政党参政议政的内容、途径和方式等，以更好地落实宪法中对于我国政党制度的原则性规定。这不仅有利于稳固执政党的地位，有利于参政党的依法参政，加大参政党的效能，也是对社会主义政治文明和政党文明的一种呼应。辅之以若干的实行规则，包括制定政党组建、参政、选举程序法，明确在法律中规定政党的组建、政党的活动范围和活动方式、政党的经费来源及其使用，政党违反宪法和法律后的矫正和制裁。对宪法的原则规定进行具体化，把实行多年的惯例上升为法律制度，从宪政制度上保证和发挥中国共产党的核心作用，使中国的政党制度有法可依。同时，这也是随着社会关系的不断复杂化，各民主党派寻求依靠法律来保证其地位和活动的要求。

（三）营造环境，保障中国政党制度的依法运行

中国政党制度有着其独特的优越性，但由于没有被彻底地贯彻实施，导致了其效能没有得到最充分的发挥。要保证中国政党制度彻底地贯彻实施，必须通过法律途径增强对中国政党制度的执行力。首先，增加对中国政党制度规范的程序性规定，用明确的程序规定保障中国政党制度的依法运行。主要包括：首先，以法律规范的形式明确规定中国共产党作为执政党的执政程序，民主党派作为参政党的参政程序，政治协商会议政治协商、民主监督和参政议政的程序等。其次，完善对政党制度监督的相关法律条款，以监督权保障中国政党制度的执行力。加强监督最根本的是最高权力机关全国人民代表大会的监督。一方面，监督各政党是否都“以宪法为根本活动准则”，另一方面监督执政党是否“依法执政”以及参政党是否发挥其参政议政和民主监督的作用。同时，充分发挥社会监督的作用，增强民众对中国政党制度的认识及执行意识，关注共产党作为执政党地位的同时，也要关注各民主党派作为参政党的地位。再次，建立对政党违反宪法和法律后的矫正、处罚体制，增强中国政党制度的权威性。主要是坚持党的领导与科学执政、民主执政和依法执政的前提下，充分发挥各民主党派的作用。提高民主党派在参政议政、民主监督上的制度化和规范化水平是整个法制建设的一部分，把民主党派参政议政、民主监督的组织制度和运行程序纳入法律轨道，并在已有的法律框架内严格贯彻。一方面，保证民主党派参政议政的法律化。关键是要为民主党派参政议政提供法律平台，并用法律的形式固定各民主党派政治参与的范围，拓宽参政议政的渠道。另一方面，推进民主党派民主监督的法律化。通过国家意志将民主党派的民主监督职能规范化，使之落到实处。

参考文献:

[1] 王邦佐等.中国政党制度的社会生态分析.上海:上海人民出版社,2000.151

[2] 武汉社会主义学院课题组.多党合作:从制度规范到法律规范的新跨越.湖北省社会主义学院学报,2010(2)

[3] 陈立.关于我国多党合作法制化建设的若干问题探析.广州社会主义学院学报,2010(1)

[4] 张文正.党的领导概论.北京:中共中央党校出版社,1999.42

[5] 武汉社会主义学院课题组.多党合作:从制度规范到法律规范的新跨越.湖北省社会主义学院学报,2010(2)

[6] 十五大以来重要文献选编(中).北京:人民出版社,2001.1498

[7] 李湘刚.论政党的宪法地位.中共福建省委党校学报,2005(2)

[8] 刘红凛.政党法律地位比较与思考.中国人民大学学报,2009(6)

[9] 刘红凛.《政党法》的世界概况与主要成因.当代世界与社会主义,2009(1)

论思想政治教育在提升国家软实力中的作用

杨远旺
(西南大学,重庆,400715)

我国经过三十多年的改革开放,国力得到了重大的提升,但是与发达国家相比还有很大差距,特别是软实力差距更大。提升国家软实力,实现强国、大国梦想,成为每个中国人的愿望。本文在探析软实力内涵基础上,对如何利用思想政治教育提升我国软实力做一些探索。

一、软实力内涵

软实力是约瑟夫·奈20世纪90年代提出来的,它具有以下含义与特征。

(一)软实力的含义

20世纪90年代,美国新自由主义国际关系学派学者约瑟夫·奈,在《美国定能领导世纪吗?》一书中首次提出“软实力”,他认为实力是指影响别人达到你想要达到的目的的能力,实现方式有三种:威胁(大棒)、利诱(胡萝卜)、吸引(自由选择),前两者是硬实力,后者是软实力,硬实力是以经济、科技、军事力量表现出来的,软实力是通过文化和意识形态表现出来的。他认为“在国际政治中,一个国家达到了它要想达到的目的,可能是因为别的国家想追随它,崇尚它的价值观,以它为榜样,渴望达到它所达到的繁荣和开放程度。在这个意义上,在国际政治中制定纲领计划和吸引其他国家,与通过威胁使用军事和经济手段迫使他们改变立场一样重要。这种力量能使他人做你想让他们做的事,我们称之为软实力”。[1]简而言之,软实力就是“指通过吸引而非强迫或收买的手段来达己所愿的能力”。[2]随着研究的深入,学者们认为:“软实力包括一国的文化、价值观念、社会制度、发展模式的国际影响力与感召力以及对于国际事务的参与程度。软实力对内表现为一个国家、一个民族的生命力、创造力和凝聚力,对外表现为一个国家在意识形态、发展模式、民族文化、外交方针等方面被国际社会认可的程度。”[3]软实力的构成要素是多个方面,但主要的有社会制度合法性认同度、国家的凝聚力、国民素质、文化的吸引力等。

(二)软实力的特征

软实力是以文化、价值观念、社会制度、发展模式、国民素质、外交方针等无形的资源表现出来的,它不是一种对抗性的、强迫性的力量,而是通过改变人们的思想、观念、价值取向来实现的。它与由经济、军事、科技力量构成的硬实力相比具有以下特征:第一,从存在形式看，软实力具有无形性；第二，从构成与形成看，软实力具有系统性、综合性；第三，从发挥作用看，软实力具有潜在性与持久性。

二、思想政治教育在提升国家软实力中的表现

思想政治教育是培养人们的思想品德，提高政治觉悟，促进全面发展的社会实践活动。发挥思想政治教育的功能对于提升国家软实力有着重要的作用。其作用表现如下：

（一）有利于提高对社会主义制度合法性认同度

合法性即政治合法性，就是指一个阶级或集团的政治统治或政治权利得到社会和民众的认同和支持。“当社会和民众对政治权威愿尽义务时，这一权威就具有合法性。”[4]社会和民众对一国的制度的认同和支持程度就是制度合法性认同度。制度合法性认同度已成为影响一个国家的国际形象，增强对外吸引力的根本性因素，是国家软实力的基本要素之一。思想政治教育的政治导向功能是思想政治教育的意识形态性和目的性的体现，主要表现为促进民众政治认识深化和政治认同，培养民众具有明确、坚定的政治意识、政治方向。发挥思想政治教育的政治导向功能提高民众对社会主义制度合法性认同度要做到：第一，灌输社会主义意识形态并使其成为社会占主导地位的意识形态，引领其他非社会主义的意识形态发展，统一思想，整合精神生产；第二，用社会主义的政治思想引导民众的政治行为，提高民众的政治判断力、鉴别力和选择力，使民众具有坚定的社会主义政治方向；第三，进行社会主义、爱国主义、集体主义教育，用“三个代表”重要思想、科学发展观武装民众的头脑，引导民众践行社会主义和谐社会，树立民众坚持社会主义制度的信心。总之，发挥思想政治教育的政治导向功能为广大民众提供可以接受的价值取向和理论，“表明党所选择的政治制度的合理性和合法性，所施行路线、方针、政策的正确性和有效性，从而使人民群众确信自己为之奋斗的目标具有现实性和必然性，在此基础上形成高度的自觉认同”。[5]凝聚社会共识，夯实社会主义制度的合法性，从而提高对社会主义制度合法性认同度，促进我国软实力的提升。

（二）有利于增强国家凝聚力

一个国家凝聚力是维系国家民族统一的精神纽带，是国家存在和发展的内在动力，是维护民族团结、国家稳定的重要力量，是国家软实力的重要组成部分。国家凝聚力得以形成就在于国家民族有共同的思想、文化认同，有共同的利益。思想政治教育从本质上来说就是要培育与统治阶级利益一致的思想、文化认同以及共同利益认同，因此，发挥思想政治教育有利于增强国家凝聚力。思想政治教育增强国家凝聚力是通过发挥思想政治教育的利益整合功能实现的，思想政治教育的利益整合功能就是指其具有协调利益冲突的作用，能够围绕利益追求和实现的合理化，积极引导民众正确认识自己的利益，正确处理民众的各种利益冲突和纠纷，正确处理好国家、集体、个人的利益关系，理性合法地表达自己利益诉求。具体表现为：“一是利益关系的让度，引导人们树立正确的义利观，正确处理个人利益与集体利益、局部利益与整体利益的关系；二是利益关系的转移，引导人们确立科学的、发展的利益观，正确处理好根本利益与暂时利益、长远利益与

眼前利益的关系;三是利益关系的补偿,引导人们树立奉献观,用精神利益来协调利益关系。”[6]当前发挥思想政治教育的利益整合功能,其整合的重点是让社会阶层之间有平等权,保障全体社会成员共享社会发展的成果;正确处理人民内部矛盾,解决分配不公的问题,推进社会公平。通过整合统一思想、凝聚民心,形成全体人民各尽所能、各得其所而又和谐相处的社会环境,增强我国的凝聚力。

(三)有利于提高国民素质

国民素质是指一个国家国民在一定文化影响的基础之上,在当时社会政治、经济、文化制度及其价值观念的引导下,总体反映出来的在体能、智力及思想道德水平、科技文化程度、创新能力等多方面的综合状况。国民素质是构成国家软实力的重要组成部分,是其关键因素,被称为“第一国力”。思想政治教育具有育人功能,应发挥其育人功能促进人的全面发展,提高国民素质。具体说:第一,从思想政治教育的目的看,思想政治教育以提高民众认识世界和改造世界的能力为根本目的,以促进人的自由全面发展为培养目标;第二,从思想政治教育的内容来看,其内容包括政治教育、思想教育、道德教育、法治教育、生命教育、青春教育和心理咨询等内容,这有利于全面提高人的素质;第三,从落实党的精神、贯彻国家意志来看,思想政治教育坚持以人为本,把社会主义核心价值观融入国民教育和精神文明建设的整个过程中,着眼于满足民众日益增长的需要,着眼于提高国民信仰、精神面貌、意志力、个性心理品格和凝聚力。思想政治教育对促进人的全面发展、提高我国国民素质有着重大作用。

三、思想政治教育在提升国家软实力中的实现途径

提升国家软实力要从国际考虑,但更要从国内着手。树立社会主义的核心价值体系,加强党的路线、方针、政策教育,加强社会主义主流文化的宣传教育并且用社会主义主流文化引领各种文化思潮等途径提升国家软实力。

(一)加强社会主义核心价值体系的教育

社会主义核心价值体系的基本内容由马克思主义指导思想、中国特色社会主义共同理想、以爱国主义为核心的民族精神和以改革创新为核心的时代精神以及社会主义荣辱观四个方面组成。社会主义核心价值体系在社会主义建设、发展中有着重要的作用,它是社会主义制度合法性的基础,是社会主义制度的内在精神和生命所在,它决定着社会主义的发展模式、体制及目标任务。树立社会主义核心价值观有利于维护社会的稳定,增强国家的凝聚力。

在全球化、信息化、网络化的当今时代。在国际上,资本主义国家利用其经济、技术优势不断对我国进行资本主义价值观的渗透,推销所谓的“普世价值”,混淆视听,扰乱思想,冲击着社会主义价值观。在国内,随着改革开放不断推进,利益主体不断多元化,社会意识观念多元化,非社会主义意识蔓延。加强思想政治教育,树立社会主义核心价值观是时代的要求。加强社会主义核心价值体系的教育:就是要坚持马克思主义指导思想,用马克思主义思想引领思想、文化建设;就是要大力宣传中国特色社会主义共同理

想，凝聚人心，把全国人民的力量和意志汇集起来形成一股巨大的力量；就是要培育以爱国主义为核心的民族精神和以改革创新为核心的时代精神，提高民众的精神状态和科技文化素养；就是要民众践行社会主义荣辱观。

（二）加强党的路线、方针、政策的教育，正确处理内部矛盾

当前部分党员干部，经不起执政的考验，经不起发展社会主义市场经济的考验，在复杂变动的形势面前，放弃了党的路线、方针、政策，放弃了党性和为人民服务的宗旨，走向了腐败的深渊；部分民众对党的路线、方针、政策也没有充分理解，他们从眼前利益、局部利益出发，追求利益"最大化"，损害了民众的利益、国家的利益，加大了人民内部矛盾，出现了一些危害社会的冲突。例如近年来的北京抗议不公拆迁等等。这些事件影响人民政府在民众中的威信，削弱政权的合法性，对国家社会的稳定造成不良影响，不利于提高我国的软实力，因此必须加强党的路线、方针、政策教育，正确处理内部矛盾。加强党的路线、方针、政策教育、正确处理内部矛盾，就是通过思想政治教育把党的路线、方针、政策内化为民众思想和行动的指南，并且落实到实际行动当中，使民众具有共同的理想和信念、共同的价值观、共同的利益追求以及共同的精神追求；教育群众、组织群众、带领群众，一心一意谋发展，全心全意搞建设，不断提高民众的生活水平，处理好贫富差距、城乡差距、地区差距，搞好民族关系，实现民族融合。

（三）加强主流文化的宣传教育

在全球化、信息化、网络化的当今时代，不同国家民族的文化、不同宗教信仰的文化在激烈地碰撞着、竞争着、对抗着并且相互融合着，西方资本主义国家对我国实行文化侵略，使得我国主流文化的传承与发展受到严峻的挑战。加强思想政治教育，把社会主义主流文化的核心思想、价值取向有效地灌输给民众，内化为他们的思想和价值追求，引领各种文化思潮有序发展，成为当前的一项重要任务。胡锦涛在党的十七大报告中明确指出：当今时代，文化越来越成为民族凝聚力和创造力的重要源泉、越来越成为综合国力竞争的重要因素，丰富精神文化生活越来越成为我国人民的热切愿望。要坚持社会主义先进文化前进方向，掀起社会主义文化建设新高潮，激发全民族文化创造活力，提高国家文化软实力。因此，思想政治教育必须加强社会主义主流文化的宣传教育，把它变成大众化了的文化，从而让民众接受和在民众中普及。

参考文献：

[1] 约瑟夫·奈.美国霸权的困惑.北京：世界知识出版社，2002.9
[2] 约瑟夫·奈.吴晓辉，钱程译.力量——世界政坛成功之道.北京：东方出版社，2005.2
[3] 乃风，孔琳."国家软实力构建与中国公共关系发展高层论坛"报道.国际公关.2007(2)
[4] 陈正良.中国"软实力"发展战略研究.北京：人民出版社，2008.60
[5] 祖嘉合.论社会主义意识形态与和谐社会建设的内在联系.思想教育研究，2010(1)
[6] 吴家骥，鲁彩荣.意识形态整合——构建社会主义和谐社会的重大课题.学术探索，2005(2)

注重人文关怀 培养人文精神
——高校思想政治教育再思考

陈俊良
(西南大学,重庆,400715)

高校思想政治教育的最终目标是培养大学生成为全面发展的人才,成为中国特色社会主义社会的“四有”新人。但在实践中我们不难发现:目前高校思想政治教育的适应性和实效性与目标之间存在较大差距,甚至在一些高校出现了大学生对思想政治教育“不感冒”的现象。要加强大学生思想政治教育,就必须注重人文关怀,将人文精神的培养与思想政治教育有机地结合起来,增强思想政治教育的亲和力和有效性。

人文关怀是对人目前生存状况的关怀,对人的社会性的肯定。高校思想政治教育注重人文关怀即是关注大学生的生存发展、成长成才。人文精神是以人为本,对人的尊严和价值的维护,高校思想政治教育培养人文精神即是以大学生为本,对其全面发展的理想人格的肯定和塑造,引导和帮助大学生实现其自身价值。因此,高校思想政治教育注重人文关怀、培养人文精神势在必行。

一、高校思想政治教育注重人文关怀、培养人文精神的必要性

(一)高校思想政治教育的历史经验表明注重人文关怀、培养人文精神的必要性

(1)从新中国成立初期到“文革”前,高校思想政治教育在发展过程中有经验也有教训。新中国成立伊始至“文革”前,我国高校思想政治教育大力批判旧的教育观念,积极开展爱国主义和集体主义教育,初步形成了以马克思主义为理论基础的课程体系。但是因为完全照搬前苏联高校思想政治教育模式,导致我国高校思想政治教育的简单化和形式化。尤其是在上世纪60年代,高校思想政治教育卷入“阶级斗争”的漩涡中,受到严重的挫折,就连党中央批准的《中华人民共和国教育部直属高等学校暂行工作条例》中明确规定的高校思想政治教育的任务、内容、政策和方法也难以贯彻落实。

(2)“文革”十年,高校思想政治教育严重受挫。这一时期,全国社会动荡不安,高校思想政治教育出现了罕见的混乱。这时高校思想政治教育队伍的正常活动瘫痪了,系统的马克思主义理论教育不得不取消,教学秩序也被各种各样的政治运动冲乱。1971年通过的《全国教育工作会议纪要》中提出的“两个估计”,严重阻碍了高校思想政治教育的发展,把高校思想政治教育推到几乎崩溃的边缘。

(3)1978年党的十一届三中全会后,高校思想政治教育有了较大发展,但也有一些

问题值得反思。十一届三中全会后,高校思想政治教育进入一个拨乱反正的历史时期,高校的思想政治教育也逐渐步入健康发展的轨道。高考制度得以恢复,人才培养得到重视,这开创了高校思想政治教育的新局面。1987 年中共中央作出了《关于加强和改进高等学校思想政治工作的决定》[1],强调充分认识加强高校思想政治教育的重要性,使高校思想政治教育得以不断改善和加强。

(4)近年来,高校思想政治教育在注重人文关怀、培养人文精神方面迈开了新的步子。虽然高校思想政治教育一直在曲折中发展,走了不少弯路,但为现实的高校思想政治教育启示了明确的方向:注重人文关怀、培养人文精神。这要求高校思想政治教育要以人的全面发展为核心,帮助大学生形成正确的世界观、人生观和价值观,使之与当今社会的发展趋势一致,符合社会主义现代化建设的需求。

(二)当前大学生思想政治教育面对的挑战决定了高校注重人文关怀、培养人文精神的必要性

(1)经济全球化挑战高校思想政治教育。经济全球化是当今世界经济发展的必然趋势,这既为高校思想政治教育带来了难得的机遇,同时也形成了严峻的挑战。经济全球化给高校思想政治教育提供了新的物质基础,给高校思想政治教育提供了借鉴学习国外可取之处的机会,有助于加快高校思想政治教育现代化的进程,但由于西方发达资本主义国家借经济全球化向发展中国家进行政治、经济、文化渗透,也使高校思想政治教育面临不少新情况和新问题。

(2)高校的改革和发展挑战高校思想政治教育。高校改革和发展的目的是更多更好地培养全面发展的人才,但在此过程中出现了许多过去从未遇到过的新情况、新问题,对高校思想政治教育提出了新的要求。高校思想政治教育也只有与时俱进和创新进取,才能为高校改革和发展提供强大的思想动力,有力推进高校改革和发展。高校改革和发展也要求高校思想政治教育努力应对新情况、解决新问题。

(3)贯彻落实科学发展观挑战高校思想政治教育。科学发展观的提出为高校思想政治教育注入了新的生机和活力,同时也提出了更高的要求。大学生是高校思想政治教育活动的主要对象,科学发展观要求按照全面、协调、可持续发展思想,把大学生的成才教育作为高校思想政治教育工作的重要任务来抓。高校思想政治教育要以人为本,强调大学生在学校各项工作中的主体性,使大学生成为自我发展的主体。科学发展观的落实,对高校思想政治教育最重要的要求是使大学生树立坚定的马克思主义信仰,对大学生进行人文教育、培养人文精神,促使他们成为理想坚定、全面发展的人才[2]。

(4)大学生生存发展的压力挑战高校思想政治教育。由于大学生在生理、心理上还没有完全成熟,情绪波动较大,加之在社会主义市场经济条件下,现实的学习、就业等竞争压力日益加重,对大学生身心冲击很大。人文化的高校思想政治教育,有助于培养大学生良好的心理素质,提高大学生的自我调节能力和良好的社会适应能力,使大学生能正确处理自身生存发展面临的困难。在高校思想政治教育中加强人文精神的培养,就是要求将培养大学生的心理素质与树立正确的世界观、人生观和价值观联系起来,使其成长为竞争中具有良好身心素质的佼佼者。

(三)高校思想政治教育的有效性要求注重人文关怀、培养人文精神

1. 注重人文关怀、培养人文精神的高校思想政治教育,最容易为大学生接受

(1)大学生拒绝单纯说教、生硬灌输的思想政治教育,接受有人文关怀、人文精神的思想政治教育。我国传统的思想政治教育的任务仅仅被归结为"传道",就是对大学生单纯地说教,生硬灌输社会思想、政治理论和道德规范,忽略了大学生的需要和兴趣,不注重大学生的能力和自我发展意识的培养。这样的思想政治教育培养出来的大学生大都缺乏鲜明的个性。随着改革开放和市场经济的发展,大学生越来越拒绝传统的单纯说教、生硬灌输的思想政治教育,而喜欢并接受以大学生为中心、有助于促进大学生全面发展的注重人文关怀和人文精神培养的思想政治教育。这样的思想政治教育把传导思想道德规范和培养能力、发展个性有机地统一起来,激发大学生的自我教育能力,发挥大学生的主体性。

(2)大学生排斥那些不关心自身需求、与自己成长成才实际相去甚远的思想政治教育,而接受与自己生存发展密切相关的思想政治教育。传统的高校思想政治教育往往强调将大学生培养成当时急需的人才,而不考虑大学生自身的爱好和需求,也不考虑随着社会的发展是否可能会被淘汰等问题。现在高校思想政治教育越来越强调要注重人文关怀、加强人文精神培养,注意充分发挥大学生的主体性,贴近大学生的生活实际,受到大学生的普遍青睐。注重人文关怀、加强人文精神培养的高校思想政治教育,最终目的就是促进大学生的全面发展,使之成为社会主义建设事业的接班人。

(3)注重人文关怀、培养人文精神的努力,加快了高校思想政治教育现代化的步伐。要实现大学生的全面发展,高校思想政治教育就必须注重人文关怀、加强人文精神的培养。这不仅是大学生自身存在发展、成长成才的需要,也是中国社会主义社会和谐发展的需要。高校思想政治教育只有注重人文关怀、加强人文精神的培养,才能使大学生形成对自己的正确认识和评价,促使其全面发展。在高校思想政治教育中强调注重人文关怀、加强人文精神培养,有利于对我国民族文化的继承和发展,也有利于促进我国科学技术的更好发展,从而进一步推动中国特色社会主义建设事业的发展。

2. 注重人文关怀,培养人文精神的高校思想政治教育,符合当今中国社会发展的要求

(1)注重人文关怀、培养人文精神是高等教育现代化的题中应有之义。在高校强调人文关怀、培养人文精神,既符合高校思想政治教育以人为本的发展要求,又符合社会主义社会发展要求。高校思想政治教育注重人文关怀、加强人文精神培养,是高校经过长期探索出来的、符合高校和大学生实际的明智之举。人文精神培养和加强,能永葆高校思想政治教育的生机和活力。高校思想政治教育注重人文关怀、加强人文精神培养的指导思想是马列主义、毛泽东思想、邓小平理论、"三个代表"重要思想和科学发展观,这一指导思想对我国社会主义现代化建设的发展、对高等教育现代化的推进、对高校思想政治教育的现代化,都具有重大的现实意义。

(2)注重人文关怀、培养人文精神的高校思想政治教育,才能真正为社会主义现代化建设培养出"有用"、"可用"之才。实践表明,高校思想政治教育注重人文关怀、加强人文

精神培养，有助于更好地服务于社会主义现代化建设；注重人文关怀、加强人文精神培养，有利于促进大学生的全面发展，培养“四有”新人，促进大学生在德、智、体方面全面发展，更多更好地培养中国特色社会主义事业的建设者和接班人[3]；注重人文关怀、加强人文精神培养作为高校思想政治教育必须落实的内容，是社会主义现代化建设事业发展的需要，也是大学生发展成为优秀人才，更好肩负起中国特色社会主义现代化建设神圣使命的需要。

(3)注重人文关怀、培养人文精神的高校思想政治教育，才能真正为国家培养出能参与国际竞争的优秀人才。注重人文关怀、培养人文精神的高校思想政治教育，在充分调动大学生成长成才的主观能动性方面，明显优于传统的思想政治教育，因而更容易培养出以实现中华民族伟大复兴为人生价值目标的人才。高校思想政治教育加强人文精神培养，所培养出来的人才，具有更强的竞争力，也有利于我国科教兴国战略的实施。由此看出，具有人文关怀、人文精神的高校思想政治教育，不仅是高校发展的要求，更是国家发展的要求。

(4)以开放的心态，不断推进并完善注重人文关怀、培养人文精神的高校思想政治教育。三十多年来，我国所以能实现快速发展并日益强大，主要是由于坚持了改革开放这一基本国策。高校思想政治教育同样也需要改革和发展，同样应该搞好开放，以开放的心态来推进和完善注重人文关怀、加强人文精神培养的高校思想政治教育，促进高校思想政治教育不断跃上新台阶。高校思想政治教育发展了，才能培养出更多能担负起中国特色社会主义建设、中华民族伟大复兴的历史重任的人才，推动我国各方面事业的发展。

二、高校思想政治教育注重人文关怀、培养人文精神的有效途径

(一)高校思想政治教育内容上的创新

(1)将人文精神培养与思想政治教育结合起来。随着高校的普遍扩招，高校越来越市场化，趋利化越来越显著。这不利于高校思想政治教育工作的开展，也不利于人文关怀的落实和人文精神的培养，这与高校思想政治教育发展的必然要求是矛盾的。高校思想政治教育的发展必然要求注重人文关怀、培养人文精神。人文关怀和人文精神培养的基础是以人为本，在思想政治教育工作中关心人、尊重人和理解人，帮助和关心学生，努力解决他们的实际问题，这是高校思想政治教育与人文精神培养统一的必由之途。

(2)将人文精神培养与科学精神培养统一起来。高校注重人文关怀还应当将人文精神培养与科学精神培养统一起来，这不仅是由我国传统文化具有人文精神培养的特点决定的，还是我国高校思想政治教育现状的要求。高校是培育人才的摇篮，是推动科学发展的基地。因此，要在科学精神培养中吸收人文精神的元素，人文精神培养中融汇科学精神的元素。[4]高校不仅要深入开展学术研究，而且还要把学术研究的成果应用在社会中，服务社会；高校思想政治教育不仅要大力提倡人文精神，而且还要努力弘扬科学精神。

（二）高校思想政治教育主体上的重视

（1）坚持以马列主义、毛泽东思想、邓小平理论、“三个代表”重要思想和科学发展观武装学生的头脑。对大学生进行思想政治教育，最重要的是确立正确的指导思想。鉴于我国的基本国情，必须以马列主义、毛泽东思想、邓小平理论、“三个代表”重要思想和科学发展观为指导，加强和改进大学生思想政治教育。在新的历史条件下，大学生只有坚持正确的指导思想，才能树立起科学的世界观、正确的人生观和价值观。在当前国内外形势错综复杂，经济、科技发展突飞猛进的情况下，高校思想政治教育还必须充分体现时代的要求，使大学生充分了解当今时代发展的特点，更好地把握人类社会发展的大方向。

（2）以大学生为中心，从大学生实际出发，进行世界观、人生观、价值观的教育，为学生一生“做人做事”奠定良好基础。高校思想政治教育注重人文关怀和培养人文精神必须围绕大学生这一中心，对大学生进行世界观、人生观、价值观的教育，为社会造就有理想、有道德、有文化、有纪律的“四有”新人，培养德、智、体全面发展的中国特色社会主义事业的建设者和接班人。

（3）加强对大学生的民主精神教育，健康心理的培养，帮助大学生形成民主意识和健康人格。高校思想政治教育注重人文关怀、加强人文精神培养，首先要加强对大学生的民主精神教育，加强大学生对社会主义社会的认识，培养大学生的公平、正义观念，培养大学生的民主意识和集体荣誉观和国家荣誉感；其次，要重视大学生的心理健康教育，这是大学生健康成长的需要，也是保证高校思想政治教育取得良好效果的需要。注重人文关怀的高校思想政治教育，才是真正为学生的生存发展“谋利”。大学生心理健康了，有利于推动其身体素质、科学文化素质及思想政治素质的全面协调发展，促使大学生树立正确的世界观、人生观、价值观。

把人文关怀与高校思想政治教育工作联系起来，不仅扩展了人文关怀的内涵，而且也容易落到实处。培养人文精神，不仅是传播人文科学的知识，还必须注重发掘科学与人文教育的价值，实质上是一种世界观、人生观、价值观的教育。高校思想政治教育注重人文关怀、加强人文精神培养，就是把学生放在首位，培养学生的世界观、人生观和价值观，为我国社会主义现代化建设培养“四有”新人。因此，注重人文关怀、加强人文精神培养，应该成为高校思想政治教育的一种趋势。这一趋势符合我国社会发展的要求，也必将成为高校思想政治教育取得良好成效的保证。

参考文献：

[1] 中共中央、国务院关于进一步加强和改进大学生思想政治教育的意见. 人民日报，2004-10-15

[2] 周长春. 大学生思想政治教育探索. 北京：北京工业大学出版社，2005.127

[3] 张耀灿，陈万柏. 思想政治教育学原理. 北京：高等教育出版社，2001.138

[4] 沈壮海 . 思想政治教育的文化视野. 北京：人民出版社，2005.65

推进高校思想政治理论课“05 方案”实施的几点思考

张维薇
(西南大学,重庆,400715)

今年是高校思想政治理论课“05 方案”实施 5 周年,5 年来高校思想政治理论课教学改革取得了显著成效,教学管理机构与体制进一步得到理顺,教材使用进一步得到规范,教师队伍建设得到大力加强,教学实效显著增强。推进高校思想政治理论课“05 方案”实施需要认真总结取得的经验,明晰其发展路向,把握其发展要求。

一、“05 方案”实施以来高校思想政治理论课建设的主要经验

“05 方案”实施以来,高校思想政治理论课在实践中不断向前发展,积累了宝贵的经验。

第一,坚持以中国化的马克思主义教育为灵魂。始终高举马克思主义伟大旗帜,始终坚持以马克思主义中国化的最新成果指导具体实践,是高校思想政治理论课“05 方案”实施 5 年来最基本的经验。胡锦涛在学习《江泽民文选》的学习报告会上指出:“加强思想理论建设,用马克思主义武装全党,是我们党永葆先进性的根本保证。党的理论创新每推进一步,理论武装就要跟进一步。”[1]高校思想政治理论课建设坚持马克思主义指导地位,在具体教学中体现为始终坚持进行马克思列宁主义、毛泽东思想和中国特色社会主义理论、科学发展观的教育,开展“六个为什么”和划清“四个界限”等重大问题的教育,这些内容突出地体现了以马克思主义为指导思想的社会主义意识形态的特征。在一定意义上可以讲,5 年的实践充分表明坚持马克思主义的指导地位,就是坚持正确的政治方向,这是高校思想政治理论课建设的灵魂。[2]

第二,坚持以课程、教法建设与改革为重点。坚持将课程和教法的建设与改革作为工作的重点,是加强和改进大学生思想政治理论课的关键。5 年来,高校思想政治理论课教师在牢固树立“以学生为本”的理念基础上,不断改进教学内容,切实调动教师教学主导和学生学习主体的两个积极性,探索出了许多适合本地区、本校教学的方式方法,不断提高教学实效。在教学内容的改革方面,主要是以理想信念教育为核心,深入进行正确的世界观、人生观、价值观教育;坚持以爱国主义教育为重点,深入进行民族精神教育;坚持以基本道德规范为基础,深入进行公民道德教育;坚持以大学生全面发展为目标,深入进行素质教育。在教学方法的改进方面,切实抓好课堂讲授这一教学的第一基本环节,组织制作高校思想政治理论课“精彩一门课”教学示范片、“精彩一课”、精彩课件、精彩教案、精彩案例等教辅材料,善用启发式、参与式、研究式和案例式等多种教学方式,力求生动活泼,以情动人,以理服人,努力提高教学效果;不断增加实践教学比重,提

高学生思想政治素质和运用所学理论观察分析社会现象的能力，深化教育教学的效果。切实加强教学组织管理，倡导名师大班讲授和小课堂教学；切实推进多媒体和网络技术的广泛运用，实现教学手段的现代化，加强教学方法改革；积极完善考试方法等等。5 年的实践表明，不断加强对课程、教法的建设与改革，增强了思想政治理论课教学吸引力，提高了教学实效性。

第三，坚持以加强学科建设为依托。高校思想政治理论课改革发展的实践经验让我们清醒地认识到，学科建设是思想政治理论课改革发展的基础，只有从学科建设的角度观照高校思想政治理论课建设，才能全面推进高校思想政治理论课的改革与发展。马克思主义理论一级学科及 6 个二级学科的确立，极大地促进了学科体系的创新，为高校思想政治理论课提供了重要的支撑。主要表现在：马克思主义理论学科定位在使自身的生存和发展有广阔空间的同时，也为提高思想政治理论课教学实效提供理论支持；马克思主义理论学科目标与思想政治理论课教学任务的契合，使服务于思想政治理论课教学任务的完成，成为马克思主义理论学科建设的重要任务；马克思主义理论学科特征在使自身的生存和发展有了合法性的同时，也为思想政治理论课课程的整体建设奠定了坚实的学科基础。[3]马克思主义理论学科的设立和发展，推进了党的思想理论建设，巩固了马克思主义在高等学校教育中的指导地位。以马克思主义理论学科为依托进行思想政治理论课的课程建设，不仅增强了思想政治理论课教学的科学性，也提高了思想政治理论课的实效性。

第四，坚持以强化师资队伍建设为保障。5 年来，通过开设思想政治理论课硕士学位班、增设马克思主义理论一级学科博士点，部分教师能够攻读博士学位，不断提高理论素养。开展思想政治理论课骨干教师轮训等多种方式，切实提高了高校思想政治理论课师资队伍的素质。高校思想政治理论课的改革与发展，广大思想政治理论课教师是主要执行者和推动者。广大教师要开展多方面的工作，将这门课程建设成大学生真心喜爱、终身受益的课程。要达到这个目标，就意味着要普遍提高教师的思想政治素质、业务能力和教学水平、教学能力，从而全面提高课堂的教学效果。此外，高素质的师资队伍能够为思想政治理论课发展提供最具价值的第一手资料。由于广大思想政治理论课教师身处教学实践的第一线，对思想政治理论课运行的每一个环节最具有发言权，而只有高素质的师资队伍才能够对教学的各个环节洞若观火，一针见血地指出其优劣，为管理部门提供最具价值的意见和建议。

第五，坚持以建立科学合理的管理体制为抓手。5 年来，各高校狠抓体制和机制建设，进一步调整和充实思想政治理论课领导小组；打造学生工作特色基地，加强思想政治理论课实践环节；采取切实可行的制度措施，为思想政治理论课教师的职称、待遇等问题解决后顾之忧；确保经费投入，确保教学研究工作顺利开展等等。这些政策、措施的制定和落实到位，使得思想政治理论课的地位得到明显加强，条件得到明显改善，手段得到明显优化，教学效果得到明显提高，主渠道作用也得到了很好的发挥。

二、把握高校思想政治理论课发展的路向

基于高校思想政治理论课 5 年来改革发展的实际，推进高校思想政治理论课的科学

发展，需要准确把握其发展路向。

第一，课程体系学科化。“05方案”的四门课程，围绕实施马克思主义理论教育，依托于马克思主义理论学科，构成了严整的理论体系。推进思想政治理论课改革与发展，需要基于学科建设，切实推进课程体系的学科化水平。具体来讲，“马克思主义基本原理概论”要围绕帮助大学生认识什么是马克思主义、为什么要坚持马克思主义以及如何坚持和发展马克思主义，从整体上把握马克思主义的科学内容和精神实质开展教学；“中国近现代史纲要”要以唯物史观作为认识、理解、把握历史的钥匙，帮助大学生了解马克思主义在中国人民争取民族独立和解放的斗争中所发挥的巨大指导作用；“毛泽东思想和中国特色社会主义理论体系概论”要帮助大学生弄清楚马克思主义为什么必须中国化、什么是马克思主义中国化的最新成果，以及中国特色社会主义理论体系对于指导中国特色社会主义事业的建设实践的重要性；“思想道德修养与法律基础”要教育大学生运用马克思主义的基本立场、观点和方法，树立正确的人生观和价值观，处理道德关系，锤炼个人品德，自觉守法护法。

第二，教学内容学理化。教学内容的学理性能够不断提高思想政治理论课的说服力，真正做到“入脑”、“入心”。高校思想政治理论课的任务是要提高大学生的思想素质和政治素质，帮助大学生树立科学的世界观和方法论，这就要求思想政治理论课不能仅仅作为政策的宣讲会，而应当成为教会大学生科学思维方式的主渠道，要努力将科学研究的学术性与意识形态的政治性结合起来，不断提高教学的学术化，不断激发大学生对其进行思考、评判、辨析，由此往复无穷，从而实现认知能力的螺旋式上升，最终达到不断提高教学实效的目的。此外，思想政治理论课的意识形态功能，决定了在开展学术研究的同时绝不能淡化其政治教育功能。思想政治理论课讲出学术性，最终目的就是要使课程作为科学体系，能够为学生接受和信服。

第三，教学语言艺术化。高校思想政治理论课高举马克思主义伟大旗帜，以马克思主义及其在中国的理论成果为教学的主要内容，就必须将马克思主义的核心精神和要义传授给大学生。而要让当代的青年学生对马克思主义有深刻的理解和把握，这就要求广大的思想政治理论课教师必须提升教学语言的艺术化水平，能够将教材体系的理论内容转化为适合学生实际、为学生所喜闻乐见的教学体系，能够做到讲解清晰简练、通俗形象、生动优美，使大学生通过教师清晰的思路、严密的论述、优美的语言，获取茅塞顿开的感受，汲取马克思主义理论知识的逻辑力量。

第四，教学方法多样化。教学方法是影响思想政治理论课课程教学效果的直接因素，同一个教师采取不同的教学方法教授同一个内容，往往产生截然不同的教学效果。面对思想政治理论课课程教学内容日益丰富和学生的知识面日益拓宽的新形势，思想政治理论课课程的教学方式必须从单一转向复合；教学理念必须从“满堂灌”转向双向交流启发。在长期的思想政治理论课教学实践中，广大思想政治理论课教师探索和采用了一系列新的教学方法和手段，比如启发式、参与式、互动式、研究式、问题式、案例式、实践式等教学方法和多媒体教学、网络教学等手段，调动了大学生学习的积极性和学习兴趣，收到了良好效果。

第五，教学实施规范化。教学实施是一个系统工程，有内在的规范要求，比如：经费投入要规范。思想政治理论课的经费投入是其正常运行的前提，有了经费的投入，才能保障思想政治理论课教学条件的改善和教师的基本生活待遇。又如，课程、课时安排要规范。思想政治理论课的课程和课时安排必须严格按照相关规定执行，该开设为必修课的不能开为选修课，该大一开设的课程不能放到大二开设，该保证 30 个学时的不能缩减为 29 个学时，课程、课时的安排必须严格遵循教育教学规律和大学生思想发展规律。再如，教师队伍要规范。思想政治理论课的特殊性决定了应当对教师队伍进行规范。根据上级主管部门对思想政治理论课教师的相关规定，应严格遵守政治性、学科性、师德素质等方面的要求，同时按照规定的师生比配备教师，还要不断加强培训力度。

三、推进高校思想政治理论课发展的对策

总结“05 方案”实施经验，把握发展路向，我们明确了高校思想政治理论课发展的新要求。

第一，加强对中国化马克思主义理论的认识把握。马克思主义是一个与时俱进的理论体系，从诞生之日直至今天，一直在吸收人类文明发展过程中的有益成分，不断丰富自己、提升自己。历史和现实告诉我们，中国特色社会主义事业的发展进步，必须以发展着的马克思主义为指导，运用其立场、观点和方法，分析社会现实，认清发展趋势，分清社会思潮的运行，在错综复杂的社会现象中看清本质、辨明方向。高校思想政治理论课的改革发展要求加强对中国化马克思主义理论的认识和把握。思想政治理论课的政治性，要求思想政治理论课教师对马克思主义，特别是对中国化的马克思主义加深理解和把握。只有对马克思主义理论有了深刻的理解，才能在教学中以透彻的理论说服人、教育人。因此，我们必须坚持用马克思主义中国化的最新成果来武装大学生的头脑，牢固确立社会主义意识形态的主导地位，把握教育的社会主义性质和方向。当前，特别要重视如何把社会主义核心价值体系教育纳入思想政治理论课教育的全过程之中。

第二，继续推进马克思主义理论学科的发展。高校思想政治理论课的发展要求继续推进马克思主义理论学科的发展。因为马克思主义理论学科的发展既为思想政治理论课奠定学理基础，也为思想政治理论课教学提供人才支持。马克思主义理论学科与高校思想政治理论课在本质上是相通的，两者都要以马克思主义理论及其教育为核心和主旨，马克思主义理论学科的研究成果为思想政治理论课教学奠定了重要的理论基础。当前，高校思想政治理论课教育教学的师资力量大多来自于“马克思主义理论”一级学科，由此，马克思主义理论学科的学科发展与人才培养，自然而然地为高校思想政治理论课的师资队伍提供了强有力的人才支持。

第三，不断创新教育理念和教学方法。思想政治理论课的教育理念和教学方法，必须要遵循高等教育基本规律，遵循思想政治理论课教育教学规律，遵循当代大学生成长规律。不断创新教育理念和教学方法，是思想政治理论课改革发展的新要求。在教育理念上，要实现以学生发展为主旨，“教”与“学”统一的有效教学；在课堂讲授上，在强化专业理论知识的逻辑性和系统性的基础上，不断提高思想政治教育的针对性和时效性，增强思想政治理论课的吸引力和感染力；在教学内容上，加强思想政治理论课内容的整合与创新，实现思想政治教育内容的与时俱进和可持续性；教学形式上，不断改进思想政

治教育的途径和方式方法，努力提高教学针对性，在教与学的互动过程中实现教育目标；在评价方式上，逐步建立和完善思想政治教育评价指标体系和促进发展的课程评价机制。通过不断的改革与创新，构建高校思想政治理论课的最佳教学模式，充分发挥思想政治教育主渠道的强大作用。

第四，加强高校思想政治理论课师资队伍建设。邓小平同志说："一个学校能不能为社会主义建设培养合格的人才，培养德智体全面发展、有社会主义觉悟的有文化的劳动者，关键在于教师。"[4]高校思想政治理论课师资队伍是切实提高教学实效性的关键，这支队伍必须立场坚定、政治过硬、理论素养高、人文社会科学基础知识扎实、功底深厚，具有高尚的师德修养和人格魅力、结构合理，真正让党放心、让学生满意。首先，要以理论家和专家的标准要求思想政治理论课教师。理论家和专家是指思想政治理论课教师应努力成为马克思主义理论家和思想政治理论课教育教学专家。这是由思想政治理论课的特殊性决定的。其次，要以高学历、宽阅历明确思想政治理论课教师的成长道路。思想政治理论课教师不仅承担着理论教学的任务，还承担着教书育人、培养社会主义事业建设者和接班人的重任，这是思想政治理论课教师区别于一般专业课教师的独特性。建立和完善思想政治理论课教师队伍培训体系，既要培养大批学科带头人和学术骨干，也要培养本课程的大师级人物。

参考文献：

[1] 胡锦涛.在学习《江泽民文选》的学习报告会上的讲话.北京：人民出版社，2006
[2] 徐雅芬.30年来高校思想政治理论课建设的成就与启示.思想理论教育导刊，2009(5)
[3] 张雷声.论思想政治理论课的学科支撑作用.思想理论教育导刊，2008(12)
[4] 邓小平.邓小平文选(第2卷).北京：人民出版社，1993.108

试论思想政治教育在群体性事件中的作用

杨瑶瑶

（西南政法大学，重庆，400715）

随着我国改革开放的不断深入，新问题新矛盾也不断增多。如何更加妥善地处理群体性事件，已成为我国在构建社会主义和谐社会进程中亟待解决的问题。思想政治教育作为社会主义现代化建设的重要组成部分，在应对及解决群体性事件中，应发挥举足轻重的作用。

一、社会转型期的新问题——群体性事件

（一）群体性事件的内涵

群体性事件是指由某些社会矛盾引发，特定群体或不特定多数人聚合临时形成的偶合群体，以人民内部矛盾的形式，通过没有合法依据的规模性聚集、对社会造成负面影响的群体活动、发生多数人语言行为或肢体行为上的冲突等群体行为的方式，或表达诉求和主张，或直接争取和维护自身利益，或发泄不满、制造影响，从而对社会秩序和社会稳定造成重大负面影响的各种事件，其具有群体性、突发性、行为的非理性、局部的对抗性等特点。

（二）群体性事件发生的背景

1. 我国处于社会转型期、社会矛盾凸显期、民众社会心理失衡期

社会转型期，既是一个改革不断推进、持续深化、充满机遇的时期，又是一个矛盾频发，各种矛盾错综复杂，处理起来比较困难的时期。2003 年，全年国内生产总值达116694亿元，人均 GDP 超过了 1000 美元，而基尼系数也超过 0.4 的国际警戒标准。根据国际经验，这一时期是社会问题多发期、社会结构最不稳定期。教育问题、就业与失业问题、医疗与养老问题、拆迁与安置问题等一系列问题凸显，贫富差距越拉越大，在利益博弈中处于劣势的群体的相对剥夺感也不断增强，加之人们普遍“仇富、仇官、仇不公”的心理，导致他们的社会心理失衡。

2. 社会利益多元化，各利益群体维权意识增强

利益既是推动社会发展的根本动力，也是导致社会冲突的总根源。在社会转型期，利益主体多元化，利益冲突在所难免。一方面，公民权利意识的觉醒与民主意识的增强要求社会最大限度地实现个人权利和社会公平，而由于这在现实社会中没有一个畅通

的维权路径，所以很容易导致群众维权无路可走；另一方面，我国群众法制意识淡薄，一旦其合理诉求得不到满足，他们不习惯按照合法的程序来表达自己的诉求，即有路不走，转而采取过激的不合法的“自力救济”行为。

（三）群体性事件发生的主要原因

1. 部分群众的合理利益受损

近年来发生的群体性事件往往源于群众利益，尤其是经济利益受损。在与国家、政府这些象征公权力的强大的“利维坦”相博弈，与社会上的政治精英、经济精英相竞争的过程中，群众必然处于绝对的劣势。试问，在瓮安事件中，如果没有水库移民、城区改造拆迁、煤炭和磷矿等矿权纠纷使当地群众利益受损，一起简单的命案会演变成万人打砸抢烧事件吗？在出租车司机罢工事件中，若不是因为管理费过高、加气难、租价不合理、黑车泛滥，导致“的哥”们无法生存，他们又何苦去罢工呢？

2. 缺乏及时、有效的群众利益表达维护机制

2009 年 1 月 5 日的《人民日报》报道，据最新调查显示，96.8％的网友认为政府社情民意通道不畅通，政府反馈不及时，有推诿塞责现象，沟通渠道形同虚设。百姓和政府交流、沟通的渠道不畅通，政府不问百姓事，将百姓置于有理无处讲、有冤无处诉、合理诉求无人满足的尴尬境地，势必“逼”出波及面较广的集体无理性发泄。在重庆市出租车司机罢运事件发生之前，政府没有同意由出租车司机组建出租车司机行业协会的要求，导致利益表达不畅，诉求渠道短路，致使矛盾积累到一定程度，爆发出另外的利益表达方式——罢运，最终导致政府和行业经营者的利益均受损害的“双输”结果。

3. 部分民众缺乏合理有效的知情权

社会主义民主政治的基本特征之一就是公开、公正，这就要充分保障人民的知情权、参与权、表达权、监督权。为什么会出现“不明真相的群众”？因为政府的工作失职，没有公布真相。谣言止于真相，在信息资源掌控能力上，掌握公权力的政府部门和群众之间存在着严重的不对称。若政府部门能及时发布信息，确保权力在阳光下运用，又怎么会出现“干部子女”、“抢尸”、“相关亲属惨遭迫害”等传闻呢？反观重庆市政府，其“一面调研果断处置，一面公开信息，把相关决策第一时间向社会公布”，则为出租车罢工事件的顺利解决提供了条件。

4. 政府公信力下降和部分地方政府行政方式简单粗暴

政府应当将自己定位于提供公共产品及平衡利益分配格局，为公民在利益博弈中获得充分的谈判权、表达权、知情权提供一个民主的氛围。而现实中政府参与经济运作，成为利益主体，与民争利，使公权力严重侵犯私权利。屡见不鲜的权利寻租、贪污腐败、权钱交易使民众逐渐丧失对政府的信任，再加上部分公务人员工作作风粗暴，动辄出动“大盖帽”、“小分队”，为那些极有可能违法的行政行为、同为利益主体的纠纷一方“保驾护航”，久而久之，政府的公信力就会大打折扣。

二、思想政治教育工作在群体性事件中的作用

思想政治教育是我党的真正优势，是我党动员、组织、教育群众，成功战胜各种困难

的法宝，是现阶段我国社会主义精神文明建设的中心环节，是和谐社会建设的重要组成部分。

（一）思想政治教育工作在群体性事件发生前的作用——预防针

任何群体性事件的发生都是矛盾不断累积和不满情绪逐步增强的结果，防患于未然的危机意识使思想政治教育工作在群体性事件发生前有重要的预警作用。“凡事预则立，不预则废”，思想政治教育工作通过广泛调研、信息收集，逐步建立完善的群体性事件预防预警机制，及时发现各种矛盾，进而采取相应措施，如排解群众不满、转变其错误的观念、加强其法制意识、将其诉求反映给相关部门等，争取将矛盾冲突妥善化解于萌芽状态，从而避免矛盾冲突的升级激化。

（二）思想政治教育工作在群体性事件发生时的作用——润滑剂

一方面，思想政治教育工作通过疏导、缓和对立情绪、加强冲突双方良好的沟通与理解；另一方面，通过精心做好舆论引导工作，让群众及时了解真相，为问题的解决营造良好的氛围。思想政治教育在群体性事件发生时所起的作用相当于危机干预，辅以其他手段防止事态进一步恶化。

（三）思想政治教育工作在群体性事件发生后的作用——松土机

群体性事件的发生在很大程度上可以反映出政府与群众之间关系的板结。很多地方政府认为群体性事件的发生就是民众闹事，一概推卸责任；而民众则认为政府腐败黑暗，不负责任。这使双方的关系紧张。痛定思痛，在群体性事件发生过后，思想政治教育工作一方面可以通过加大对群众的宣传教育，提高其认识水平，增强其法律意识及明辨是非的能力，引导群众理性合法地表达利益诉求；另一方面，还可以通过对政府公务人员的思想政治教育，提高其思想政治素质，树立群众意识、服务意识及以人为本的观念，积极转变工作方式，由“管制型”向“服务型”转变。这样不仅可以提高群众的素质，还可以逐步重塑政府形象，提高其公信力及应对突发事件的能力，缓和干群关系，从而避免类似事件的发生。

三、思想政治教育工作在处理群体性事件中的对策

（一）灵活运用其他学科领域的相关知识

在群体性事件中，我们发现事件的参与者真正涉及自身切身利害关系的群众很少，大多数为“无直接利益冲突者”。此外，参与者之间的互相模仿、互相感染、从众行为、匿名心理、无责任心理及法不责众等集群心理也会导致事态的进一步恶化。因此，思想政治教育工作者应当充分了解并灵活运用社会心理学的相关知识，针对群众的心理对症下药。熟悉并能灵活运用政治学、社会学及管理学等学科的相关知识，也会使思想政治教育在群体性事件中发挥事半功倍的效果。

(二)与大众媒介相协调配合

思想政治教育工作的开展,在群体性事件中的一个重要方面就是及时有效地公布信息,保障群众的知情权,加强对群众的宣传教育,而这些都离不开大众传媒。作为思想政治教育的重要载体,大众媒介是人们了解信息的通道、沟通政府与公众的桥梁以及社会舆论的引导者,在处理群体性事件的过程中担当着重要角色。大众媒介包括多种形式,如报纸、网络、书籍、广播、电视、电影等,它们覆盖面广、传播迅速、时效性强且其影响具有增值力。因此,在处理群体性事件的过程中,思想政治教育工作的开展应充分发挥大众传媒的积极影响,并注重多管齐下,多种形式相结合。

(三)因地、因时、因人制宜,不可生搬硬套

思想政治教育工作者在处理群体性事件的过程中,应注意总结经验,改进工作方法,提升自身应对突发事件的能力。在具体操作过程中不能生搬硬套已有模式,要充分考虑事件发生的社会大背景,还要深入了解事发当地的风土民情、事情发生的前因后果,如事发地的民风淳朴善良还是彪悍好斗,群众哪方面的利益受到了侵害,事情发生的过程是怎样的等。多方面多角度地调查、走访,听取不同的意见,从而找准突破口,制定相应的工作策略,提高工作效率与有效性。

"在危机中寻找转机,避免危机再次来袭,是一个责任政府的首要之责,也是民众福祉之根本所在。"我们坚信,随着我国社会民主法制的不断完善,思想政治教育工作的不断深入,瓮安事件的悲剧将不会重演,出租车司机罢工事件将成为永远的过去,我国社会会在解决问题中不断成熟,逐步迈向和谐大道。

论网络时代思想政治教育主体的素质开发

许人冰
（西南大学，重庆，400715）

网络正以惊人的速度发展着并逐步影响我们生活的方方面面，网络阵地也得到党和国家的高度重视，中共中央、国务院《关于进一步加强和改进大学生思想政治教育的意见》提出“主动占领网络思想政治教育新阵地”[1]的要求，而能否占领网络这块阵地并且将其建设完善的关键就在于思想政治教育主体是否具备相应的素质和能力。不仅其素质的开发水平决定自身主体性的发挥程度，其开发状况还直接影响到思想政治教育实施的各个环节。因此，网络时代思想政治教育主体素质开发问题不仅是思想政治教育在网络时代创新研究领域的实践要求，也是其个人素质适应时代发展的现实需要。

一、网络时代要求思想政治教育主体加强素质开发

在网络时代，互联网成为了继报刊、广播和电视之后的“第四媒体”，全面冲击着传统的生产生活方式、思维行为方式、知识传播方式等各方面，传统思想政治教育主体的素质要求已经不适应于当代思想政治教育的实践活动，加强思想政治教育主体素质对网络时代的适应性开发是大势所趋。

1. 网民规模逐年扩大，青少年群体的网络渗透率高居首位

截至 2010 年 6 月，中国总体网民规模达到 4.2 亿，自 2008 年起便超过美国，跃居全球第一。四年来网民规模年均增长率达 35.94%，互联网普及率攀升至 31.8%，这表明互联网的高速发展已成为显著趋势。如何适应网络高速发展带来的种种影响和对日益扩大的网民队伍实施思想政治教育成为思想政治教育必须面对的问题。

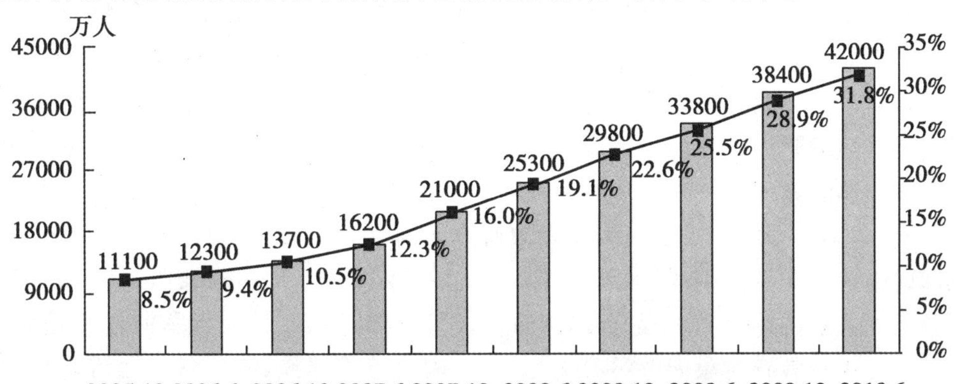

图 1　中国网民规模与普及率的变化趋势[2]

另外，互联网因其娱乐特性如网络游戏、网络视频、网络音乐等服务，在青少年群体中保持着高渗透率，同时，教育部为促使师生共享网上教育资源而建设的“校校通”工程已接近尾声，全国各大高校和90%独立建制的中小学校已连通互联网，使学生网民群体规模近几年内持续增长。调查数据显示，2009年网民各年龄段群体分布中青年比例超过半数，其中学生在网民职业结构所占比例中为最高，为30.7%。[3]青少年成为网民规模最大和扩展最快的群体，这使思想政治教育主体素质面临着传统思想政治教育和网络思想政治教育的双重考验。

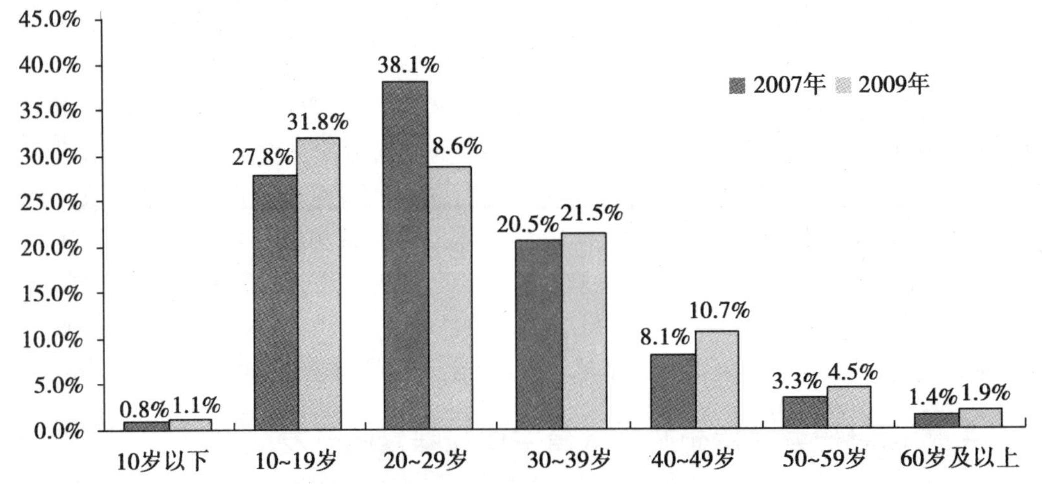

图2　2007与2009年网民年龄结构对比

2. 互联网应用日益普及，教育者综合素质制约思想政治教育主体性发挥

教育者的综合素质尤其是对网络的认知水平、网络技术水平较差是制约思想政治教育主体性发挥的主要原因。而未成年网民、青少年网民却是网络娱乐和交流沟通的活跃群体，这使思想政治教育主体无形中失去了网络阵地的主动权和主导权。

首先，青少年网民网络应用的娱乐化特点比较突出，在网络音乐、网络视频、网络文学和网络游戏上的使用率分别为88.1%、67.0%、47.1%、77.2%，均高于整体网民平均水平。其中未成年网民的网络游戏使用率为各群体最高，达81.5%，网络娱乐应用整体使用率也高于其他使用率。这表明青少年群体对网络工具价值的认识还集中于娱乐层面，尤其是未成年人的自我控制能力和鉴别能力尚未成熟的情况下，如何引导、监管、约束他们，不仅需要家庭、学校和社会共同参与，也需要思想政治教育主体能够从源头上加强网络环境的建设，丰富教育资源，开展多样化的教育，实现社会、学校、家庭和网络四位一体的立体教育。

其次，中国青少年网民在网络交流沟通方面高于网民整体，使用博客、论坛、社交网站和即时通信的比例分别为68.6%、31.7%、50.9%和77.0%，这表明网络人际交往功能日益受到人们的认可和重视，而思想政治教育主体可以而且应当掌握教育时机，在网络人际交往中使教育对象能够学习文化知识、陶冶道德情操、潜移默化地树立马克思主义坚定信念。总体而言，网络的发展要求在传统思想政治教育的基础上，推动网络思想政治教育主体素质的专业化，将网络技术人才培养与思想政治教育工作者的培养相结合，打造理论过硬、技术熟练的思想政治教育队伍，能够以先进文化指导先进技术的发展，以先进技术保证先进文化的传播，这也是网络时代思想政治教育主体素质开发的必然趋势。

表1 各互联网应用在未成年网民、青少年网民及网民总体的普及率比较[4]

应用分类	网络应用	未成年网民	青少年总体	网民总体
信息获取	搜索引擎	71.8%	73.9%	73.3%
	网络新闻	64.5%	72.0%	80.1%
网络娱乐	网络音乐	84.8%	88.1%	83.5%
	网络视频	62.0%	67.0%	62.6%
	网络文学	44.6%	47.1%	42.3%
	网络游戏	81.5%	77.2%	68.9%
交流沟通	拥有博客	64.6%	68.6%	57.7%
	即时通信	72.4%	77.0%	70.9%
	社交网站	34.7%	50.9%	45.8%
	电子邮件	47.6%	56.2%	56.8%
	论坛/BBS	23.7%	31.7%	30.5%
商务交易	网络购物	16.1%	26.5%	28.1%
	网上支付	12.4%	22.9%	24.5%
	网上银行	10.5%	21.4%	24.5%

3. 社会大事件中的网络影响力对思想政治教育主体素质提出新的要求

南斯拉夫大使馆事件、“藏独”事件、火炬传递事件及汶川大地震、奥运会、保钓事件等社会大事件，通过网络热议逐步形成一股代表草根民意的力量，对人们的政治觉悟、道德观念和人文思想产生潜移默化的影响。在这些社会大事件中网络影响力使网络的思想政治教育力量及其优越性得到爆发性的集中体现，不仅对网络时代思想政治教育研究有典型性的个案研究价值，还从中折射出网络时代思想政治教育的长远发展方向和重点建设的普适性价值。这也对思想政治教育主体素质提出了新的要求，一是应对突发性社会大事件的政治认识、政治觉悟水平和及时处理能力，要求思想政治教育主体不仅能在社会大事件的社会舆情中坚持马克思主义立场，还要能够抵制西方意识形态渗透和澄清其他负面信息的多元价值观；二是充分抓住教育时机进行思想政治教育的眼光，为了使教育效果最优化，还要求思想政治教育主体具备对事件所产生的思想政治教育资源进行有效整合的信息处理能力等相关素质。

二、网络时代思想政治教育主体素质的开发机遇

网络时代区别于以往时代的思想政治教育主体素质开发问题，主要集中在与网络信息技术有关的素质开发问题上，同时网络信息技术的优越性也为主体素质带来了开发机遇，主要表现在以下三个方面。

1. 网络信息搜集的时效性和海涵性带来的开发机遇

网络信息搜集的时效性和海涵性有利于思想政治教育主体素质开发紧密结合社会热点问题和前沿问题，迅捷便利地搜集主体素质开发所需的、大量可利用的思想政治教育信息资源。而思想政治教育主体素质开发最终是为了提高思想政治教育效果，所以主体素质的开发离不开思想政治教育客体的实际需要。因此，思想政治教育主体可以利用网络信息的动态反应，准确把握思想政治教育客体的关注热点，主动开发自身素质从而及时应对现实问题，更有利于满足学生了解国家政策、时事党情的需要，帮助他们切实解决生活中的实际问题。

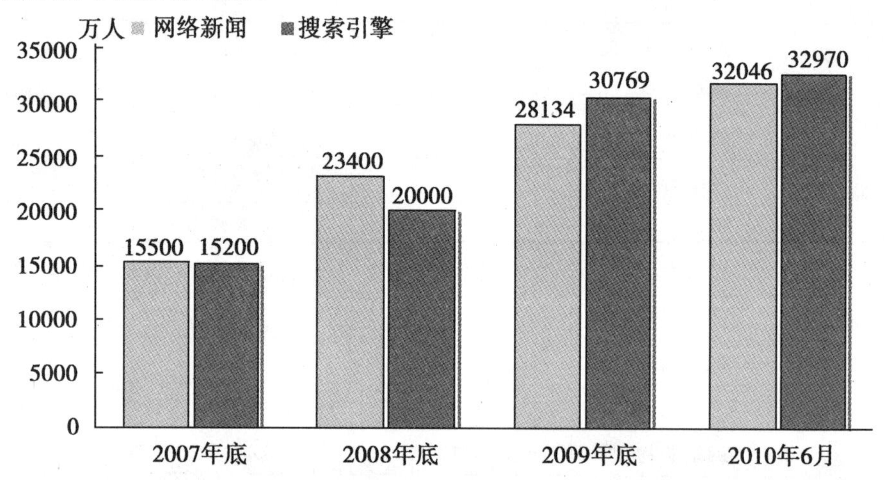

图 3　2007 年底～2010 年 6 月网络新闻、搜索引擎网民规模变化[5]

网络新闻用户规模增长反映更多网民懂得利用网络搜集社会前沿热点信息，搜索引擎用户规模增长反映网民利用网络搜集特定信息的规模有所增长。其中，大学生对搜索引擎的使用率和网络新闻的关注度最高，分别达到 84.3%和 88.9%，说明大学生群体最善于利用网络关注网络热点和社会前沿问题，表明思想政治教育主体通过网络掌握青少年思想动态和关注热点具有一定可行性。

表 2　不同群体青少年网民信息获取类应用使用率[6]

	小学生	中学生	大学生	非学生	青少年总体	网民总体
搜索引擎	60.3%	77.2%	84.3%	70.4%	73.9%	73.3%
网络新闻	47.4%	71.6%	88.9%	72.5%	72.0%	80.1%

2. 网络信息处理的现代化和兼容性带来的开发机遇

传统思想政治教育主体素质开发受时间、空间、成本等客观因素的限制问题在网络时代得到了一定程度的解决，极大减少时间、空间和交往成本的“网络虚拟社会”和网络社交形式为思想政治教育主体素质开发提供了交流空间和网上培训平台，网络信息技术和数据库技术使信息交流和资源共享让实现多重载体信息集成处理和共享服务的现代载体成为现实，有利于拓宽思想政治教育主体素质的开发途径。同时，多媒体技术的广泛运用使网络信息生动形象，直观感受力强，易于渗透吸收。网络信息处理的兼容性在整合网络载体和各种传媒载体的文本、图形、动画、数据、音频、视频等信息资源方面有着巨大作用，使之既能包容印刷媒体的可保存性和可查阅性，又具备电子媒体的新鲜性和及时性，还具有图文阅读性和音像视听性。而且网络在信息存储和检索上的优势使用户可以在网上随时随地检索到任何历史信息，有助于实现思想政治教育信息利用率的最大化。一方面加强思想政治教育主体提高自身素质开发的效果；另一方面，以网络载体为主，兼容多种载体思想政治教育信息的资源整合成为开发网络思想政治教育潜力的重要议题。其中科学管理并运用思想政治教育网络载体既是思想政治教育主体素质开发必然面对的时代课题，也是丰富思想政治教育主体素质开发内容的时代要求。

3. 网络信息传播的交互性和多边性带来的开发机遇

从传播学意义上看，网络时代的到来，使每个人都具备成为思想政治教育信息发布者和传播者的可能，同时，每个人也都可能成为信息的受众，这在事实上解构了传统思想政治教育主客体关系的对立局面。在全新的思想交流方式和网络文化环境中，信息传播模式改变了以往传统思想政治教育信息传播的单向被动状态，突破了自上而下的点对面硬性灌输式信息传播，呈现出交互性和多边性特征，降低了网络信息传播的成本和门槛。这种多边互动的网络信息传播模式有助于思想政治教育主体素质开发过程中加强信息交流，并促使思想政治教育信息源呈现出社会化趋势。另一方面，网络信息传播模式自主性特点使之集合了大量纷繁复杂的信息资源，在缺乏去粗取精、去伪存真的有效管理监控和系统性整合的条件下，不仅难以形成教育合力，而且易造成教育资源的冗余建设和浪费，思想政治教育信息的持续性输出和组织性传播难以得到保障，这对思想政治教育主体的信息素质开发提出了迫切的要求。

三、网络时代思想政治教育主体素质的开发途径

网络时代为思想政治教育主体带来了素质开发的机遇，但是目前网络时代思想政治教育主体素质的开发程度较低，还处于相对盲目、自发和非专业的初级阶段，不能完全适应网络时代的发展，因而思想政治教育主体亟须加强思想政治素质、智能素质、信息素质等方面的素质开发以应对网络时代的发展。

1. 思想政治素质——网络时代思想政治教育主体素质开发的核心

思想政治素质是指一个人在社会政治活动中的政治观念、政治立场、政治水平的综合表现，既是思想政治教育主体素质的核心，更是网络时代思想政治教育主体素质开发的核心。一方面，思想政治素质是网络信息能转化为网络思想政治教育信息的基石；另一方面，由于网络的开放性，在提供资源多样化、价值多元化网络信息的同时，也容纳了大量垃圾信息和没有明确价值目标的思想政治教育信息，甚至包含了西方意识形态渗透和文化扩张信息，以及攻击党和政府的偏激言论等负面信息，如通过攻击我国新闻传播管理体制或扭曲夸大社会生活存在的问题，鼓吹资产阶级意识形态、私有制和多党制等。有些负面信息易直接识别，有些负面信息具有隐蔽性和潜在性，这就要求思想政治教育主体在政治立场坚定的基础上不断提高政治水平，增强对网络信息的政治敏感度，准确把握网络问题所反映的政治诉求，努力营造和谐统一的政治舆论环境以促进中华民族凝聚力和中国共产党的向心力，培养坚定的马克思主义思想政治素质，使社会主义意识形态和先进文化在网络阵地上掌握主动权和主导权，这是思想政治教育主体在网络时代发挥政治导向作用和政治保证作用的根基。

2. 智能素质——网络时代思想政治教育主体素质开发的基础

网络时代思想政治教育主体的智能素质主要指主体通过网络，利用计算机技术、多媒体技术和信息技术进行思想政治教育的知识和能力。网络对青少年群体具有高渗透率，拓展了以青少年群体为主的思想政治教育客体获取信息资源的渠道。然而思想政治教育主体一般处于青中年及以上，所占网民比例远低于青少年群体，与网络相关的智能素质也存在差距，这使思想政治教育主体逐渐丧失了原本获得信息资源的优先权与垄断权，加之青少年教育对象的思想活跃，接受新事物快，使教育者在知识素养和能力结构方面的优势受到挑战，教育者和受教育者之间智能素质的不对等关系呈现弱化趋势，甚至出现因教育者信息素质劣势导致的尴尬局面。另外，网络时代的发展对传统思想政治教育的教育模式、教育方法产生的影响逐步扩大。传统思想政治教育主要是以书本报刊、社会实践和文化活动为载体的课堂宣讲、个别谈心、座谈讨论等面对面的教育形式，网络时代则要求思想政治教育主体与时俱进地掌握现代科学技术知识，扩展知识领域和优化知识结构，并具备基本的网络技术运用能力，能恰如其分地借助互联网实施思想政治教育，将现实社会的思想政治教育和虚拟网络的思想政治教育有机结合起来。并且计算机技术的知识储备和运用能力直接影响思想政治教育主体管理和运用现代载体的水平，倘若其相关知识结构不完善乃至与网络蓬勃发展的态势不相适应，将直接导致思想政治教育主体在网络时代的教育效果大打折扣。

3. 信息素质——网络时代思想政治教育主体素质开发的关键

信息素质在素质结构角度上隶属于网络时代思想政治教育主体智能素质开发范畴，其开发内容包括信息意识、信息能力、信息道德三个层面。目前，大部分思想政治教育主体正是由于缺乏必要的信息素质而导致素质的开发遭遇瓶颈，这恰恰是网络时代思想政治教育主体素质开发的关键。

首先，信息意识是指人们信息需求的自我意识和捕捉信息的敏感性认识。思想政治教育主体不适应网络时代的主要原因就在于信息意识相对薄弱，具体表现在两个方面：第一，相当一部分思想政治教育主体不适应网络时代的发展，看不到或相对轻视网络环境和网络信息对思想政治教育造成的巨大影响；第二，以马克思主义和思想政治教育专业素养为指导，挖掘网络信息的思想政治教育力量的信息意识不敏锐，相对忽视了部分有价值的网络信息或者没能从大量司空见惯甚至微不足道的网络现象中发现并捕捉有价值的新信息。

其次，信息能力是信息素质的核心内容，包括信息搜集能力、信息处理能力、信息利用能力等。网络时代思想政治教育主体信息能力的提高要求思想政治教育主体具备熟练运用各种信息工具检索，主动选择和判断信息源以获取有效信息的信息搜集能力；完善计算机技术和现代信息技术的知识结构，对网络纷繁复杂的思想政治教育信息进行分类加工、鉴别判断的信息处理能力和有效利用信息以提高思想政治教育效果并实现思想政治教育目标的信息利用能力。网络时代的信息能力比传统的信息能力难以掌握的原因在于网络信息技术的难度和更新速度，这是思想政治教育主体素质开发的难点。

再次，思想政治教育主体的信息道德指思想政治教育主体在信息的获取、使用、制造和传播过程中应遵守一定的伦理规范。随着网络技术的发展和网络信息化进程加速推进，网络中的冗余信息、无效信息、虚假信息、过时信息、暴力信息等信息污染的加剧，网络的虚拟化、数字化，网络虚拟空间的匿名性、自由性淡化了人们在社会生活中的身份和地位，更甚者部分不法分子打破道德界限，利用互联网技术从中牟利，如汶川大地震期间湖南省红十字会官方网站遭非法入侵并被篡改该网站面向全社会进行抗震救灾募捐的账号，以及借汶川地震之际仿冒中国红十字基金会网站进行募捐诈骗等多起违法活动，带来十分恶劣的社会影响。因而，思想政治教育主体的信息道德素质开发不仅仅在于提高信息道德水平，更重要的是如何控制网络信息制造、传播过程中的道德失范问题。

参考文献：

[1] 关于进一步加强和改进大学生思想政治教育的意见．人民日报，2004-10-15

[2] 中国互联网络信息中心．第 26 次中国互联网络发展状况统计报告，2010

[3] 中国互联网络信息中心．第 26 次中国互联网络发展状况统计报告．2010．14-15

[4] 中国互联网络信息中心．2009 年中国青少年上网行为调查报告．2010

[5] 中国互联网络信息中心．第 23 次中国互联网络发展状况统计报告．2009．30．第 26 次中国互联网络发展状况统计报告．2010．26

[6] 中国互联网络信息中心．2009 年中国青少年上网行为调查报告．2010

手机上网对青少年思想品德的不良影响和对策探析

梁钧泉
（西南大学，重庆，400715）

据中国互联网信息中心（CNNIC）最新发布的《第25次中国互联网络发展状况统计报告》显示，截至2009年12月，我国网络用户已达3.48亿，受3G业务开展的影响，我国手机网民数量迅速增长，已达2.33亿人。其中10～19岁的青少年占手机网民的73.2％。中国青少年网络协会公布的《中国青少年网瘾报告（2009）》表明网瘾青少年中60.4％使用过手机上网。[1]有关专家分析：随着手机上网越来越便利，手机网民数量剧增，手机上网可能会成为青少年网瘾的一个新动向。[2]以上两个数据明确地反映出我国青少年手机上网的群体数量之大，受手机上网影响之深。更令人关注的是，手机上网导致的不良迹象也愈来愈明显了。

一、手机上网对青少年思想品德产生不良影响的表现

手机上网作为一种新时代的数字化交流平台，对青少年在信息化社会的成长和发展起到一定积极作用，如利用手机网络作为"移动的思想教育"阵地，对青少年进行主旋律教育；也可以利用手机网络作为心理教育和咨询的场所，进行心理健康知识教育和开展心理咨询活动，培养青少年积极健康的心态；还可以利用手机上网作为学习进步的阶梯，通过网络广阔的空间、自由轻松的学习环境来培养青少年善于探索、敢于创新的习惯。但手机上网对青少年也产生了负面影响。如手机上网使许多青少年沉溺于网络虚拟世界，脱离现实，荒废学业；手机网络犯罪行为对青少年的身心健康和安全构成威胁。与正面影响相比，手机上网对青少年的思想品德产生的负面影响更为严重。本文重点谈谈手机上网对青少年思想品德的负面影响，其主要表现在心理、思想和行为三方面。

（1）在心理方面，网络的虚拟性和隐蔽性有可能会诱发青少年的双重人格，网络操纵时间失去控制又会导致"互联网成瘾综合征"，使青少年产生孤独、敏感、忧郁等心理疾病[3]。

（2）在思想方面，由于手机上网监管难度较大，不法分子抓住这一点，在网上传播低俗有害信息。而相当一部分青少年由于好奇心强，但思想觉悟、自我保护意识比较低，并且长期与这些有害信息接触，这就导致他们的思想受到严重的侵蚀，甚至产生了变质。

（3）在行为方面，网络散漫的聊天方式，无节制的玩乐形式会使青少年形成不良的思维习惯，难以集中注意力。另外，网络交流的隐蔽、无约束性，极容易诱发青少年做出一些违背常规的举动，潜伏一定的社会隐忧。

以上三方面只是较为突出的和常见的，也仅是其中的一部分，而其他的不良影响，

在此不作过多的列举。

二、手机上网对青少年思想品德产生不良影响的原因分析

要深刻认识手机上网对青少年思想品德的负面影响，必先探索其成因，但是其成因错综复杂，而且各种因素相互作用，难以全面准确地一一剖析。在此只对主要原因做简要分析。

（一）青少年思想品德尚未成熟

现在很多青少年对手机上网的热爱，已经不是简单的追风赶潮式的情感冲动，而是一种难以割舍的沉迷。他们以燃烧着的热情追逐着网上的新事物，寻找着更广阔的自由空间，更多的自我认同；他们利用有限的空闲时间创造更多上网机会，乐此不疲地探寻虚拟空间的惊喜，他们甚至用人机交往取代人际交往以获得更多的自由和满足感，以致其对手机网络的依赖越来越多，直至不能自拔。由此可见，这些青少年上网的内在驱动力是多么的强大，这种强大的驱动力概括来说是由以下三方面引发的。

1. 部分青少年的自律道德缺失

青少年正处在儿童向成人过渡的时期，他们的世界观、人生观、价值观尚未成熟，辨别和自控能力相对较弱，但又有强烈的好奇心，喜欢标新立异，还伴随着叛逆的性格特征。而手机网络的虚拟环境缺少现实生活的道德规范和社会规则，青少年在这种环境中“说想说的话，做想做的事”，久而久之，他们便不知不觉地形成自以为是的思想，做出随心所欲的行为。这使得原有的自律能力变得更加脆弱，手机网络的不健康内容趁此机会，化成“电子海洛因”毒害青少年的思想品德。

2. 强烈的自我意识和随意的人生态度

在现阶段经济转型的环境下，个人物质利益观念强化，拜金主义有所抬头，一些青少年变得十分自私，而手机网络中存在着大量崇尚消费主义和享乐主义的信息，青少年长期与这些信息接触，使得原有的自我意识更加膨胀。此外，手机上网的自由性与虚拟性，使得不少青少年热衷于网上交友，追求时髦和享受，图阔气爱虚荣，甚至搞网络夫妻配对、多角恋爱等等，但他们的精神生活却十分空虚，以致其对待现实生活的态度也非常随意，更值得注意的是，这种随意的生活态度会随着网龄的增加不断地强化。

3. 部分青少年缺乏集体认同

青少年对人与社会的本质认识比较模糊，他们不能正确对待个人与他人、个人与社会的辩证关系，缺乏集体和社会责任感。特别是那些沉迷于手机网络的青少年，他们与外界的交往容易被手机所取代，他们依赖于手机网络，沉迷其中不能自拔，而于现实世界却懒得表露其身，淡化了个人与社会及他人的交往，久而久之，他们变得孤僻、冷漠、不合群。[4]这种因个体缺乏集体认同感而过分依赖于手机网络对自身的思想品德产生严重负面影响的现象，在社会信息化进程中会变得更加明显。

（二）手机网络监管难

就手机上网的隐蔽、自由、传播速度快、携带方便等特点而言，监督者对其确实有点

力不从心。他们既无法全天候地监控青少年手机上网的动态，也无法完全控制手机网络内容。更何况手机网络的有害信息一般十分隐蔽，不少提供有害信息的手机网站服务器又设在国外，这样就加大了监管的难度。所以，即使监管者下大力气整治手机网络，但严打过后，不良内容又像野草一样密集生长。手机网络的三大利益也是其监管困难的重要原因。首先，市场的需求和商业利益。低俗信息存在着大量的市场需求，这些需求使得不法分子无孔不入地在手机网络中散播低俗信息，牟取暴利。其次，社会极端分子的私利。这些极端分子为了达到不可告人的目的或者炫耀个人的过人之处，通过恶意传播不良信息，成功挑战或逃避监管部门的监视来得到满足。最后，国内外反动势力的利益。他们为了扭曲青少年的价值观，误导青少年的行为，在手机网络上大量发布反社会主义、反政府的言论和低俗文化信息。就这样，由三大利益组成的链条就把有害信息与手机网络牢牢地绑在一起。

（三）家庭和学校对手机上网问题的忽视

由于生活水平的提高，家长给孩子的零用钱也相对宽裕，这从客观上为青少年手机上网创造了物质基础。而家长一般侧重于关注孩子的学习成绩和艺术技能，对他们的手机上网问题却知之甚少。另外，大部分学校对待学生拥有手机的态度比较简单直接，要么强制约束，即发现一部，没收一部；要么采取过于宽容的态度，管理时紧时松。总之，家长和学校都未能充分认识到这个问题的严重性，更没有恰当地引导学生理性地对待手机上网问题，这样会错失解决此问题的有利时机。

三、消除手机上网对青少年思想品德不良影响的对策

面对手机网络的各种有害信息的侵扰及其负面影响。要坚持以人为本、以导为主的原则，根据青少年成长的身心特点，引导青少年正确认识和理解手机网络并合理地利用，以促进其身心健康成长。

（一）加强网络立法和监管，规范青少年手机文明上网行为

不可否认的是，我国的互联网法规缺乏系统性，而且在手机网络管理方面还存在着一些法律真空地带。因此，我们应根据国情与时代发展的要求，借鉴国外的先进经验，尽快完善网络信息发布制度、网络信息审查制度、网络人权保护制度等法律法规，为青少年身心健康成长提供法律保障。政府相关部门除了加强对手机网络的监管外，还要与教育部门、社会团体密切配合，建设一批符合青少年身心成长需求的，内容生动新颖、丰富有趣的手机网站，以此来获得青少年的认同，引导其健康上网。

（二）加强对青少年手机文明上网的教育，提升青少年理性意识

学校有责任通过教育和引导促使学生充分认识手机网络的利弊，有责任帮助学生摆脱手机网瘾的侵扰，增强他们的免疫力。同时，学校要关注和引进先进的教学理念，如引导师生组建学习型网络，教师利用手机网络与学生们形成学习型组织，相互学习，促使每个人的价值得到最大的体现，共同进步，实现共同目标。

家长在孩子的网络教育方面承担着难以替代的作用。首先,家长要以身作则,坚持不做有违网络道德的事;其次,家长要让孩子明白手机上网的利弊,及时地掌握孩子的思想动向,最好能严格控制孩子手机上网的内容和时间;再次,家长可以适当地推荐一些有益身心健康的网站。国家二级心理咨询师、国内第一条公益性母亲热线的创始人高春鸿认为,应对手机网络不良内容对孩子影响的行之有效的方法是与孩子交朋友,了解孩子的内心需求和发展变化,及时把握孩子的思想动态,和他们一起成长,让他们知道家庭是温暖的,他们就不会在手机网络中寻找情感寄托了。[5]

学校和家庭在对待青少年手机上网问题方面,无论是立场还是目标都是高度一致的,两者是相互补充和相互强化的关系。然而现实中两者的作用常常出现脱节,甚至出现两者相互推诿的局面。于是,加强学校与家庭的沟通与合作,协调两者的步调,使之向一个方向发挥作用,这样才会形成解决问题的强大合力。

(三)加强青少年手机上网的道德自我约束和自律行为

青少年本身作为手机网络不良信息的直接受害者,不但要运用唯物辩证法的科学思维联系、发展地认识问题,而且要提高思想道德意识,提高个人免疫力,更要主动地应对手机网络的挑战。

1. 加强网络道德约束

虽然网络道德缺乏像法律调控那样的强制性,但由于它具有依靠主体自身的良知和内心的信念来维持的特点,在化解和控制网络问题等方面具有超强能量。[6]所以青少年要积极学习网络规范,明确网络道德具体所指,知道什么可以做、什么应该做和什么不能做,自觉运用网络道德来规范手机上网行为。另外,青少年要在家长和学校的正确指导和帮助下,反思个人手机上网行为,养成遵守网络规则和网络道德的好习惯。通过反思、领悟,再反思、再领悟,将网络道德内化为自己的自觉行为,也只有通过这个过程才能使青少年真正提高网络道德水平,自觉约束上网行为,少受其害或免受其害。

2. 树立集体意识和科学的人生态度

青少年自身要发挥个体的主观能动性,学习社会主义道德,尤其是要树立集体意识;通过理论学习、实践锻炼、心理咨询等方式增强个人的集体意识,从而更恰当地处理个人与他人、个人与社会的关系,实现个人的社会价值。另外,对于青少年受手机网络生活方式影响而形成的随意的人生态度,青少年要警醒自己不要跟风,不要盲从,对自己的手机上网行为反思"该不该,值不值",还要通过多方面学习和实践来体会人生的真正价值,明确学习、工作、生活的方向,形成文明健康的生活方式和积极向上的人生态度。

3. 通过实践活动来提高个人思想素质

青少年之所以沉迷于手机网络,容易受其误导,很重要的一个原因是他们脱离了现实的世界,脱离了实践,仅仅把自己的思想禁锢在手机网络的虚拟空间内。因此,无论是家长、学校还是社会,都应给予相应的重视,尽量为青少年创造参加有益的实践活动的条件。而作为新世纪的青少年更应不辱使命,自立自强,勇于面对挑战,在社会实践中不断提高个人的思想道德素质。比如,青少年可以在课余时间进行社会调查、参观访问和社会考察,提高自己对社会的认识,增强社会责任感;还可以参加社会服务、创建文明社区、环保宣传等活动，培养自己的文明行为；参加社会公益活动、勤工俭学活动培养自身爱劳动的思想，形成勤俭节约的好品质。

（四）营造良好的青少年手机文明上网的社会氛围

社会主义市场经济的商业组织，不应是纯粹以追求利润为根本目标的组织，而应该是为社会主义服务的、具有社会责任感的组织。只有商业组织中的个体具有良好的职业道德和社会公德，自觉承担社会责任，整个社会才会形成一种负责任的氛围，生活在这个社会的青少年才会变得更有社会责任感。非商业组织就是不以盈利为目的的社会组织，他们有责任、有义务大张旗鼓地宣传社会主义主流思想，进行主旋律教育，提倡精神文明。其次，他们内部有着众多有知识、有技术、有远见的仁人志士。因此，要充分调动他们的积极性，促使他们发挥聪明才智，发展和完善手机网络的监管制度。总之，社会组织的作用并不是可有可无的，他们的支持和配合能汇聚成一股解决问题的强大力量。

参考文献：

[1] 戒网瘾学校. 中国青少年网瘾报告 2009 观点摘要. 戒网瘾联盟. http://news.qq.com/a/20090902/000658.htm

[2] 2009 年中国青少年网瘾报告发布. 人民网. http://game.people.com.cn/GB/48644/48662/10909514.html

[3] 木江. 互联网成瘾综合征. 百度百科. http://baike.baidu.com/view/532248.htm? fr=ala0_1_1

[4] 桑标. 社区青少年心理研究. 上海：华东理工大学出版社，2006. 217

[5] 孙海华. 部分青少年对手机精神依赖忽略正常人际交往. 腾讯网. http://news.qq.com/a/20090902/000658.htm

[6] 董娅，邓力. 困惑与超越. 北京：人民出版社，2006. 375

农民工思想政治教育缺失及对策探析

黎明艳
（西南大学，重庆，400715）

近年来，随着农民工问题的日益突出，党和政府相继出台了一系列旨在维护农民工利益、保障农民工合法权益的政策，如重庆出台的关于农民工的十三类税收优惠政策、广东出台的农民工落户政策等。这些政策虽在一定程度上解决了农民工的一系列实际问题，但却不能解决农民工的思想和心理问题。而要解决思想问题，还需微观层面的、从人的实际心理需求入手的思想政治教育的介入。当前，我国针对农民工的思想政治工作却存在严重问题，尤其是很多地方一度出现农民工思想政治教育的空缺现象。因此，充分认识农民工思想政治教育缺失这一重要问题及原因，并采取有针对性的措施切实加强并改进农民工的思想政治工作，具有十分重要的意义。

一、农民工思想政治教育缺失现状分析

现阶段，我国农民工思想政治教育还存在诸多严重的问题，而其中尤以农民工思想政治教育的缺失为甚。虽然早在1999年的《中共中央关于加强和改进思想政治教育工作若干意见》中就强调过："要十分注意做好下岗职工和进城务工人员的思想政治教育工作"[1]，但在长期的实际工作中，政府及社会各界对农民工思想政治教育的重视程度是远远不够的。加之农民工具有文化素质低、流动性强、极具分散性等特点，更是加大了对其进行思想政治教育的难度。据国家统计局农调队对全国31个省（区、市）6.8万农村住户和7100多个行政村的抽样调查，从2004年的外出务工人员受教育文化程度看，文盲占2.0%，小学文化程度占16.4%，初中文化程度占65.5%，高中文化程度占11.5%，中专及以上文化程度占4.6%。[2]到目前为止，我国还没有一支专门对农民工进行思想政治教育的队伍，也没有一个专门开展农民工思想政治工作的组织机构，农民工思想政治教育在很多地方曾一度出现空缺的状况。

农民工思想政治教育的缺失必然不利于其思想问题的解决，而长期积累的思想问题又必将引发一系列社会问题，并对社会的和谐、稳定和发展造成危害。近年来，农民工的犯罪率呈逐年上升趋势，并且农民工犯罪占社会犯罪的比例一直偏高。[3]农民工的高犯罪率不仅给自身和他人的生命财产带来了严重危害，而且也给社会的和谐、稳定和发展造成了危害。所以，全面分析农民工思想政治教育缺失的原因，并提出具有针对性的解决对策迫在眉睫。

二、农民工思想政治教育缺失的原因探究

(一)对农民工思想政治教育的认识不到位

长期以来,我国农民工思想政治教育存在"盲区"的根本原因是社会各界对农民工思想政治教育这一问题的重要性认识不够。

首先,各级党政部门对农民工思想政治教育的重要性认识不够。虽然,农民工思想政治教育问题也在一些文件中略提了一下,但并未明文规定如何实施、由谁来实施、如何监管等一系列重要的具体问题。

其次,农民工所在的企事业单位对农民工思想政治教育的重要性认识不够。企业的逐利性特征促使企业更多地只考虑到眼前的经济利益,而看不到农民工思想方面潜在的问题,更看不到农民工思想政治教育的经济功能。在其眼里,思想政治教育只不过是一项耗时、费力又不见成效的工作而已。

再次,农民工自身对思想政治教育的重要性认识不够。浓厚的小农思想及较低的文化素质决定了农民工更注重眼前利益,而不愿意去进行看不到直接利益的、没有"立竿见影"的效果的思想政治教育。

(二)农民工思想政治教育主体不明确

农民工思想政治教育的主体是指承担农民工思想政治教育活动的组织者、策划者、实施者和调控者。现阶段,政府并未出台专门针对农民工思想政治教育问题的政策,也未明文规定农民工思想政治教育的组织者和实施者,这样的责任不清、任务不明的现状造就了"谁都不愿意管,谁都可以不管"的局面。

首先,在市场化运作下,用工单位只是追求利润最大化的法人,他们不愿意也不会顾及农民工的思想政治教育问题,更不会组织开展农民工思想政治教育工作。

其次,农民工的"边缘人"身份使得他们不属于城市社区、工会、街道办的管理范围之内,因此,社区等组织也不愿意担当起对农民工的思想政治教育工作。

再次,农民工由于长期不在农村,故其户籍所在地的传统职能部门,如村委会、乡政府等对他们"鞭长莫及",难以对其进行思想政治教育。

(三)农民工思想政治教育组织机构不健全

我国农民工的流动性、分散性等特点造成了对其进行统一管理和思想政治教育的难度。目前,我国农民工总体上还处于一种无组织状态。他们与用工单位之间仅仅是一种暂时的、松散的隶属关系,与其所生活、工作的城市之间的联系也不紧密。到目前为止,我国还没有一个专门的行政部门全权负责农民工的思想政治教育工作,还不存在对农民工进行统一的思想政治教育的组织机构,也没有形成全社会共同进行农民工思想政治教育的工作体系,而社会对农民工所进行的思想政治教育工作也多是零散的,并且经常出现无人问津的"真空状态"。

三、农民工思想政治教育缺失的对策探讨

（一）端正态度、提高认识

所谓端正态度、提高认识，即是指社会各界要端正对农民工进行思想政治教育的态度，提高对农民工思想政治教育重要性的认识。

首先，各级党政部门必须提高对农民工思想政治教育重要性的认识。中央应充分认识到，农民工长期积累的思想和心理问题的有效解决，必须依赖于思想政治工作；农民工所在城市的党政部门应充分认识到，思想政治教育能降低对农民工的管理难度，并最终促进社会的稳定、和谐发展；农民工户籍所在地的党政部门应充分认识到，自己对于当地农民工的思想政治教育工作也应负有一定的责任，承担一定的义务。

其次，农民工所在的企事业单位必须提高对农民工思想政治教育重要性的认识。农民工所在的企事业单位应转变观念，充分认识到思想政治教育的经济功能，认识到正确的思想政治教育是一种“磨刀不误砍柴工”的行为，它能极大地调动农民工生产的积极性，提高生产效率，并有利于企业的长远发展。

再次，农民工自身必须实现角色意识的根本转换，提高对思想政治教育重要性的认识。农民工要从根本上转变思想政治教育可有可无的传统观念，要认识到自身的不足以及思想政治教育能帮助自己有效地弥补这些不足，提高参与思想政治教育的主动性和积极性，并努力营造一个良好的自我教育的氛围。

（二）明确主体、落实职责

鉴于我国农民工的边缘性特点，以及农民工思想政治教育所存在的“谁都不愿意管，谁都可以不管”的“真空”局面，笔者认为，政府有必要从农民工工作、生活的环境出发，出台一系列相关政策，明文规定农民工所在的企业、社区以及户籍所在地的党政部门为对农民工进行思想政治教育的主体，落实他们的职责，并对其加大财政投入，帮助并督促农民工思想政治工作的顺利进行。

第一，要明确农民工所在单位的职责。一方面，要鼓励企事业单位努力为农民工思想政治教育营造一个良好、和谐的环境；另一方面，要扶持企事业单位在内部成立工会，并倡导由工会直接负责农民工的思想政治教育工作。

第二，要明确农民工所在社区的职责。政府有必要在农民工聚居的社区成立农民工思想政治教育的相关组织，专门负责掌握该社区农民工的思想动态和思想问题，并有针对性地对其进行思想政治教育。

第三，要明确农民工户籍所在地党委和政府的职责。政府要规定农民工户籍所在地的党委和政府应统计好本辖区的外出务工人员，掌握外出农民工的思想状况，对他们做好外出前的思想政治工作。

（三）建立“三位一体”的农民工思想政治教育的实施机构

根据农民工流动性强但居住相对稳定的特点，建立企业、社区、输出地“三位一体”的

农民工思想政治教育的实施机构，并成为改变农民工思想政治教育缺失现状的有力保障。

首先，以企业工会为依托，设立企业工会农民工思想政治教育小组。笔者认为，其成员可由企业党政工作者兼任，专门负责农民工的思想政治工作。这样，就使分工更为精细，责任更为明确，也就更有利于把农民工思想政治工作付诸实施。这里需要明确指出的是，企业工会农民工思想政治教育小组是以企业工会为依托的，是企业工会的一个下属部门。所以，企业工会有责任为其提供必要的物质帮助和精神支撑，并配合其做好农民工的思想政治工作。

其次，以社区为依托，成立社区农民工思想政治教育小组，并在此基础上成立社区农民工思想政治教育联合委员会。笔者倡议由政府出资，社会各界给予物质、资金的帮助，在各个社区成立社区农民工思想政治教育小组，其成员可由政府选拔分配，分管本社区农民工的思想政治工作。同时，以相邻几个社区的联合为基础，成立社区农民工思想政治教育联合委员会，并定期召开会议，一起研讨平时工作中出现的典型的、难以解决的问题。这样，社区农民工在遇到问题时，既可以向本社区的农民工思想政治教育小组反映，又可以向社区农民工思想政治教育联合委员会寻求帮助。

再次，以农民工户籍所在地为依托，成立农村农民工思想政治教育联系小组。笔者认为，为了不使农民工思想政治教育工作脱节，很有必要在农村设立农民工思想政治教育联系小组，其成员可由乡镇干部负责进行配置。一方面，联系小组必须跟踪掌握本乡镇农民工返乡期间的思想动态，并将重要信息反馈到相关的企业工会以及社区农民工思想政治教育小组；另一方面，联系小组还应组织开展丰富多彩的活动，如打工经验交流会、先进农民工的事迹报告会等，并号召农民工积极参与，加强交流，相互学习，这样就以喜闻乐见的形式达到了对农民工进行思想政治教育的良好效果。

参考文献：

[1] 中共中央关于加强和改进思想政治教育工作的若干意见.人民日报，1999-9-30

[2] 李小云，左停，叶敬忠. 2005——中国农村情况报告.北京：社会科学文献出版社，2006.7

[3] 杨宝宏.农民工犯罪问题——社会心理失衡与犯罪.甘肃行政学院学报，2007(4)

浅论新生代农民工的思想政治教育

冯　丹

(重庆理工大学,重庆,400715)

农民工是中国社会群体的重要组成部分,2009年,全国农民工总人数为2.3亿,外出农民工人数为1.5亿,新生代农民工占61.6%。根据一些调查和报告,本文就新生代农民工思想政治教育的现状及其原因进行分析,并提出农民工思想政治教育建设的对策和建议。

一、新生代农民工思想政治教育的现状和原因分析

(一)新生代农民工的定义

2010年1月31日,在国务院发布的《关于加大统筹城乡发展力度,进一步夯实农业农村发展基础的若干意见》中,首次使用了"新生代农民工"的提法。新生代农民工主要是指20世纪八九十年代出生的,具有农村户口,但在城市(镇)从事非农业工作的人。他们占外出打工的农民工总数的60%,大约1亿。他们受教育水平较高,但对于农业方面的知识并不了解,对于农活,也没有实际操作过,更渴望融入城市,重视社会保障,维权意识更强,努力争取他们在城市中的权利。相对于上一代的农民工,他们的忍耐力较差,对职业和未来生活的目标期盼更高,一方面,他们没有退路,如果退回农村,会失去经济来源;另一方面,他们追求丰富的物质和精神文化生活。

(二)新生代农民工思想政治教育的现状

1. 没有专门的机构负责农民工的思想政治教育

党和国家一直很关注农民工问题,尤其是改善农民工的物质生活水平,解决其维权和经济方面的问题。但直到今天,仍没有一个专门的机构或组织负责农民工的思想政治教育。

2. 对农民工思想政治教育目标和内容的偏差

各地政府解决农民工问题大多是针对具体出现的问题,或是以管理者的身份对农民工产生的负面影响进行教育。各个培训机构侧重的是职业技术技能的培训,服务于就业率,忽视了农民工进入城市后身份转换所引起的思想、情感、心理方面的问题。在市场经济体制下,企业关注的是企业利益,对于农民工一般是通过一些规章制度来约束,很少有企业真正从人文的角度去关怀员工。

3. 新生代农民工思想变化与思想政治教育发展不同步

20世纪80年代后出生的农民工逐渐替代了老一辈的农民工，他们更关注自身的发展，实现他们自己设定的目标。在快速发展的当今社会，各地政府还没意识到农民工思想和心理上转变所产生的问题，忽视了对新一代农民工的思想政治教育。它导致的结果已经开始显露，对我国政治社会稳定、经济可持续发展及其个人发展产生了负面影响。

（三）引发现状的主要原因分析

1. 重视就业率和经济效益，而忽略了思想政治教育

长期以来，党和国家把主要的社会资源都投入到了经济建设上，以经济建设为中心，对于农民工的关注主要在经济和劳动权益诉求方面。由于农民工的流动性，很难有一个专门的部门对农民工的思想政治进行系统、完整的教育。而各地政府为了发展当地经济，把廉价的劳动力当成招商引资的资本，视农民工的价值为工具性价值。国家的政策导向出现的偏差直接导致企业文化中缺少了对员工的思想政治教育。

2. 教育的方式单一，内容乏味

现在的思想政治教育工作主要采取的是强制性的单向灌输。思想政治教育者没能恰当地处理好与受教育者之间的关系，在思想政治教育工作中，总是把农民工当做被教育者。随着“80后”的农民工进入社会，他们的自主意识明显增强，如此的教育会让农民工本能地产生抵抗心理，单向灌输的方式反而会起负作用。

教育内容单一、乏味、过时，也是造成思想政治教育缺失的客观原因之一。新生代农民工不仅追求合理的工作和待遇，同时也有其他的社会价值取向，因此，思想政治教育除了要对他们进行传统的爱国主义教育和法制宣传等，还要满足他们其他方面的精神文化需求，如培养适应社会变化的能力、培养自我调节能力，使他们具有正确的价值取向和良好的学习习惯。

3. 新生代农民工自身的因素

新生代农民工的平均年龄在23岁左右，大部分人一离开初中或高中校门就走上了外出务工的道路。新生代农民工比较年轻，正是逆反心理比较严重的时候。与上一代相比，他们的教育水平有所提高，可是少了一些传统的优良品质，如吃苦耐劳、具有家庭责任感等。从成长经历来看，新生代农民工与城市的同龄人相似，生活条件较优越，消费水平较高。他们和传统农民工一样讲“老乡关系”、老乡团体的聚会，这本身是很好的思想交流机会，也是农民工找工作的一个重要来源，但是容易受不良风气的影响，近几年就频频发生新生代农民工团体犯罪事件。

当然还有其他方面的影响，如社会的不公平环境，部分城市居民对农民工的偏见和歧视，社会保障制度的不健全，农民工整体的物质水平不高，使他们也无暇顾及农民工的流动性也使得思想政治教育的实施困难重重。

二、加强新生代农民工的思想政治教育的必要性和重要性

(一)加强新生代农民工的思想政治教育的必要性

1. 严峻的国际国内形势迫使我们要加强新生代农民工的思想政治教育

当今的国际国内形势迫使我们要加强新生代农民工的思想政治教育。在经济全球化的今天,国际形势的动荡直接或间接地影响着国内的社会、政治、经济、文化等方面。韩国极端分子无耻的叫嚣,法国在奥运圣火传递期间的破坏活动,美国对我国的经济欺压;而国内环境也不容乐观,2008 年"藏独"分子的"3·14"打砸烧抢事件,2010 年新疆"东突"分裂国家的不法之徒煽动民族分裂事件,这些都使我国面临着新的挑战。如果不加强新生代农民工的思想政治教育,他们的思想处于不成熟阶段,容易受到蛊惑和被利用,可能做出不利于国家安定团结的事情。

2. 现实的社会环境需要我们加强对新生代农民工的思想政治教育

思想政治教育的缺失,在农民工当中的弊端已经凸显出来。如富士康跳楼事件,媒体、各类专家都在报道研究产生此类情况的原因,如果可以早点从思想和心理上关心这些农民工,早期预防,就不会屡屡出现类似的事件。如果不采取措施加以疏通引导,就是一个随时会爆发的不安定因素。做好思想政治教育工作,让他们在工作中体会到国家政府及企业的人文关怀,享受到应有的权利,才能避免他们对现状不满或是遇到困难时采取过激行为。

(二)加强新生代农民工思想政治教育的重要性

1. 加强新生代农民工的思想政治教育有利于国家政治经济的发展

思想政治教育的成果是长期效益,做好新生代农民工的思想政治教育工作有利于国家政治经济的长期发展。也许从短期看得不到回报,但是从长期看是有利于国家发展的。新生代农民工已经逐渐成为我国经济建设的主体,提高他们的整体素质,有利于中国社会走上政治经济高速、平稳发展的轨道。

2. 加强新生代农民工的思想政治教育有利于社会的稳定

良好的思想政治教育有利于社会的稳定。农民工已成为我国经济和社会发展的重要依靠力量,在新旧农民工更替的过程中,要充分认清新生代农民工思想政治教育的现状,切实加强思想教育,这对社会的稳定和发展都将起着重要的作用。

3. 加强新生代农民工的思想政治教育有利于他们全面发展

开展思想政治教育有利于引导农民工价值取向合理化。新生代农民工的思维和心智正处于不成熟的阶段,如在工作目的的调查中,选择"出来挣钱"的占 18.2%,选择"刚毕业,出来锻炼自己""想到外面玩玩""学一门技术",以及"在家乡没意思"的人高达 71.4%。[3]他们大多没有一个明确的职业目标和方向,没有对未来职业的规划。进行有效的思想政治教育有利于引导他们的工作价值取向合理化,有利于农民工形成正确的价值观,有利于他们以积极的态度在就业中处理各种矛盾、冲突。

我们对于农民工的问题，不管是媒体还是普通市民都是从同情的角度来关注他们，认为他们是一个需要救济的弱势群体。但他们需要的不是同情，是提高生活水平的同时实现全面的发展，作为一个社会的人的全面发展。政府应该有意识地从良性发展方向来引导新生代农民工，从而使他们的价值取向合理化，有利于他们实现自身全面、和谐、自由的发展。

三、加强新生代农民工思想政治教育建设的对策

(一)构建新的理论体系，确立教育目标

在新的历史条件下，应当建立新的思想政治教育理论体系，确立教育目标。旧的思想政治教育的内容已经不能完全适用于新的形势，应以他们最终实现自身全面、和谐自由的发展为教育目标，建立完善的教育理论体系。思想政治教育理论体系要从低层次向高层次发展，社会主义现代化建设需要有理想、有道德、高素质，具有积极性、主动性和创造性的建设者。

(二)在培训技能的同时开展丰富生动的思想教育课程

教育方式要多种多样，新一代的农民工不喜欢传统的说教式的思想政治教育。培训机构可以利用网络、多媒体等形式丰富的上课方式，吸引他们学习。舆论导向可以引导人民群众，政府也可以利用媒体这个平台往良性方面引导他们的思想方向。思想政治教育的内容要充实、贴近生活。首先，要有正确的人生观和价值观的教育；其次，结合现代国情、国际国内形势与国家法律法规政策，进行爱国主义教育；再次，丰富农民工的精神文化生活；最后，培育新生代农民工自身学习的意愿和能力。

(三)培育和建立思想教育工作者队伍

教育者要树立服务意识，而不是站在管理者的角度。教育者本身要不断地学习，有较高的素质，而不是目中无人的说教。应坚持以人为本的原则，对农民工在工作中实际遇到的问题和困难有具体的了解，进行人性化的教育。政府应建立一个有效机制督促社区、街道办、工会社区等组织以及企业承担起他们思想政治教育的责任。

(四)提高新生代农民工自身素质

应让新生代农民工由被动接受教育到主动学习，强调农民工发挥主动性，提高他们的学习能力。他们的文化程度大多在初高中程度，具备了学习的能力，关键是引导他们主动学习，提高自身的素质。

(五)发挥工会作用，定期进行思想政治教育

各个地方的工会应发挥其作用，接纳农民工进工会，对这类新的工人开展思想政治教育。工会应了解农民转为工人后所有面临的问题、困难以及思想上的变化，深入地解

决新一代农民工的思想困惑。

（六）优化农民工思想政治教育环境

我们国家要重视新生代农民工的思想政治教育，尽快建立一个专门的部门或机构来负责农民工的思想政治教育。健全法规，出台相关的政策来督促企业重视农民工思想方面的问题，发展企业文化来关心农民工，优化整个社会的思想政治教育环境。说到农民工的思想政治教育，大部分人都认为受教育的主体应该是农民工，其实不然，不仅要对新生代农民工进行思想政治教育，也要对城市中的所谓城市管理者和城市居民开展思想政治教育活动，改变他们错误的思想，改变他们对农民工的排斥歧视，做好接受农民工融入城市的准备。要在提高农民工物质生活水平的基础上，在人格上尊重农民工，才能优化农民工的思想政治教育环境。

试论中国现代化与人的现代化的互动关系

陈淑丽
（西南大学，重庆，400715）

一、中国现代化与人的现代化的内涵

现代化这一概念，在20世纪60年代逐渐成为科学研究中的流行语，受到各个领域的专家学者的关注，然而，它所指涉的历史过程和世界意义却早在18世纪的英国工业革命期间就开始在世界范围内扩散。现代化，从一般意义上讲，是指18世纪后期工业革命以来，由大工业的发展和科学技术的进步带来的社会经济、政治、文化心理等领域的广泛而深刻的变化，是从传统农业社会向现代工业社会转变和演进的过程。具体来讲，现代化包括这样几层含义：一是现代化是以工业化为开端和核心内容的，但现代化不等于工业化，其内容的广度和深度要远远超过工业化；二是现代化是社会的整体性变革而非某一方面的简单改变，包括经济、政治、文化等方面的现代化，其中经济现代化是基础，政治现代化是保障，科技现代化是关键，文化现代化是核心，而人是经济、政治、科技和文化的建设主体，因而人是现代化的根本；三是现代化是一个不断发展的动态的历史过程，它表征的不是一个完成时，而是一个进行时，必将随着社会实践的发展而不断获得充实和完善，不断被赋予新的时代内涵。

从中国的历史发展来看，中国的现代化开始于1840年的鸦片战争。鸦片战争的爆发，迫使中国打开国门，一些志士仁人看到了西方的先进和中国的落后，发动了"师夷长技以制夷"的洋务运动，主张学习西方，创办西式工业，包括军用工业和民用工业，试图用器物现代化的手段实现中国的富强。然而，没有进行社会根本变革的洋务运动注定了要失败。洋务运动失败后，中国又出现了维新运动和辛亥革命，一些革命志士又试图仿效西方建立资本主义民主制度，以制度现代化的手段来改变中国贫穷落后的面貌。实践证明，这些没有触动中国社会性质的小改革不能帮助中国走向现代化的光明大道。一次次惨痛的失败使中国人逐渐意识到，要实现中国的现代化，先进的技术和制度是条件，具备现代意识和现代能力的人才是根本，由此发动了五四新文化运动，通过改变和重新塑造国民的思想来改变中国的社会现状，使先进的工人阶级登上了中国历史的舞台。在马克思主义理论的指导下，先进的中国共产党带领全国各族人民推翻了长期压在中国人民头上的三座大山，建立了新中国，最终找到了一条实现中国社会现代化的正确道路。中国探索现代化的曲折历程告诉我们：只有现代化的人才能使中国走上社会现代化的康庄大道。而中国的现代化，就是指以人的现代化为核心的社会经济、政治、文化等各个领域不断发展的历史过程。

人的现代化，是指在社会现代化建设过程中，人从传统人不断转变为现代人，实现人的自由、全面、协调发展的状况和过程，包括人的观念的现代化和人的能力的现代化。人的现代化的实现，是一个历史过程，这往往不是自发实现的，而是要伴随着社会现代化的过程来实现。一般通过两种方式来完成：一种是个体自觉主动的方式，即社会中的个体自觉地根据现代社会的发展要求，自觉、能动地趋向现代化；另一种是外在因素影响的方式，即在社会因素如教育、环境、竞争等条件影响下，个体实现其转变。不管哪一种方式，人的现代化都是人不断改造、扬弃自身的传统性和形成、发展现代性的过程。而人的传统性与现代性，既体现在人的行为方式、活动方式上，更集中体现在人的思想观念上。正如马克思主义所认为的，人们变革世界的实践活动都是在一定的思想观念指导下进行的，人们的思想观念不同，实践性质、水平和深度就会不同。所以英国学者英科尔斯也指出："如果人们自身还没有从心理、思想、态度和行为方式上都经历一个现代化的转变，失败和畸形发展的悲剧结局是不可避免的。再完美的现代制度和管理方式，再先进的技术工艺，也会在一群传统人的手中变成一堆废纸。"除了思想观念的现代化外，现代化的人还需要具备现代化的能力，现代化的能力是人在认识世界和改造世界的实践活动中表现出来的一种本质力量，是人的现代化的外在表征和重要体现。现代化的思想观念和现代化的能力构成了现代化的人。

二、中国现代化与人的现代化的互动关系探析

马克思主义唯物史观认为，社会和人是辩证统一的，人是社会中的人，离开了社会，人就无法生存和发展；社会是人的社会，是由人组成的，离开了人，社会也就无所谓社会。正如马克思曾经明确指出的："社会——不管其形式如何——究竟是什么呢？是人们交互作用的产物……人们的社会历史始终只是他们的个体发展的历史，而不管他们是否意识到这一点。"[1]社会的发展和人的发展具有内在的一致性，社会的现代化与人的现代化是辩证统一的过程。社会现代化不仅仅指向物，更直接指向人。人是社会现代化的主体，社会现代化要通过现代化的人的实践活动才能实现；同时，社会现代化为人的现代化创造了物质条件和精神条件，保障着人的现代化的实现。

首先，中国现代化是实现人的现代化的基本前提和重要基础。

人的现代化是伴随着中国社会现代化的进程而完成的，是社会现代化总过程的一个方面。人的现代化的实现不是自发完成的，需要以中国社会的现代化为前提和基础。没有中国社会的现代化，人的现代化就成了无源之水、无本之木，不可能实现。生活于旧中国的中国人没有获得作为人应有的尊严和价值，人的发展受到严重的压抑，其原因就在于当时中国的贫穷与落后，无法为人的自由全面发展提供丰富的物质条件和精神条件。自新中国成立以来，中国共产党在马克思主义科学理论的指导下，带领全国各族人民万众一心，改变了旧中国贫穷落后、被动挨打的局面，取得了社会主义现代化建设的巨大胜利。社会主义市场经济体制逐步建立，社会主义民主政治制度不断完善，社会主义先进文化更加繁荣，物质文明、政治文明、精神文明、生态文明和社会文明不断发展，从而为当下人的自由全面发展提供了重要的前提和基础。生活于现代社会的中国人，不仅获得了作为人应有的尊严和尊重，而且人的自由个性得到了比较充分的发展，加快了

人的现代化的步伐。

其次，人的现代化是实现中国现代化的内在动力和衡量标准。

人是中国现代化建设的主体，中国现代化目标的实现离不开具有现代思想观念和现代能力的人，只有现代化的人才能通过创造性的实践活动，创造出发达的物质文明、精神文明、政治文明和生态文明，承担起建设现代化的重任，实现中国的现代化。人的现代化是实现社会现代化的内在动力，也是判断和衡量中国是否实现现代化的一个重要标准。

人的现代化是中国现代化的根本，而人的思想观念的现代化又是人的现代化的灵魂。人的现代化是以人的思想观念的现代化为前提和标志的，人的思想观念的现代化是以人的现代化为表现和基础的。人如果没有现代化的思想观念，而只有现代化的物质生活，也只能叫传统人，而不能称之为现代人。人的思想观念的现代化，也叫人的现代化观念，又叫人的现代化意识，是指人们对社会现代化的客观存在的主观反映而形成的一种具有时代精神的现代化意识。思想观念的现代化在人的现代化中处于灵魂和统帅的地位，对人的思维方式、生活方式、知识技能和行为方式等起着宏观的制约、支配和指导作用。正如学者王南所言："作为社会现代化之根本因素的人的现代化绝非只有少数社会精英分子心态的现代化，而是广大民众的心态的现代化。"[2]回顾西方现代化发展的历程，可以得出相同的结论。西方的现代化进程之所以发展得比较顺利和迅速，与它注重人的现代化与人的思想观念的变革密不可分。从文艺复兴运动到宗教改革运动再到启蒙运动，其实质都是人的观念的革命。文艺复兴确定了人至高无上的地位，宗教改革唤起了人的尊严，启蒙运动引导人从愚昧中觉醒，开始用理性进行思考，推动着社会现代化的发展。因此，中国要早日实现现代化，就必须首先变革旧的观念，在实践的基础上创造出符合社会发展的新观念、新思想，并用新观念、新思想指导变革世界的实践。

现代化的人除了要具备现代化的思想观念外，还必须具备现代化的能力。现代化的能力是人的现代化的核心。在科技日新月异的当今时代，现代人的能力主要表现为学习能力、创新能力和协调能力。其中，学习能力是基础，创新能力是关键，协调能力是保证。学习能力是现代人的基础能力，是现代人认识和适应自然、社会以及实现自我发展变化的本领。与传统人对学习能力的要求不同，现代人的学习能力主要体现为一种创新学习能力，不仅要面对现实，更要预测未来，增强学习的"预期性"。学习的预期性，不仅表现为一种敢于探索的学习态度，而且表现为一种独立思考能力，创造性地运用、加工、丰富知识的能力，是一种更好地适应未来社会发展需要、创造未来新生活的能力。创新能力是现代人的核心能力。创新是人的本质，是人的主体性的最高表现，是人的能力的最高形式。现代社会，唯有创新，才能生存和发展。现代人的创新能力，主要体现为现代人的创新思维能力、创新实践能力和创新表达能力。协调能力是现代人的保证能力。在现代社会条件下，由于生产力水平的提高和科学技术的发展，人们活动的范围大大扩展，人与人之间的相互关系日益复杂。现代人只有正确处理好各种复杂的关系，才能有效进行实践活动。现代人的协调能力具体表现为交流沟通能力和合作共事能力，这种能力是增强团体竞争力的基础，也是延伸、强化个体能力的根本条件。只有具备良好的协调能力，才能保证一个集体中不同个体的能力按照同一目标，遵循力的平行四边形法则形成合力，否则，就会因目标各异而造成能力的相互抵消，必然造成实践活动无法深化和正常进行。

中国现代化以现代化的人为内在动力，现代化的人是衡量中国社会是否实现现代化的重要标准。中国的现代化，不仅仅表现为现代化的经济、政治、文化以及科学技术，更表现为创造和运用现代经济、政治、文化和科学技术的主体——现代人。中国的现代化与中国人的现代化是辩证统一的，在实践活动中，唯有实现两者的良性互动，才能不断促进中国社会的发展和中国人的发展，早日实现中国社会的现代化和中国人的现代化。

参考文献：

[1] 马克思，恩格斯. 马克思致帕・瓦・安年柯夫. 马克思恩格斯选集(第 4 卷). 北京：人民出版社，1995. 532

[2] 王南. 日常生活理论视野中的现代化图景. 天津：天津社会科学，1995(5)

中国教育公平思想的理论基础及现实思考

喻俊娇
(西南大学,重庆,400715)

社会公平是构建社会主义和谐社会的本质要求和价值基础,教育公平则是促进社会公平的前提和保证,是衡量社会公平的重要指标,是实现社会公平的重要途径之一。教育公平的实现,关系到和谐社会的构建,因此必须加强对教育公平思想的研究。

一、中国教育公平思想的理论基础

任何思想的产生都必须立足于一定的理论基础之上,都有其赖以产生和形成的理论渊源,中国教育公平思想的产生也有其一定的理论基础。

(一)马克思主义关于社会公平的理论

马克思、恩格斯指出,造成社会不公的根源在于资本主义的剥削制度,只有消灭私有制,才能真正实现社会的公平公正。马克思主义的公平观指明了实现社会公平的基本条件就是在全社会实行社会主义公有制,使社会生产力获得高度发展,消灭工农之间、城乡之间、体力与脑力劳动之间的差别。马克思、恩格斯认为,社会经济关系直接制约着社会公平的实现,实现社会公平不能脱离社会经济关系和生产力的发展水平来空谈。在共产主义社会第一阶段,必须为社会全体成员提供社会福利和保险基金,为实现社会公平提供保障。在他们看来,任何社会的公平都是具体的、相对的、历史的,并不存在恒定不变的公平标尺。马克思、恩格斯关于公平公正的理论是中国教育公平思想重要的理论源泉之一。

(二)马克思主义关于教育的相关论述

马克思主义关于教育的基本观点和学说,是整个马克思主义理论宝库的重要组成部分,对中国的教育具有重大的实践指导意义,也是中国教育公平思想的重要理论源泉之一。

1. 马克思主义关于争取受教育权和普及教育的论述

马克思认为,教育是无产阶级认识世界和改造世界的必经途径,也是推动无产阶级发展壮大和解放自身的有利途径,教育权问题与无产阶级历史命运有着密切的联系。他高度重视人民群众的受教育权问题,提出要把争取受教育权的斗争看做争取劳动人民解放斗争的一个重要部分。他指出,物质生产的不断发展需要一批具有相应的科学文化和科学技术的专门人才,普及教育是物质生产发展的必然要求。早在 1845 年,恩格斯在《共产主义在德国的迅速发展》和《爱北斐特的演说》中就提出了共产主义教育的基本原则应是“一切人都有平等的受教育的权利,都应该分享科学的成果”。此外,马克思、恩格斯曾把实施公共的、免费的义务教育看做无产阶级斗争的目标,指出无产阶级在夺取政权后就应该实现这一目标。他们认为应由“国家出资对一切儿童毫无例外地实行普遍教育。这种教育对任何人都是一样,一直进行到能够作为社会的独立成员的年龄为止”。这时的恩格斯虽然未能站在唯物史观的立场上,来正确评价教育的社会作用,然而,他是将人人享有的受教育权,看做共产主义教育的基本原则。

2. 马克思主义关于人的全面发展的学说

马克思关于人的全面发展的学说,虽然不是对教育目的和教育理想的直接论述,但其将人的全面发展置于历史的、现实的基础之上,为教育的发展提供了科学的理论依据和方法论指导,是马克思主义教育思想的重要组成部分。其基本思想是:人的发展是与社会生产发展相一致的;实现人的全面发展的根本途径是教育同生产劳动相结合。他指出:“未来教育对所有已满一定年龄的儿童来说,就是生产劳动同智育和体育相结合,它不仅是提高社会生产的一种方法,而且是造就全面发展的人的唯一方法。”马克思关于人的全面发展的学说告诉我们,人的全面发展是社会发展的必然趋势,教育是实现人的全面发展的途径之一,个人要想适应社会的发展,必须接受教育,使教育与生产劳动相结合。人的全面发展学说为中国推行和实现教育公平提供了重要的理论依据。

二、中国教育公平的现实思考

当前我国的教育发展,是在地区之间、城乡之间和社会之间的巨大差距上展开的。经济发展不平衡、社会贫富分化造成了明显的教育阶层差距,而历史和传统因素又使得教育的性别差异依然存在。

(一)社会经济发展不平衡造成教育的城乡差距和地区差距

社会经济基础决定上层建筑,教育作为一种精神生产活动,是一定社会上层建筑的重要组成部分,根植于一定的经济基础之中。改革开放以来,我国在经济发展方面取得了巨大成就,但由于我国尚处于并将长期处于社会主义初级阶段,经济社会发展的不平衡,使得教育城乡差距和地区差距的存在在所难免。

1. 教育城乡差距的表现

教育的城乡差距主要是指城市和农村居民在能获得的教育设施、教育质量和教育机会上不均衡。这里主要以教育经费的投入和教育设施的完善为例,2008 年,全国普通小学生均预算内事业费支出为 2757.53 元,其中农村支出为 2617.59 元,约为全国总支出的 94.93%;全国普通初中生均预算内事业费支出为 3543.25 元,其中农村支出为 3303.16 元,约为全国总支出的 93.22%。全国普通小学生均预算内公用经费支出为 616.28 元,其中农村支出为 581.88 元,约为全国总支出的 94.42%;全国普通初中生均预算内公用经费支出为 936.38 元,其中农村支出为 892.09 元,约占全国总支出的 95.27%。尽管国家采取多项措施不断加大对农村教育经费的投入,但城市的某些重点学校已步入了现代化教学,而偏远农村学校的办学条件和教育设施简陋,师资缺乏。

2. 教育地区差距的表现

教育的发展与区域经济的发展息息相关，由于东、中、西部社会经济发展的不平衡，使得教育资源的配置也呈现出地区性差异。以各区域的高等教育为例，东部各省基本步入了高等教育大众化阶段。东部地区以2008年江苏省为例，高等学校有146所，占全国的6.5％，高等学校普通本专科在校学生数有157.26万人，每万人口中大学生数已经达到205人，专任教师达到96267人，占全国的7.8％。中部地区高等教育稳步发展，已经进入高等教育发展的初级阶段。以2008年湖南省为例，高等学校达到115所，占全国的5.1％，高等学校普通本专科在校学生数有95.23万人，每万人口大学生数达到149.3人，专任教师达到57651人，占全国的4.7％。西部地区的高等教育改革和发展取得了明显成效，但整体的发展水平仍然偏低。以2008年四川省为例，高等学校有90所，占全国的4.0％，高等学校普通本专科在校生有99.11万人，每万人口大学生数122人，专任教师达到59174人，占全国的4.8％。此外，在甘肃、宁夏等偏远的西部省市，高等教育发展严重滞后，由此可见，东、中、西部的教育发展存在着明显的地区差距。

(二)社会贫富分化和资源占有差异造成教育的阶层差距

新的社会转型时期，在社会整体财富不断增加的同时，我国社会的阶层收入差距日益明显，资源占有差距不断扩大，贫富分化问题日益严重。据调查显示，我国居民存款有80％被社会的高收入者所掌握，剩余20％由占80％的社会其他人员所有。此外，全国20％城镇最富裕的家庭拥有全部城镇金融资产的55.4％。目前城镇享受低保的人口有2000多万，农村有数千万贫困人口，全国有约6000万残疾人口，还有近200万流动儿童失学。社会财富从收入分配到占有都具有明显的两极化特点。社会阶层的分化、个体拥有社会资源的差异，必然导致教育差距扩大，这种差距在各级教育中都不同程度地存在着。

以义务教育阶段为例，昂贵的择校费限制了低收入家庭选择良好教育平台和优质教育资源的机会，优质教育资源的获得表现出显著的阶级差距。据2005年对北京市中小学生家庭背景情况的一项调查显示，优质小学的学生的父亲学历在大专及以上的占50％，职业在中层及以上的占64％，要明显高于相对薄弱小学的38％和46％；优质初中学生的父亲在大专及以上的占55％，职业在中层及以上的占70％，要大大高于相对薄弱初中的13％和26％。教育起点的不公平，造成了教育过程和教育结果的不公平，在高中教育阶段，高阶层的子女进入重点高中的人数是低阶层的2倍。在高等教育方面，强势社会阶层的子女在国家重点高校占有较大份额，而农村学生和弱势阶层的子女所占份额逐渐减小。教育的阶层差距非常明显。

(三)历史遗留问题和传统观念造成教育的性别歧视

随着我国教育事业的发展和男女平等国策的施行，女性接受教育的机会明显增多，大大缩小了教育上的性别差距，基本实现了教育的性别公平。但由于历史上女性的地位和传统观念的影响，使得农村和贫困地区的教育性别差距仍然存在。截至2008年底，我国普通小学、初中、高中在校女生数量分别占学生总数的46.39％、47.36％、47.75％，初步展露男女半边天的势头，但总体在校女学生数量仍低于男性。与此同时，在城市和高层次的教育中，性别歧视主要表现为女大学生、女研究生在择业过程中遭受的不公平待遇，迫使她们放弃高等教育或者向更高学历深造，2008 年本科大学生、研究生在校女生数量分别占学生总数的 51.02%、45.67%。由于历史遗留问题和观念落后所造成的教育上的性别歧视，虽在短时期内仍然存在，但伴随着经济和社会的发展，它将从根本上得以解决。

马克思主义认为，共产主义以前的教育公平都具有阶级性，从以上对中国教育的现状分析来看，教育不公现象在一定时期、一定范围内仍然存在。实现教育公平是一项系统的长期工程，从马克思主义的教育思想来看，教育总是附属于政治和经济之下，教育公平的实现既需要一定的经济基础，也需要强有力的政策支持、法律保障和政治保障，更需要牢固树立"以人为本"的教育理念。"以人为本"的教育公平观主张教育要以每个人的自由、全面、和谐的发展为根本，只有坚持"以人为本"的教育发展观，才能推动教育公平在深度和广度上不断向前发展。由此看出，努力实现教育公平是我国教育改革的必然趋势。

中国城市社区自治的现状及对策探讨

——以政府、居民(居委会)与中间组织的关系为视角

刁婵娟
(西南大学,重庆,400715)

近年来,城市社区建设取得很大成就,形成综合发展模式,群众与政府联系日益密切,基层民主蓬勃发展,社区建设也不断向现代化与可持续方向发展。尽管如此,由于中国尚处在市场经济发展初期,城市社区建设仍存在许多问题。本文以马克思主义社会理论为指导,着重从政府(主要指基层政府)、居民(居委会)和中间组织关系的角度分析城市社区建设存在的问题,并寻找解决问题的方法。城市社区是一个包括政府、居民和中间组织三个要素在内的系统,三者相互联系、相互制约,要搞好城市社区自治建设,就必须处理好三者的关系,使三者协调发展。

一、城市社区自治的现状

改革开放以来,我国城市的发展和社区建设使中国城市基层实现了一场全面的变革。从 1998 年开始,我国选取 26 个国家级实验区进行实验,最终产生了两种导向:一是行政化导向,如上海模式;二是社区居民自治导向,如沈阳模式。由于我国的社区建设主要从大城市开始,而我国的市场经济发展处于初级阶段,所以,城市社区建设主要采取了行政化导向,并取得一定成就。集中表现:第一,政府职能有效发挥。充分发挥政府的力量,经济活动、城区管理、社区服务、社会治安综合治理、精神文明建设等都由政府行使相应职能,对群众性、地区性、社会性的工作全面负责。这样,使得政府对城市发展规划了如指掌,从而使得城市社区发展与国家社会的发展同步。第二,社区建设综合发展。我国城市社区建设萌芽晚,但是已经形成一个综合模式,社区政治经济文化都得到相应发展,使社区成为城市社区建设的基础。

我国城市社区的结构主要是三主体单向的传统结构,即政府、居委会、中间组织的单向模式,其中,基层政府居于主导地位,中间组织与居民委员会处于政府的支配之下,是政府附属组织,行政化色彩浓厚。如下图:

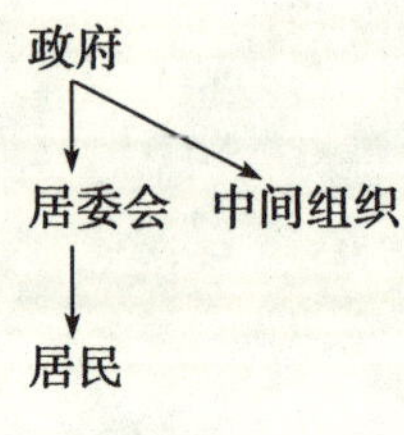

(图一)

这种结构,正是行政化导向的体现,它有其合理性,但随着市场经济的进一步发展,

这种模式的问题日益显现出来。主要表现为：

(一)从政府角度看

首先,政府的行政化管理色彩浓厚。政府在社区建设中起主导作用,主要由政府投入人力、物力和财力进行社区建设。由此,政府也就直接管理和控制着社区的组织以及社区管理,从而形成行政性社区,如上海模式。

这个模式中,街道办事处“以政代社”,担负了过多本该由非政府组织所承担的职能,而且习惯于计划经济时代做法,将非政府的社会组织作为依附于政府的下属单位,并直接干预其自主权利。居委会行政化色彩浓厚,是政府对居委会直接领导,将其作为下属组织,居委会不再是居民和政府沟通的中介,而成为政府本身;从人事和选举上看,政府控制着居委会干部任免;从经济来源上看,居委会很大程度上依赖于政府拨款;从承担任务上看,主要来自于政府指令,承担大量的行政性事务,致使居委会不堪重负。此外,中间组织行政化色彩浓厚。从其产生看,中间组织具有强烈官办性,由政府对其直接领导,缺乏独立性;从人事和管理上看,政府直接决定管理中间组织的人员;从资金来源看,由政府直接拨款,中间组织反而成为政府的沉重负担。总之,这种模式下的政府成了全能的政府,它参与社会生活的方方面面,承担着生产者、投资者、管理者等各种角色,全面控制各种资源,并对其进行分配,从而使社会依附于政府组织体系。

其次,全能政府使得居委会和中间组织成为政府附庸,使居民自治能力低,缺乏独立性、自主性,让政府不堪重负。它还导致资源配置不合理,使得有些地方资源不足,有些地方资源过剩,无法合理利用分配资源。

(二)从居民角度看

首先,从人员构成看,居民构成复杂,没有地域认同感,认识差异性很大。由于市场经济的发展,单位人向社会人转变,市场不充分就业造成大量下岗人员,人口老龄化产生了大量离退休人员,另外还有大批农村剩余劳动力进入城市。由于成长背景以及传统因素的影响,城市居民人生观价值观有很大不同,不少人有强烈的疏离感,有些居民还有排外情绪,不与外来居民交往,从而对社区的公共利益意识淡薄。

其次,从参与意识上看,居民的参与意识不强,缺乏主人翁意识。第一,居民没有共同的地域认同感与归属感,对于社区活动缺乏参与的意识。第二,城市生活的现代化、信息化发展,使得邻里关系逐渐疏离,缺乏参与社区活动的积极性。第三,政府的行政化管理色彩浓厚,使居民过分依赖于政府,缺乏主人翁意识,认为社区活动是政府活动的附属,对其不甚了解。第四,居民的参与以执行性参与为主,认为社区事务是由政府下达命令,居民只是被动参与和接受,缺乏参与的主动性和独立性,是一种消极参与。

(三)从政府与居民的关系上看

在政府与居民的关系上,角色定位不准,政府与居民之间缺乏沟通桥梁,尤其是缺乏有效的中间组织。

首先,政府与居民的角色定位不准。政府的行政化色彩浓厚,对城市社区管理过多,使政府不堪重负；居民没有确立主人翁地位，过度依赖政府，对社区建设漠不关心。

其次，政府和居民之间缺乏沟通桥梁，尤其是中间组织。两个极端不同的个体可以通过中介联系起来，通过中介纳入到一个普遍联系的系统中。而中间组织，就是政府和居民之间沟通的桥梁，它与政府、居民共同构成城市社区自治的三大要素。

在目前的城市社区建设中，中间组织对自己的角色定位不准。第一，中间组织的行政化色彩浓厚。第二，居民对中间组织缺乏关注和监督。中间组织在我国是一个新兴事物，其发展不完善，不少居民对它缺乏认识。而居民对社区建设的关注少，对中间组织的产生、发展、运作知之不多，更不用说监督了。此外，中间组织的"政府化"，也容易使人认为它是政府的组成部分，从而忽略对其的关注和监督。第三，中间组织自身的划分不清。由于中间组织发展不完善，使得其没有确切划分，虽然有政府机构、事业单位中转职的关键机构，但大多依然依附于政府进行运作，这削弱了中间组织在社区自治中的作用。

二、城市社区自治的对策

从总体上说，城市社区自治要由传统型的三主体单向结构向三位立体结构转变（如图二）。我们主要从基层政府、居委会、中间组织三个方面进行分析。

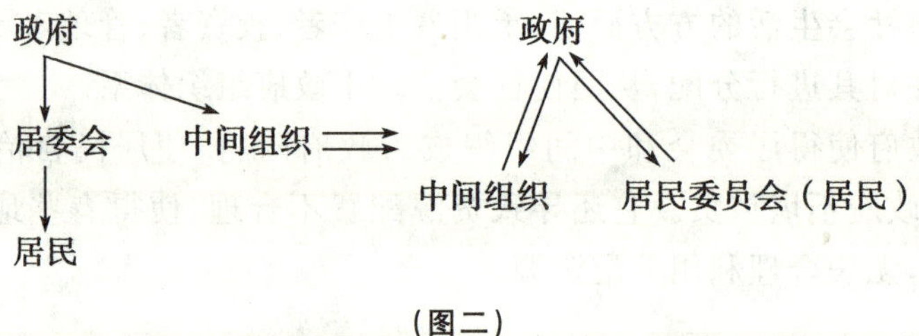

（图二）

（一）从政府角度看

政府应该处于指导和统筹地位，实现从主导型向服务型转变，减轻各种负担，增强办事效率，为城市社区建设提供强大后盾，使城市社区快速稳健发展。

1. 放权。要转变政府职能，精减政府机构，提高政府办事效率，首先要做的就是下放权利，改变政府行政化色彩浓厚的局面。放权给居委会，充分发挥居民委员会代表居民民意的作用，实现真正的社区自治；放权给中间组织，充分发挥市场与政府的双重作用，减少政府负担，满足居民不同程度的需要。

2. 统筹。政府转变职能、下放权力并不意味着政府完全不管。居委会和中间组织必须在政府的指导监督下自主运作，只有这样才能使城市社区建设有序进行。第一，政府对居委会进行引导。政府要对社区发展提供相应的规划政策，使居委会在规划的范围内进行自主管理和决策；居委会要承担一定的政府任务，减轻政府的负担，在政府指导下进行工作；居委会需要政府作为强有力的政治经济后盾，使居委会工作顺利进行。第二，政府对弱势群众给予支持。我国处于社会主义初级阶段，区域发展不平衡，各阶层、人群之间差距较大，特别是对于社会的弱势群体，政府应该提供相应的补助。一是提高弱势人群的社会竞争力，如加强九年义务教育，对弱势人群提供再就业的机会；二是完善社会救助、社会保障制度，如加强养老医疗保险；三是政府对中间组织指导和监督。

中间组织必须在政府政策规划允许的范围内开设，分担政府任务；在中间组织运行过程中，政府必须给以相应的引导和支持，使中间组织更好地运行，以满足人们的需要；政府还必须对中间组织的业绩进行相应的监督和评估，提高中间组织效力。

（二）从居委会角度看

在政府引导下，发挥居民积极性，让居民积极参与社区自治，成为社区主人。作为居民意志代表，居委会要充分发挥其群众性自治组织的作用，自主决策，自主管理。首先，从选举与人事方面看，居委会不再依靠政府决定，而是在民主集中制基础上，居民通过民主对话，定期按照自己意愿无记名直接选举产生居委会成员，而这些成员是兼职，以减轻政府开支。这些成员来进行居委会的运作以及重大事务的决策，进行自主管理，自主决策，自主活动，自主教育，自主监督。如上海市的社区“三会”制度[1]，即听证会、评论会、协调会，居委会在决策涉及群众切身利益的重要事项前，要召开听证会，听取群众意见；对政府驻社区单位和居委会成员，召开评论会，听取群众对他们的评价；对于社区内部，居民与政府、中间组织的矛盾，要通过协调会进行调节。其次，从资金来源看，改变单纯依赖政府拨款的做法，主要由居民按社区发展需要，通过协商按份额缴纳相应的社区费用，从而有针对性地满足居民需要，提高居民对社区管理发展的关注，树立居民的主人翁地位。同时，依然需要政府的适度支持。最后，从承担任务看，居委会应该与街道办事处分离，居民委员会有说“不”的权利，可以拒绝政府不合理的要求。此外，政府不合理的工作指派，居委会可以依法予以拒绝。但是，这并不意味着完全脱离政府指导，而是在自主管理的基础上，协助政府管理基层社会事务。总之，在发挥居委会作用上，沈阳市东陵区泉源街道实行的“五权下放”[2]，即决策权、放财权、拒绝权、协管权和监督权，为我们提供了范例。

（三）从中间组织角度看

中间组织是居民和政府之间的桥梁，主要包括市场性中间组织和服务性中间组织两类。市场性的中间组织，即营利性组织，主要由市场进行资源配置，采取自负盈亏的方式，有偿为居民提供服务，如物业管理公司；而服务性的中间组织，即非营利性的组织，由居民或政府提供支持，主要向社区的弱势群体提供救助和保障，如养老院。二者在减轻政府负担，将资源的优化配置权归于市场，为居民提供全面服务，满足人们日益增长的物质文化需求等方面具有重要意义。具体地说，第一，从市场性中间组织看，政府应该将资源配置的权利交还给市场，通过政府招标，将一些经济任务交由营利性组织完成，政府只是起指导作用。市场性中间组织要为居民提供各项专业的服务（如中介服务以及物业管理服务）并反映居民客观需要，体现居民真实意愿。第二，从服务性中间组织看，要通过服务性组织，对市场的失灵进行弥补，使资源配置更加合理，力求缩小居民间差距，维持社会和谐。第三，从二者结合的角度看，要依据具体情况将二者恰当地结合起来。大连市沙河区中山公园街道的“居家养老院”，就是很好的典范。

三、结语

综上所述,政府、居民委员会(居民)、中间组织在中国城市社区建设中具有重要地位。处理好这三者之间的关系,则是城市社区建设的关键。在城市社区建设过程中,三者扮演着不同角色:政府是指导和后盾,居民委员会(居民)是主导,而中间组织是补充,是连接政府与居民的桥梁。三者缺一不可,相互影响,相互渗透,共同成为城市社区建设的要素,共同促进完善着中国城区社区建设。

参考文献:

[1] 张民巍．社区制度的培育与规则的形成——从几个案例考察城市社区权力的形成方式．北京联合大学学报(人文社会科学版),2004

[2] 刘君德．中国的城市社区自治怎么走——上海潍坊街道社区委员会民主建设实践的启示．杭州师范学院学报(社会科学版),2001

加强我国农村养老机构建设的对策探讨

姜彦国

(重庆师范大学,重庆,400047)

随着经济改革和社会转型的不断发展,以及工业化、城镇化的不断推进,我国农村养老机构所面临的问题也越来越多。2000 年第五次人口普查显示:中国 65 岁以上人口已达 8811 万,占总人口的 6.96%。8811 万老龄人口中,农村为 5938 万,占老龄总人口的 67.4%。[1]根据 2002～2005 年《中国人口统计年鉴》,2001～2004 年我国农村人口中 65 岁以上老人所占比重每年以 4%的速度增长,农村老龄化问题更为突出,并且老龄化正在加速发展。但目前我国农村的养老保险机构很不完善,农村社会养老保险水平呈下降趋势,因而大力加强农村养老保险机构建设是目前亟待解决的问题。

一、我国农村养老服务机构的现状分析

截至 2009 年底,我国人口总数已达到 13.35 亿,其中农村人口为 7.13 亿,占总数的 53.40%。[2]据民政部门统计,我国目前农村失能和半失能的老年人已超过 20%,农村空巢和类空巢家庭已达到 48.9%。因此,我国农村老龄人口基数大,农村高龄、半失能、失能老年人口快速增加,传统养老功能的不断弱化,对社会化养老服务的需求日益攀升。事实表明,养老机构在农村扮演着越来越重要的角色,对解决广大农民"老有所养"问题,促进社会和谐可持续发展、农村养老服务均等化以及社会主义新农村建设也具有举足轻重的作用。

我国农村人口老龄化的加速发展,为老年服务业的发展创造了美好的前景,但由于农村资源匮乏导致供不应求的情况,暴露出我国农村老年服务业发展中存在的问题:

(一)我国农村养老服务机构数量匮乏

据估计,目前中国每 9 人中就有 1 位老人,到 2050 年每 3～4 人中就将有 1 位老人,然而养老机构与设施严重匮乏。截至 2005 年底,各地建有各级各类养老服务机构近 39546 家,床位 149.7 万张,收养老人 1102895 名,仅就床位数来讲,刚刚超过老年人总数的 1%,较之于国际社会通行的 5%～7%的比率相差甚远。[3]长期以来,在城乡二元结构体制下,各级政府财政对农村养老服务机构的投入与城市相比是微乎其微的,难以满足农村养老服务的需求。这主要体现在以下几方面:

第一,目前中国农村地区的养老服务机构中,政府主办的养老机构仍然占大多数,社会参与还很不足。目前北京市养老机构有 65%是由政府主办的,社会办养老机构占 35%。其中很大一部分原因是社会办养老机构缺少国家和地方政府的支持,或是政策不

能落到实处，在与政府主办的养老机构的竞争中处于劣势。[4]

第二，由于制度建设和安排的障碍，社会资本难以有效地进入农村养老服务机构，未能形成政府与社会组织、私人部门共同提供农村养老服务机构的良好合作。政府是农村养老服务供给的单一性、主导性主体，导致效率低下，应对市场变化能力差，产生"政府失灵"。

（二）我国农村养老服务机构存在供需失衡

按照国家统计局统计，2007 年农村居民平均每人年总收入为 5791 元，但平均每人的年总支出竟达到 5137 元，其中家庭经营费用支出是 1432 元，购置生产性固定资产是 147 元，生活消费支出 3223 元。[5]农村地区老年人可支配收入偏低与农村养老服务机构收费标准相对偏高之间的结构性矛盾愈显突出。

据统计，北京、上海等郊区养老院却"吃不饱"，床位空置率高达四成。北京市民政局福利处副处长魏小彪分析，一个重要原因是养老机构布局与群众需求不匹配，供给与需求错位。[6]此外，宋宝玉等人对全国 14 个省区的 50000 位老年人进行的问卷调查显示，有 95％的老年人选择了"共同居住和独自居住居家养老"模式，有 5％的老年人选择了"机构养老"方式。[7]但由于种种原因，我国的机构养老发展比较缓慢，如表 1：

表 1　1989～2010 年养老机构数量、床位数量及收养老人数的变化

年份	1989	1994	1999	2004	2007	2010
机构数(个)	39255	42918	40074	38111	41988	39613
床位数(张)	686289	896949	102297	2543992	2946881	2956000
实收老年人数	447486	642262	715919	1785781	1900123	2298000

资料来源：《中国民政统计年鉴》1990 年、1995 年、2000 年、2005 年、2008 年、2010 年 2 季度

夏峰指出，政府尤其是基层政府公共服务能力不足和公共财政体制不完善是造成农村基本公共服务供求矛盾的主要根源[8]。同时，由于制度建设和安排的障碍，社会资本难以有效地进入农村养老服务机构。造成农村养老服务机构供需失衡的主要原因是农民的需求表达机制和表达渠道缺乏，结果造成政府提供的公共服务与农村养老服务需求不符。同时，当前农村地区农民的组织化程度较低，难以承担利益诉求和权益保障的重任，未能形成农村基本公共服务的有效表达机制。

（三）我国农村养老服务机构总量不足且服务质量欠佳

从社会发展角度来看，在经济发展、社会转型和人口转变等重大社会变革的作用与影响下，中国农村家庭的内涵与外延都产生了质的变化：家庭规模小型化、家庭结构核心化、养老功能弱化。目前，期望入住养老机构的人已占一定比例，尽管我国养老服务机构提供的床位数在逐年增加，但仍然满足不了我国农村老年群体的养老需求。截至 2008 年底，全国共有各类养老机构 3.8 万余个，床位 2.35 万余张，平均计算每千名 65 岁及以上老人约有床位 23 张，与发达国家每千名老人有床位 50～70 张相比差距很大。[9]

众所周知，机构养老服务是涉及福利服务、医疗保健、社会参与等相关领域的全方位养老护理服务，老人对机构养老服务的需求与养老服务机构所提供的硬件设施、技术

含量、服务水准呈现“剪刀差”。我国目前养老服务机构面临的诸多问题，尤其是服务质量问题亟待解决。

(四)我国农村养老服务机构统筹层次低和地区差异大

目前农村地区的养老服务机构大多实行县乡统筹，总体上统筹层次偏低。农村机构养老服务呈现“条块化”和“碎片化”现象，不利于人员的流动和通过组合投资方式降低投资风险，提高收益。此外，由于不同农村地区的自然条件、经济发展、市场条件、收入水平与技术水平、资源状况不同，农村养老服务机构的配置水平与价格水平亦存在一定程度的差距，不利于统筹城乡养老服务和区域养老服务。

二、我国农村养老服务机构的多维分析

(一)我国农村养老服务机构的制度安排分析

老年人口的生活保障问题是一个对每个社会成员都会产生深刻影响的社会、经济问题。我国长期以来实行的是家庭养老的模式，但随着工业化和城镇化过程中家庭养老功能的不断弱化以及社会养老观念的变化，原有家庭养老的非制度安排逐渐瓦解，从而产生对社会提供正式制度安排的需要。

罗尔斯认为，社会公平的实现应通过经济利益的调节和补偿、社会差距的缩小，使得生活极其困难的个体以及群体的状态达到最优化，同时确保公平的机会平等。[10]党的十七大明确提出，要扩大公共服务，促进社会公平正义。以公平为基础，构建有中国特色的农村养老服务制度，既是实现公平的前提，又有利于农村养老服务机构良性运行。

(二)我国农村养老服务机构的财政安排分析

从历史上来看，农村养老服务机构的正式安排与政府的作用是分不开的，随着市场机制的逐步完善，政府在农村养老服务体系中的作用是在“政府失灵”现象中体现出来的，这也促使人们重新认识政府与市场的关系以及重新界定政府的职能和事权财权的资源配置模式。

目前我国城乡老年人口人均收入的比例为4.7∶1，高于一般城乡居民收入的比例3.22∶1。城乡1010万贫困老人中，农村有860万，占城乡贫困老年人总数的85%以上。农村老年人贫困发生率约为8.5%，城镇约为2.5%，中西部更突出，农村老年人贫困比例达50.8%。以公平为出发点优化财政制度，缓解老年贫困问题，维护社会和谐与稳定。同时，在农村税费改革后实现农村财政制度创新，解决乡镇政府财政资金缺乏问题，完善财政转移支付制度，确保在政府财力有限的情况下，保证农村养老机构的必要投入，解决农村养老服务机构数量和质量方面的问题。

(三)我国农村养老服务机构的社会安排分析

人口老龄化是世界上大多数国家都面临的共同问题，但是由于中国的人口问题和结构特征使得中国人口的老龄化问题对经济、社会以及对养老服务体系的影响，要比其

他国家严重得多。2005 年 2 月 21 日，中共中央总书记胡锦涛同志在中共中央政治局第二十次集体学习会上提出，构建和谐社会“要适应社会主义市场经济发展和社会结构深刻变化的新情况……要加强对社会结构发展变化的调查研究，深入认识和分析阶层结构、城乡结构、区域结构、人口结构、就业结构、社会组织结构等方面情况的条件下我国社会发展的特点和规律，更好地推进社会建设和管理”。因地制宜、因时制宜地加强我国农村地区养老服务机构建设，有利于优化我国的社会结构，有利于促进社会和谐。

三、加强我国农村养老服务机构建设的对策

当前，农村地区养老服务的供给不足是影响社会主义和谐新农村的重要因素。为能更好地适应我国农村老龄社会的发展，满足农村日益增长的养老服务需求，可以考虑以下举措：

第一，积极推动制度创新。制度经济学理论表明，制度要素是经济增长和社会发展的核心要素，有效的制度建设和安排能有力地推动经济社会协调发展。要改善农村地区养老服务的制度基础，首先就要完善相关的法律法规，逐步实现城乡养老服务均等发展的制度化与法律化。一方面，要建立健全农村地区养老服务的法律法规体系，尽快出台《社会保障法》《农村养老服务机构管理条例》等一系列法规，为农村地区养老服务提供制度性的保障；另一方面，要不断完善农村养老服务的监管机制，以避免农村地区由于信息不对称和农民认识能力的局限造成缺位、错位等现象；此外，还要注意新旧体制的衔接和并轨，逐步建立全国范围内统筹城乡的养老服务机制。

第二，积极完善公共财政体制。近期来看，不断完善公共财政制度，解决不同地区的农村养老服务机构在硬件设施、人员培训等资金投入不均等方面上的问题是当务之急。一是合理界定中央、省市和乡镇政府提供农村养老服务机构的事权和财权，有效保障农村养老服务机构的资金投入；二是完善财政转移支付制度，促进不同区域、城乡养老服务机构供给均等化；三是调整财政支出结构，确保有限的财政投入优先安排到农村养老服务的社会保障，解决农村地区养老服务机构数量不足和质量低下的问题。

第三，积极推进农村养老服务社会化进程。埃莉诺·奥斯特罗姆等人提出以多样化的提供方式取代单一政府提供方式。因此，在农村地区养老服务机构的供给中，要充分发挥各级政府的主导作用，完善农村养老服务机构的制度环境和市场秩序，充分利用市场力量和社会组织，实现供给主体的多元化。当前，尽管政府是农村养老服务机构供给的主导性主体，但政府可以通过合同承包、许可经营等实现供给方式的多样化。总之，通过改革要实现农村养老服务的供给主体多元化、供给方式多样化和资金来源多元化。

第四，积极推动养老服务体系创新。在市场经济社会中，随着我国经济社会的发展和城镇化速度的加快，人口流动对农村养老服务机构的影响会逐渐增大，只有不断完善农村养老服务机构体系，建立全国统一的养老服务市场，打破城乡二元体制对养老服务流动的阻碍，统筹城乡养老服务网络，才能实现养老服务均等化。在此过程中，我们要注重对农村养老服务机构的绩效管理，就要坚持以提供养老服务的结果为导向，提高农村养老服务机构的效率和质量，同时要始终以人为本，坚持绩效管理评估的透明性和公开性，对农村养老服务机构的数量、质量、公平性等方面进行评估。

参考文献：

[1] 中国统计年鉴(2001). 北京:中国统计出版社,2001

[2] 国家统计局．中华人民共和国 2009 年国民经济和社会发展统计公报．2010-02-25

[3] 2009～2010 年中国养老机构市场研究与投资前景咨询报告．中国调研报告网,2009-04-21

[4][6] 葛超．城市与乡镇地区养老机构现状调查与对比分析,http://sp.ruc.edu.cn/index. 2010-01-10

[5] 国家统计局．中华人民共和国 2008 年国民经济和社会发展统计公报．2008:338

[7] 许爱花．社会工作视阈下的机构养老服务. 江淮论坛,2010(1)

[8] 夏峰．从三维视角分析农村基本公共服务现状与问题. 统计研究,2008(4)

[9] 胡泊．中国老年服务业发展分析. 社会科学战线,2010(8)

[10] 约翰·罗尔斯．何怀宏等译. 正义论. 北京:中国社会科学出版社,1998

在统筹城乡发展中扩大农村消费

杜中杰
(重庆理工大学,重庆,400050)

目前我国仍然是一个二元经济结构的国家,城乡差距大,农村消费不足,但需求潜力巨大,拓展空间可观。扩大农村消费,不仅是扩大内需的重要内容,更是全面建设小康社会的必然要求,对于推动中国经济的持续增长,具有全局性、战略性的意义。

一、统筹城乡发展是扩大农村消费的立足点

我国人口众多,地域广阔,市场庞大,内需潜力大是发展的最大优势。我国只有把经济增长建立在国内需求的基础之上,才能更好地抵御外部冲击,牢牢地把握发展的主动权。因此,我们必须把扩大内需作为我国经济发展的立足点和长期战略方针;相应地,应把扩大农村消费作为统筹城乡发展的立足点。

我国 13 亿人口中有 7 亿生活在农村,农村人口占全国总人口一半以上,以及城市居民的人均收入高于农村居民的基本国情,决定了我国内需不足主要是农村消费需求不足,扩大内需的关键在于扩大农村消费。由于城乡二元结构的影响,城乡发展极不平衡,农村消费水平和消费层次远低于城镇。长期以来,我国农村消费规模小,增长缓慢且在城乡居民总消费及 GDP 中的比重不断下降,严重制约了农村居民生活水平的提高,甚至影响到国民经济的长远发展。可见,扩大农村消费不仅是扩大内需的助推器,还是拉动我国国民经济增长的主要动力,更是推动我国未来经济持续增长的积极因素。

今年的中央一号文件指出,要加大统筹城乡发展力度,扩大农村消费,要针对经济发展和农民生产生活需要,适时出台刺激农村消费需求的新办法、新措施。[1]此次扩大农村消费不仅是当前对冲外需下降压力的选择,也是促进经济长期持续发展的必由之路。因此,扩大农村消费一定要立足于统筹城乡发展,跳出就农村考虑农村的局限,不断调整国民收入分配格局,增加农民收入;统筹城乡社会保障制度,完善农村社会保障;构建城乡一体的商贸流通体系,优化农村消费环境;加快城镇化进程,不断带动农村消费。

二、目前制约我国扩大农村消费的主要因素

(一)农村居民收入低,城乡收入差距大

改革开放 30 多年来,农村居民的总体收入水平有了较大幅度的提高,农民人均收入从 1978 年的 134 元增加到 2007 年的 4140 元,增加了 30.9 倍,但从绝对量上看,农村居

民的收入水平还很低,与城镇居民的收入差距也日益扩大。《中国统计年鉴》(2008)显示:2007 年,城镇居民人均可支配收入为 13786 元,农村居民人均纯收入 4140 元,城镇居民收入是农村居民收入的 3.33 倍。近 17 年来,城乡收入差距一直在不断扩大。1990 年城乡收入之比为 2.2∶1;1995 年为 2.71∶1;2000 年为 2.79∶1;2003 年为 3.24∶1;2005 年为 3.22∶1;2007 年为 3.33∶1。[2]城乡之间的收入差距直接决定了消费的差距。

(二)城乡社会保障制度差别大

目前社会保障的覆盖面主要是城镇居民,而农村社会保障相对薄弱。虽然近年来,党和政府不断加大农村社会保障建设的力度,但从总体上看,我国农村社会保障建设依然落后于城镇,城乡保障差别过大。正是由于农村社会保障制度建设的严重滞后,致使农民的养老、医疗等问题长期得不到有效解决,成为制约农村消费的突出问题。农民的收入本来就低,还要将收入的一部分储蓄起来以应对将来的养老、医疗、子女教育等问题,即使收入有所增加也不敢轻易增加消费。这是导致农村消费不足的重要原因之一。

(三)农村商贸流通体系不够健全

当前,农村商贸流通体系不健全,农民买难卖难的问题十分突出,使其成为农村扩大消费的另一个瓶颈。一是农村交通不便利,很多农民购买生产资料、生活资料要跑到县以上的市场去找,增加了外出成本。二是商品信息闭塞,产销之间的联系不够畅通,滞后的流通方式和混乱的流通秩序严重阻碍了农村消费品市场的发展。三是农村产品售后服务体系不健全。一般来说,产品售后服务机构主要集中在地级市或县城,农村产品维修很不方便,制约着相关产品的消费增长。四是市场秩序混乱,缺乏有力的执行机构和正常的监管,导致假冒伪劣商品泛滥,严重损害了农民的利益。据商务部去年对全国1万户农民进行的问卷调查,75%的农民买到过假冒伪劣商品。农民不敢消费,不愿消费,也抑制了农村消费的扩大。[3]

(四)城镇化带动力不足

目前我国城镇建设水平低、规模小,对农村消费带动力不强。首先,开发建设方式落后,城乡结构不协调,规模结构不合理。城镇聚集不足,仍以零星建设为主,综合开发率低,整体环境差。其次,城镇基础设施薄弱,缺乏相应的水、道路和环卫等配套设施。虽然近几年来取得了较快发展,但城镇的基础设施与公共设施建设滞后于当地经济的发展。因此,很多耐用消费品无法发挥应有的功能,严重压缩了电视、冰箱、摩托车、移动电话、洗衣机等耐用消费品在农村的市场需求。

三、立足统筹城乡发展,扩大农村消费的路径选择

(一)构筑农民增收长效机制,让农民有钱可花

(1)建立统筹城乡产业发展机制。遵循"以工促农"、"以城带乡"的方针,以统筹城乡发展为切入点,促进产业集聚和人口集聚,促进农民分工择业,不断深化产业结构调整

与劳动力结构调整。大力提高农民组织化程度,加快推进农业结构战略性调整。同时,培育和扶持一批有实力、有市场、有带动产业作用的农产品龙头企业,鼓励企业立足本地资源提高农产品附加值,延长产业链条,带动农民增收。

(2)建立统筹城乡社会就业机制。逐步建立城乡统一的劳动力市场和平等就业制度,促进农村劳动力转移和充分就业。探索实行新型户籍管理制度,取消户籍上的城乡差别,加快农村居民向城市和社区转移。大力实施"农村劳动力素质培训"工程,广泛开展对农村劳动力的农技、职业、文化和综合素质的培训,推进农村劳动力向二、三产业转移,为农民提供平等的就业机会,形成城乡统一的劳动力就业市场。

(3)建立统筹城乡资源配置机制。继续扩大对农业生产"直补"和社保补贴,提高农民转移性收入。完善土地流转制度,按照依法、自愿、有偿的原则,大力推行土地承包经营权互换、转让、出租和入股等方式,促进土地规模经营,推动农村经济规模化、产业化。健全乡村人才选拔机制,继续实施"一村一名大学生"工程,不断加强大学生"村官"、"三支一扶"大学生、企业管理人才和乡土人才队伍建设带动农村发展,促进农民增收。[4]

(二)建立覆盖城乡的社会保障制度,让农民有钱敢花

(1)进一步完善农村最低生活保障制度。首先,要全面了解掌握贫困家庭的基本情况,分类别、分情况制定出属于保障对象的条件与范围。其次,要科学确定最低生活保障线标准。要考虑到维持农民基本生活的物质需要、农村经济发展水平、物价上涨指数、地方财政等因素。另外,还要注重合理筹措保障资金,应尽快开征社会保障税,适量发行社会保障彩票,建立最低生活保障专项基金。同时,要扩大其他辅助来源,依靠民间力量建立互助基金、扶贫基金等。

(2)全面推广农村新型合作医疗制度。首先,要使医疗保障制度覆盖城乡全体居民,打破身份界限。其次,要逐步缩小城乡医疗保障制度差距。在保证参保居民待遇水平不降低的前提下,先将城镇居民基本医疗保险和新型农村合作医疗制度进行整合,覆盖全体城乡居民,满足城乡居民的需求和权益。

(3)建立新型养老保险制度。一是要加大政府的扶持力度,如提高给付比例、加大对医疗硬件设施的投入等。二是在以大病保障为主的基础上兼顾乡村门诊小额看病。目前在农村因小病没钱治疗而被拖延成大病、重病的现象仍然很多。三是完善监督机制。对医疗保障资金的筹集、使用要加强监督管理,从而确保资金正常规范运行,解决农民后顾之忧,增强农民消费预期,扩大农村消费。

(三)构建城乡一体的商贸流通体系,让农民有钱易花

(1)构建现代化的农村流通体系。以"万村千乡市场工程"、"双百市场工程"、"农超对接"等为契机,统筹城乡发展,构建城乡一体的商贸流通体系方便农民消费。合理规划建设农村市场,构建符合农村市场特点的新型网络体系。支持大中小型超市、便利店等新型流通方式农超对接以及药品、家电等专业连锁店在农村发展,为农民提供质优、安全、放心、价廉的商品和服务。[5]

(2)发展农村现代化流通方式,提高农村流通效率。优化配置农村流通资源,逐步建

立高效、畅通的现代化流通方式。进一步发展农资和农村日用消费品连锁经营、物流配送、电子商务等现代流通方式。发展各类农产品流通合作组织，逐步形成规模大、组织化程度高的农产品流通模式，全面提高农村流通效率，降低农民消费成本。

(3)强化农村市场监督管理，保护农民的消费权益。发挥政府职能，加强对农村市场的监督管理，确立商品市场准入机制，从市场商品源头把好关，严厉打击向农村销售假冒伪劣产品的不法行为，保护农民消费利益。同时，建立并完善社会监督体系，加强电视、广播、报刊网络等媒体的舆论监督，形成浓厚舆论氛围，为农民营造一个诚实守信、公平交易的良好市场环境。

(四)加快城镇化进程，让农民有钱愿花

要发挥好城镇化进程对扩大农村消费的带动作用。首先要搞好城镇的布局和规划，统筹城乡发展，从宏观战略上高度重视城镇化的合理布局，使大中小城市合理分工、协调发展，有效带动周边农村的发展。将先进技术、管理方式、消费理念和行为方式等经济和社会方面的进步因素向较不发达的周边农村地区涓滴，对这些地区的经济和社会发展产生多方面的推动作用，从而发挥城镇化进程对农村消费扩大的辐射效益。同时，各级政府应加大对城镇化的投入力度，统筹城乡基础设施建设，加强城镇交通、能源、供排水、信息、环境保护等方面基础设施建设，推动城市基础设施向农村延伸，不断优化消费环境，为扩大农村消费提供条件。

参考文献：

[1] 关于加大统筹城乡发展力度，进一步夯实农业农村发展基础的若干意见，2009

[2] 严旭阳. 中国农村消费市场发展概论. 北京：人民出版社，2010

[3] 金三林. 立足城乡统筹扩大农村消费. 人民日报，2009

[4] 马晓河. 必须用统筹城乡发展的思路扩大农村消费. 宏观经济管理，2010(22)

[5] 李继红. 当前农村消费现状和对策探析. 科技信息，2010(19)

新形势下研究生自身素质与能力的现状与对策分析
——以马克思主义理论学科研究生为例

袁国贤　张领
（重庆理工大学，重庆，400050）

陈至立强调："要把大力培养拔尖创新人才，增强创新能力作为学位和研究生工作的中心任务，切实抓实抓好。研究生教育必须服从和服务于创新型国家建设，要紧密结合国家发展战略，制定科学的研究生发展规划，进一步调整结构，培养各类高层次高素质人才。"[1]胡锦涛同志提出的科学发展观"第一要义是发展，核心是以人为本，基本要求是全面协调可持续，根本方法是统筹兼顾"。[2]实施科教兴国战略、人才强国战略、可持续发展战略，着力强调创新理念，转变发展方式，把创新放在战略高度，逐渐加大科学技术转化为生产力的力度和深度，这样才能建设成一个创新型国家。研究生必须全面提升自身素质与能力，以适应科技发展和创新的需要。下面以马克思主义理论学科研究生为例，分析探讨研究生的特点、现状以及提升自身素质和能力的对策。

一、研究生的基本特点分析

（一）研究生构成特点

目前的马克思主义理论学科研究生构成大致有以下三个特点。一是多学历，由于国家允许同等学力考生报考研究生，这样就出现了在考生中有专科学历、成人教育本科学历、自学考试本科学历、国民教育本科学历等不同学历层次；二是多专业，有思想政治教育专业、历史学专业、法律专业、社会学专业等相同或相近专业，但也有像汉语言文学、英语等其他文科专业，甚至还有一些理科专业；三是多类型，在研究生新生中有工作过的，年限也有长有短，长的十年八年，短的一年两年、三年四年不等。有应届生刚刚毕业又进入研究生阶段深造，但来源也不一样，有重点大学毕业的、一般大学毕业的、军队院校毕业的，以及独立学院或民办院校毕业的三本学生。

（二）研究方向构成特点

同一个一级学科下有不同的二级学科，同一个二级学科下又有不同的研究方向，而且不同的学校研究方向也不一样。马克思主义理论一级学科下的五个二级学科，不同学校就有许多不同的研究方向。例如，邓小平理论与现代化、社会发展与科技创新、思想政治教育与社会思潮、社会主义经济与法制建设、思想政治教育、中外政治思想比较、当代世界经济与政治、马克思主义法学、马克思主义理论教育、中国马克思主义发展研究、思想政治教育理论与方法研究、现代伦理与比较、思想道德教育研究、社会主义现代化与人的发展研究、马克思主义哲学与当代社会思潮,很难找到有两所方向设置一样的学校。综合起来,研究方向的构成一般呈现出两个主要特点:一是体现出导师的研究特长;二是符合社会需求。

(三) 研究生毕业去向构成特点

马克思主义学科研究生就业多元化,一部分学生毕业后参加政府机关组织的公务员考试,被录用进入了政府部门或参照公务员管理的事业单位;一部分学生通过竞争进入高校做教学或管理工作,成为高校教师;有一大部分学生进入中等职业学校或高级中学任教;一部分学生依靠自身学习的特点进入企业做企业管理人员;还有一部分学生毕业后自主创业,等等。

二、研究生现状分析

(一) 对自己所选的专业没有正确认识

"马克思主义是我们立党立国的根本指导思想,是全党全国人民团结奋斗的共同思想基础。马克思主义是科学,是完整、统一的思想理论体系。"[3]由于知识背景及学习爱好不同,一些研究生没能给自己找到合适的研究方向:今天这是热点,头脑一热研究几天,明天热点不热了,研究方向就改了,总是不能给自己准确定位。随着高等教育的改革,我国高校纷纷扩招,研究生教育规模也在逐年扩大,人才相对过剩是研究生就业的一大挑战。研究生毕业人数年均增长30%,如今已打破供求平衡。重庆邮电大学2007年招聘6名辅导员,就有全国上百所高校千余名研究生前来竞聘。

(二)没有正确认识到理想与现实之间的差距

由于不满足于现实,很多人选择了读研究生。在一定时期内,理想和现实总是不在一条直线上,现实有时甚至把理想击得粉碎。我们在追求学问的过程中,怎样把眼光放远,进而处理好理想与现实的关系问题成了一大挑战。由于很多学生本科阶段学的是其他专业,现在学习了马克思主义,这就出现了本科阶段的学习与现在不衔接。有的学科之间差距较近,本科学习已经有所涉及,补起课来相对容易些。有的学科相距甚远,比如本科时学的计算机专业、英语专业、机械制造专业等,怎样来补马克思主义本科阶段的课程是一大挑战。

三、新形势下提升研究生自身素质与能力的对策分析

(一)用发展的办法解决前进中的问题

针对马克思主义学科研究生的特点以及面对的严峻形势与挑战,可以用发展的办法来解决。唯物辩证法认为,物质是运动的物质,运动是物质的根本属性,而向前的、上

升的、进步的运动即是发展。“而发展最本质的含义则是指新事物的产生和旧事物的灭亡,发展的观点,更多的是指一种不断前进和壮大的向着新的方向运动的过程。”[4]

人的发展,是在对立、转化、统一的相互作用过程中,优化人自身的素质结构及与相关事物之间关系的要素与结构,提高适应环境、认识事物、变革事物、驾驭事物、创造事物与创造和谐关系的智能,升华人生的价值与精神境界。每个人的发展,都是以他人和过去的社会发展为基础,以为他人和未来的社会发展创造与提供了多少有利的条件这一客观实际为标志。发展是硬道理,只有发展才能解决前进中的一切问题。作为研究生,我们也许是以同等学历的身份获得了读研的资格,或者是跨专业的学生,或者没有工作经验,或者我们的就业面对空前的挑战等等,这些都不是问题,只要我们按照科学发展观的要求,抓住了发展,我们的问题都能够解决。“社会生产力和经济文化的发展水平是逐步提高、永无止境的历史过程;人的全面发展程度也是逐步提高、永无止境的历史过程。”[5]因此,我们要抓住适合发展的每个机会,促进自身的全面发展。

(二)坚持以人为本,做到全面协调可持续发展

以人为本作为发展和人才培养的最高价值取向,就是要尊重人、理解人、关心人,把不断满足人的全面需求、促进人的全面发展作为发展的根本出发点和落脚点。因而,研究生的培养计划必须以社会发展需要为前提,坚持以人为本的原则。一方面要创造宽松和谐的学术氛围,全面提高人的综合素质,巩固基础理论知识,挖掘发展潜能,拓宽专业知识面,增强理论功底,尊重和促进研究生的个性发展,认识到研究生学习的规律性及逻辑性,把学习作为其重点来抓,切实提高学习能力,同时注重创新能力培养。在学习中要客观认知知识体系的结构及逻辑性,要扩大知识面,把握知识的要点。[6]另一方面,我们的学习成果要能够服务社会,服务人民,始终体现最广大人民群众的根本利益。总之,对于研究生学习能力的培养也需要用科学发展观来指导,坚持以人的发展为最高价值标准,使研究生学习有热情,有动力,有兴趣。统筹各方面要素,促进研究生个性发展,也切实提高研究生学习能力的提高,做到全面、协调、可持续发展。只有落实科学发展观,才能积极促进研究生教育全面协调可持续发展,将科学的发展观应用于学习实践中并积极指导学习实践,切实促进研究生全面协调可持续发展。

(三)做到统筹兼顾,全面提高研究生的素质与能力

作为研究生要具备四个方面的素质和三个方面的能力。具体来说主要是身心素质、思想政治素质、业务素质和文化素质及创新性思维能力、组织管理能力和人际交往能力。

首先,要有健康的身心素质,这是研究生全面发展的基础。显然,先要有健康的身体作保证,身体不健康就什么事也做不了。这就要求我们平时注重身体锻炼,这是我们做一切事情的本钱。同时做到身体健康与心理健康的统筹兼顾,一个人若是心理不健康,他的能力越大也许对社会的危害就越大,就更不用提贡献了。有这样一种说法,一个人若是心理不健康,做出的事会有以下几种情况:损人利己、损人不利己、利己不损人、不利己也不损人。以上无论哪一种情况,都不符合科学发展观以人为本的要求,都没有做到

体现最广大人民的根本利益。

其次，要有坚定的思想政治素质，这是研究生全面发展的前提。要有坚定的社会主义方向，要有社会主义必定战胜资本主义的理想信念。要有诚信、宽容、奉献的思想，要有关心人、帮助人、体贴人的情怀。要有团队精神、合作意识。一个人要做好事，首先要做好人。人们常说，小胜靠智、大胜靠德就是这个道理。

再次，要有良好的业务素质，这是研究生全面发展的关键。研究生重在研究，没有业务素质也就没有了研究的可能。培养良好的业务素质，要靠我们平时刻苦的积累，做到有事业心、有毅力，并且能够刻苦钻研。要成为一名合格的研究生，还要做到独立自主、探究创新、分清是非、控制自己、注重吸收、力求系统。

最后，要有较高的文化素质，这是研究生全面发展的保证。一个人做事要有坚定的思想政治素质，要有良好的业务素质，而文化素质正是思想政治素质和业务素质的载体。要提高文化素质，就要多涉猎一些领域，做到知识来源广泛。既要认真学习当代文化的最新成果，又要注重对传统优秀文化的借鉴和吸收；既要学习我国的优秀文化，又要学习世界各国的文化成果。

参考文献：

[1] 陈至立. 以科学发展观统领学位和研究生教育工作. 学位与研究生教育，2006 (2)

[2] 科学发展观重要论述摘编. 中央文献出版社，2008. 6

[3] 王顺生. 关于设立马克思主义一级学科的几点思考. 思想理论教育导刊，2005 (7)

[4] 梁素铭. 马克思主义哲学原理教程. 沈阳：辽宁人民出版社，2006

[5] 罗国杰. 马克思主义思想政治教育理论基础. 北京：高等教育出版社，2002

[6] 闫冬. 新时期加强研究生思想政治教育工作的思考. 经营管理者，2010(2)

"重庆模式"及其对马克思主义中国化的发展

万山雄
(西南政法大学,重庆,400031)

一、"重庆模式"的内涵

(一)"重庆模式"的兴起

2008年全球金融危机以来,世界各国特别是欧美各国经济一片萧条。中国经济也受到了很大的冲击。而在应对这场世界金融危机中,处在中国长江上游的重庆交出了一份靓丽的答卷。重庆市2008年经济增长率是15.3%,2009年是14.9%,2010年1～6月份是17.6%,重庆市的经济发展在全球金融危机背景中表现得特别抢眼。不仅如此,重庆市近两年打黑唱红、廉租房建设和户籍改革在全国都影响深远。于是,海内外媒体开始高度关注重庆。去年,香港《亚洲周刊》整版发表一组专题报导,提出金融危机下"重庆模式创中国经济反攻新路径"的新观点,引起中共中央的高度重视。中新社、《参考消息》、新华网等重量级媒体以及各主要网站相继转载,央视新闻联播节目大篇幅报导"重庆模式"。随后,内地的《瞭望新东方》、《南方周末》乃至美国的《新闻周刊》等也以大篇幅介绍"重庆模式"。

现在,有很多人从不同层次上讲"重庆模式"。如有人从所有制结构上,讲重庆模式是国有经济与民营经济共同发展的模式;有人从再生产过程上,讲重庆模式是内需为主的模式;有人从加工贸易类型上,讲重庆模式是"一头在内、一头在外"(大量零部件在本地生产,主要市场在海外)的内陆开放型模式;有人从住房建设的类型上,讲重庆模式是保障性住房与商品房双管齐下发展的模式。这些讲的都是狭义的"重庆模式"。

本文讨论的是广义的"重庆模式",特指2007年底中共中央政治局委员薄熙来主政重庆后,重庆市委、市政府施行的一系列新政,从而形成的一套经济、政治、文化与社会发展的方式和途径。这是一个很有成效的科学发展的模式,一个中国特色社会主义的具体模式。

(二)关于"重庆模式"内涵的讨论

在众多谈及重庆模式的观点中,我比较倾向香港《亚洲周刊》记者纪硕鸣的看法,下面先将他的观点做一个介绍,然后讲我的理解。纪硕鸣用一串数字来概括和归纳"重庆模式"的内涵,即"123456"[1]:

"1"是指重庆经济持续发展。在全球经济疲软背景下,重庆经济已连续多年保持了高速增长。特别是在 2008 年全球性金融危机面前，重庆经济保持了 15.3%的高速增长，交出了一份远远超过全国平均水平的成绩单，2009 年为 14.9%，2010 年 1～6 月份为 17.6%。

“2”是指重庆在发展过程中抓住了“二老”，即老同志和老百姓。老同志承载历史，代表传统，是共产党的根；老百姓则是共产党的本，抓住了这两点，就抓住了共产党执政的根本——为人民服务。

“3”是指重庆在努力贯彻落实胡锦涛总书记给重庆所作出的“314”总体部署。

“4”是指重庆正在大力做的“红色文化”的唱、读、讲、传四篇文章。唱、读、讲、传是指唱红歌、读经典、讲故事、传箴言。

“5”是指重庆市委、市政府所确定的“五个重庆”建设目标。“五个重庆”即宜居重庆、畅通重庆、森林重庆、平安重庆和健康重庆。

“6”是指“重庆模式”集中体现了六大转变：一是由单一的经济改革向社会综合改革转变，这是全方位的，集政治、社会、文化、经济四位一体；二是由过去单纯追求 GDP 增长向关注民生转变，这回答了中国改革开放发展经济究竟是为什么的问题；三是由过去坐等老百姓上门上访向现在主动走下去解决问题转变，这主要指的是重庆目前正在开展的“大下访”和“结穷亲”活动；四是由对经济效益的追求向回归共产党价值观转变。五是由靠领导个人魅力、随机性地罚点球，向制度建设转变。六是由过去单一追求物质生活改善向追求全新的社会价值观转变。重庆“唱红打黑”，就反映了当政者希望在这个丢弃社会价值的时代，通过重拾红色记忆，进而倡导一种全新的社会价值。

“重庆模式”集中体现了中国共产党正在全国推行的科学发展观，或者说是“重庆版”的科学发展观，其核心价值主要体现在以下三个方面：首先，“重庆模式”最明显的特征就是以“统筹”为指导。其次，“重庆模式”以民生为宗旨。再次，“重庆模式”倡导不断创造社会新价值。“五个重庆”建设，“唱红打黑”，“大下访”和“结穷亲”，以及“民生十条”，目的是让老百姓在物质富裕的同时，也能做到精神富裕，这是和谐社会在重庆的具体实践。

如果说，毛泽东时代追求的主要是“红色”的政治价值，改革开放初期主要追求的是“金色”的经济价值的话，那么，“重庆模式”则追求的是一种“本色”的人的价值。

（三）我对重庆模式的理解

我认为重庆模式从宏观上讲，不外乎是以社会建设为线索，以经济建设为核心，以精神文明建设为依托，以民生建设为重心，以提高人民幸福指数为落脚点的社会全面建设。

“重庆模式”最大的特点在于其社会建设，这体现在无论是“五个重庆”建设，还是廉租房，以及唱红打黑，或者是“大下访”、“结穷亲”、“三进三同”，都是围绕着一个中心线索展开，这个线索就是社会全面建设。重庆市党政领导对于社会建设所做的统筹和部署是非常有力度的。

重庆的经济建设就更不用说了。2008 年下半年，全国正在抗击金融危机时，重庆已经率先走出危机。也正是在这个时候，重庆引进了相当一批世界一流企业落户重庆，如富士康、惠普等等，还有很多金融企业也纷纷落户重庆。重庆经济发展速度这几年都位居全国前五。

重庆的精神文明建设在全国更是影响深远。重庆的打黑非常巧妙地把政治建设和精神文明建设结合在一起,而且这两个建设的合体即打黑行动的力度是彻底和空前的。

重庆的民生建设更是举世瞩目。"五个重庆"件件直指民生建设。宜居重庆、畅通重庆、森林重庆、平安重庆和健康重庆,没有哪一个不是与老百姓的生活息息相关的。廉租房,更是把老百姓的冷暖直接放在重庆市委市政府的心窝里。还有重庆市的"三进三同"、"结穷亲",都有着很强的民生建设辐射和导向作用。

重庆通过其规划的民生幸福指数——五个重庆、10 件民生大事,力图彻底改变城乡差距、贫富悬殊的局面。薄熙来说:"城市居民的幸福指数并不简单取决于人均 GDP 或人均收入。一个城市在人均 GDP 和 GDP 总量比较低的情况下,完全可能有更高的居民幸福指数。"[2]

二、"重庆模式"与马克思主义中国化

(一)马克思主义中国化的回顾

中国共产党人把马克思主义基本原理同中国具体实际相结合,不断丰富和发展马克思主义。迄今为止,马克思主义中国化经历了两大历史阶段,产生了两次飞跃,形成了两大理论成果:

其一,以毛泽东为代表的中国共产党人,运用马克思主义立场观点方法,深刻分析中国社会的经济状况和阶级关系,科学把握中国社会基本性质,努力探索中国革命的规律和特点,创造性地回答了在半封建半殖民地的中国"进行什么样的革命,怎样进行革命"的问题,成功地取得中国革命的胜利,建立了新中国。在马克思主义中国化的第一个历史阶段,产生了马克思主义中国化的第一次伟大飞跃,形成了马克思主义中国化第一个理论成果——毛泽东思想。

其二,社会主义制度建立以后,中国共产党三代中央领导集体带领全党全国人民积极探索社会主义建设的正确道路,在实践中回答了"建设什么样的社会主义,怎样建设社会主义"的问题,奠定了社会主义现代化建设的物质基础、制度基础和理论基础,成功地开创了中国特色社会主义伟大事业,走上了中国特色社会主义的正确道路,形成了中国特色社会主义理论体系。

在新时期,我们党紧紧围绕改革开放和社会主义现代化建设的实际,以巨大的政治勇气和理论勇气,开辟了中国特色社会主义伟大事业,不断推进实践基础上的理论创新,创造性地回答"什么是马克思主义,怎样坚持马克思主义"、"什么是社会主义,怎样建设社会主义"、"建设什么样的党,怎样建设党"和"实现什么样的发展,怎样发展"的问题,从而形成了包括邓小平理论、"三个代表"重要思想和科学发展观在内的中国特色社会主义理论体系,形成了马克思主义中国化的第二个理论成果。

(二)"重庆模式"对马克思主义中国化的发展

"重庆模式"在坚持马克思主义的基本原理和继承马克思主义中国化的优秀成果的

基础上，明确提出五个重庆建设，指明了社会建设的主要内容。重庆市相继推出了唱红打黑、民生十条、大下访、三进三同等一系列社会建设方法。另外，重庆市通过较好的城乡统筹和行业统筹，找出了一条科学的社会建设路径。可以说，“重庆模式”在贯彻科学发展观的前提下，深入分析了在当前我国社会发展的背景下，开拓出“什么是社会建设，怎样进行社会建设”这样一个当前中国迫切要面对和解决的重大理论和实践问题。

“重庆模式”体现着马克思主义中国化理论的新境界：

一是“重庆模式”提高了社会建设的价值取向新水平。“重庆模式”打破了传统社会建设单一追求经济效益以及忽视社会整体精神追求和个人精气神的初级水平状态。“重庆模式”始终把每一个人的精神、人格、品位和整个社会的精神、品格紧密地联系在一起。“重庆模式”涤荡了陈旧的社会建设价值范式，而代之以崭新的社会建设价值取向。所以，“重庆模式”有了新的社会建设价值新水平。

二是“重庆模式”明确了社会建设的新内容。“重庆模式”明确提出“五个重庆”建设，清晰地布置“民生十条”。重庆在衣食住行等方面相配套的措施很细致，落实也很到位。这些都体现了重庆在社会建设的内容方面有全新的部署和规划。基于此，“重庆模式”的社会建设内容是区别于以前的社会建设的，它有着全新的内涵。

三是“重庆模式”拓展了社会建设的新方法。“重庆模式”综合运用了各种方法，采取全面建设的框架，特别是在统筹城乡、统筹各个行业、统筹物质和精神方面，都是在吸取各种精华因素的基础上做的。重庆的“五个统筹”和“六大转变”充分体现了“重庆模式”的社会建设方法是崭新的。

参考文献：

[1] 杨帆，张向东. 香港媒体观察家谈“重庆模式”：重庆版的科学发展观. 重庆日报，2010-9-26

[2] 苏伟. 再论“薄熙来新政与重庆模式”——苏伟教授与西欧共产党宣传和媒体负责人联合考察团访谈录. 重庆日报，2010-8-2

重庆统筹城乡发展中的制度屏障及其破解

——基于户籍制度改革的途径研究

刘 倩
(西南大学,重庆,400715)

统筹城乡发展是党的十六大以来关于构建和谐社会的重大课题,党的十七届三中全会通过的《中共中央关于推进农村改革发展若干重大问题的决定》也明确提出"推进户籍制度改革,基本建立城乡经济社会发展一体化体制"的目标。国家一系列的决议决策,为重庆"全国统筹城乡发展综合配套改革实验区"的完善与发展提供了强有力的支持和保障,其政策的有效破解尤其是户籍制度的改革,对于实现城乡统筹发展目标具有关键性作用。

一、城乡统筹发展与户籍制度改革的关系及定位分析

重庆市城乡统筹发展是户籍制度改革的运行环境,户籍制度改革是重庆市实现城乡统筹发展的核心因素;两者相互影响、相互促进、相互制约,共处于对立统一关系之中。

(一)城乡统筹发展是户籍制度改革的目标

户籍制度与住宅制度、教育制度、就业制度、劳动保护制度、婚姻制度等多种具体的社会制度相结合,形成了割裂中国农村和城市的制度壁垒,造成了农村和城市间的不平等,并严重阻碍了城市化进程和城乡统筹发展。因此,在户籍制度改革的过程中,真正建立并完善城乡经济社会发展一体化机制体制和农村社会管理体系,使在城镇稳定就业和居住的农民有序转变为城镇居民,从根本上解决"三农"问题和消除城乡二元经济结构,从而实现城乡统筹发展,是户籍制度改革的最终目标。

(二)户籍制度改革是城乡统筹发展的重要决定因素和实现路径

户籍制度作为统筹城乡发展的根本制度障碍,对于依附在其上的劳动就业与社会保障制度、土地管理与使用制度、公共服务供给体制与机制、基层行政管理机制等具有一定的制约作用。因此,通过户籍制度改革剥离依附于户籍制度的各项制度,从而剥离依附于户籍中的经济功能与政治功能,使户籍制度归位,是城乡统筹发展的重要决定因素和实现路径,对于重庆实现城乡统筹发展目标具有关键性作用。[1]

二、重庆市城乡统筹发展中户籍制度改革带来的制度屏障和路径选择

(一)重庆城乡统筹发展中户籍制度改革的制度屏障调研与系统分析

重庆城乡统筹发展中户籍制度改革的制度屏障,主要包括基于户籍制度的劳动就业与社会保障制度、土地管理与使用制度、公共服务供给制度、行政管理制度等制度障碍。

第一,劳动就业和社会保障制度问题突出,城乡居民差距日益扩大。劳动就业和社会保障制度不仅是制约统筹城乡发展的制度性因素,也是影响户籍制度改革的重要因素。在我国现阶段,劳动就业和社会保障制度主要以户籍为界,失地农民和长期定居于城市中的农民工缺乏医疗保障、养老保障、工伤保障、失业保障和子女教育保障,从而造成城乡居民差距的日益扩大,成为户籍制度改革的主要制度屏障之一。

第二,土地管理、使用制度尚欠完善,形成城乡利益尴尬困境。重庆市首创以“地票”为形式进行土地流转使用的“农村土地交易所”,为统筹配置城乡和区域土地资源的交易提供了一个有效的平台,对于突破现有的土地征用制度困境意义重大。然而,由于缺乏有效的模式可供参考,“农村土地交易所”缺乏健全的机制,使土地的管理和使用陷入了利益纠纷的境地。

第三,公共服务建设投入资金不足,严重制约户籍制度改革。由于公共服务建设投入资金不足,导致信息网络建设严重滞后,统计数据可信度差,一些地区的数据不实、弄虚作假问题突出,从而造成户籍制度改革管理和决策上的失误;同时,由于基本技术手段缺乏,使中央对地方的监督、调控严重滞后,从而阻碍户籍制度改革的深入发展。

第四,行政管理制度滞后,阻碍户籍制度改革的有效开展。行政管理制度滞后主要表现在纵横两个方面:从纵向方面来看,户籍系统管理机制主要设在县级以上城市,而在广大的乡镇上建立起的相应户籍管理机制随意性大,缺乏科学化、系统化的管理,从而导致各种问题层出不穷;从横向方面来看,虽然全国的户籍制度体系较为统一,但由于部分地区科学技术落后,因而其户籍制度管理体系的科学化程度不够,从而阻碍户籍制度改革的有效开展。

(二)重庆统筹城乡发展框架下,基于户籍制度改革的各项制度创新及改革方案选择

我国传统行政化的户籍管理制度导致利益群体的不正当竞争,是城乡二元经济结构难以消除的根本障碍。打破城乡分割对立的二元社会经济结构,需要与之相关的制度创新及改革方案的配套实施。

1. 基于户籍制度改革的劳动就业与社会保障制度创新及改革方案选择

在户籍制度改革中,根据“以居住地划分城镇人口和农村人口”和“以职业划分农业人口和非农业人口”两个标准科学划分农业人口和非农业人口,使户口登记如实反映公民的居住和身份状况,改革户口二元化结构,实现城乡户口一体化登记和管理,这就为政府的各种宏观决策提供准确的人口信息,从而彻底改变户口二元结构。[2]一方面,使农

村的剩余劳动力逐步转移到城市，形成城乡统一的劳动力市场，为劳动就业创造条件；另一方面，促进耕地的规模经营，推动农村经济的迅速发展，从而为城乡统一的社会保障制度提供制度基础。

2. 基于户籍制度改革中“地票”交易管理改革方案选择

在统筹城乡发展过程中，土地制度的改革和完善要推进“地票”交易的科学化管理。一方面要完善“地票”交易的法律规定，按照法定章程合理使用“地票”的使用权；另一方面是督促政府坚持公开公正的挂拍原则，使“地票”持有者与其他开发企业进行公平竞争，充分实现待开发土地的最大效益。充分发挥农村土地交易所对于“地票”交易的“把关人”作用，实现农村建设用地的空间流动和资产化，破解原有的制度性障碍。

3. 基于户籍制度改革的公共服务供给体制与机制创新及改革方案选择

公共服务供给体制与机制创新，主要是指公共财政、农村金融制度方面的创新。其主要包括三个方面的内容：首先，统一城乡公共财务制度以充分发挥社会保障基金的作用，实行统一管理、统一分配，避免各级政府及任何机构对社会保障基金的影响和干预；其次，建立城乡均等化的公共服务保障体制以促进“三农”投入的稳定增长，打破户籍壁垒体系的束缚，确实增加农民收入；最后，创新投、融资体制为城乡统筹发展广辟财源，努力增加扩大就业的资金投入，用于统一劳动力市场建设、开展免费就业培训等方面，从而为推进其他各项制度创新与改革发挥积极作用。

4. 基于户籍制度改革的基层行政管理机制创新及改革方案选择

基于行政体制与管理机制的基层行政管理机制创新，主要包括两个方面的内容：一方面，试点撤乡镇政府、建乡公所或改镇政府为街道办事处，从而精简行政管理层级，加强基层行政管理组织功能，并推进“稳县弱乡强村”改革；另一方面，强化村社集体组织经济功能，依托村社集体建立社区，使社区真正成为管理和指导经济、社会发展的组织载体，从而为实现统筹城乡发展提供组织保障。

三、重庆市城乡统筹发展与户籍制度改革综合配套的方案设计与保障措施

（一）重庆市城乡统筹发展与户籍制度改革综合配套的方案设计

在城乡统筹发展过程中，基于户籍制度改革之上，需要进行一系列的综合配套方案设计，其主要涉及经济、社会、人民生活等各个层面。一是彻底破除二元化的户籍制度模式，破除城乡二元化结构，促进城乡经济共同发展以深入推进户籍制度改革的顺利进行；二是建立并完善城乡共享公共资源及社会保障制度，使农村人口享有与城市居民同等的社会公共服务资源，为巩固户籍制度成效提供社会物质基础保障；三是确保城乡居民公平享有各项优惠政策，进一步缩小城乡居民收入差距，促使农村居民生活水平显著提高。

（二）重庆市城乡统筹发展与户籍制度改革综合配套的保障措施

探索户籍制度这一根本性制度障碍的改革途径，还需一系列的保障措施加以补充和保障，以确保户籍制度改革的顺利进行。

1. 组织保障

在组织保障方面,加强各地方政府、党委、基层组织和组织机构对户籍制度体系的完善程度,统一农村人口与非农村人口的划分标准,从而形成全国统一的户籍制度登记和管理体系;同时,由于户籍制度改革进程是一种动态的发展过程,其随着社会的发展而发展,因此,建立起覆盖各地方、各区县、各乡镇的动态户籍查询系统,是确保户籍制度改革深入开展的又一组织保障。

2. 技术保障

当今社会是科学技术快速发展的社会,尤其是计算机的应用和网络技术的运用使得户籍管理现代化成为现实,以先进的计算机技术手段代替过去落后的手工操作,不仅提高了户籍管理的质量和水平,而且避免了手工管理难以避免的差错和办理户口中违法行为的发生,因而在一定意义上促进了户政队伍的廉政化建设。但是,部分地区由于经济、技术条件落后而无法实现户籍的现代化管理,因此,加强对经济、技术落后地区的经济扶持,为其提供技术保障,既是推进户籍制度改革的保障条件,也是实现城乡统筹发展的必然要求。

3. 法制保障

给予户籍制度改革以各类立法支持,既是完善法律体系的根本要求,也是依法行政的前提和基础。主要包括两个方面的内容:一方面,随着我国社会经济的快速增长,人财物大量流动,恢复转移自由已成为社会、时代发展的必然要求,因此,在《宪法》中重新确立公民有"居住和迁徙自由"权利,是最大程度上保障公民身份、地位平等并享受同等待遇的重要保障;另一方面,由于我国现在沿用的《户口登记条例》出台于计划经济时代,其与当前社会主义市场经济条件下的实际国情不相符合,不能适应社会、时代发展和依法治国的客观需要。因此,有效借鉴国外户籍制度的相关经验,并结合实际国情,制定一部具有中国特色的《户籍法》,这既是进一步推动户籍法规制度建设的必要条件,也是实现城乡统筹发展的客观需要。

参考文献:

[1] 蒋华东.统筹城乡发展的理论与方法.成都:西南财经大学出版社,2006.16~18

[2] 游 钧.2005年:中国就业报告——统筹城乡就业.北京:中国劳动社会保障出版社,2005.151

“唱读讲传”:我国社会主义核心价值体系建设的有益探索

赵 静
(西南大学,重庆,400715)

建设社会主义核心价值体系是我国社会转型过程中文化建设的核心所在,是推动中国特色社会主义事业的基础工程和灵魂工程,这需要组织广大人民群众积极参与。2008年,重庆市应建设社会主义核心价值体系之号召,为“传播主流价值、丰富群众文化、培育城市精神、提升市民素养”,迅速掀起“唱红歌、读经典、讲故事、传箴言”的活动热潮。这一“唱读讲传”活动深受民众喜欢,影响甚大,成效明显,无疑是我国社会主义核心价值体系建设的一次有益探索,具有重大而深远的意义。

一、“唱读讲传”活动与社会主义核心价值体系建设的内在关联

(一)“唱读讲传”活动阐释了社会主义核心价值体系的基本内容

社会主义核心价值体系的基本内容是马克思主义指导思想,中国特色社会主义共同理想,以爱国主义为核心的民族精神和以改革创新为核心的时代精神以及社会主义荣辱观。[1]“唱读讲传”活动以民众喜闻乐见的方式使民众了解历史、认识世界、热爱祖国,深入浅出地阐释了社会主义核心价值体系的基本内容。“唱红歌”真实、生动、感人地反映了中国共产党领导中国人民波澜壮阔的革命、建设和改革历程,诠释了马克思主义指导思想的科学性与实践性。“读经典”有利于群众学习领悟经典之丰富哲理,养成志存高远的精神品质。“讲故事”在于宣扬优秀的传统文化和正确的价值取向,帮助人们养成良好的精神风貌。“传箴言”潜移默化地引导人们知荣辱、分善恶、辨是非,从而更好地明志、益德、立品、做人。“唱读讲传”四大活动,四位一体、有机统一,从不同角度关乎人的精神,关乎中国发展,采取群众喜闻乐见的形式大力弘扬爱国主义、集体主义、社会主义等伟大思想。

(二)“唱读讲传”活动符合社会主义核心价值体系的价值取向

社会主义核心价值体系是由适应新的时代和社会发展所要求的,符合发展着人民群众利益的价值观整合而成的,是社会主义意识形态的本质体现,对社会思想、文化思潮起着主导和引领的作用。因此,只有符合人民群众全面自由发展需求、符合中国科学发展需求、符合人类社会长远发展需求的价值观才是社会主义核心价值体系的取向所在。“唱读讲传”以经典的形式、丰富的内容宣扬主流价值,增进人们对核心价值体系的

认同,引导人们形成正确的价值观,符合社会主义核心价值体系的价值取向。

(三)"唱读讲传"活动践行了社会主义核心价值体系贴近群众的内在要求

马克思主义历史唯物史观和中国实践经验告诉我们,必须尊重和保障人民群众的主体性地位。社会主义核心价值体系的建设也必须贴近人民群众,依靠人民群众,充分发挥人民群众的主观能动性。贴近群众、依靠群众就应该将社会主义核心价值体系传递到人民群众中去,使群众认知它,然后使之转化为人民的自觉追求,最后充分发挥群众的力量传承宣扬。"唱读讲传"活动面向人民大众,走进学校、机关、社区、军营、企业,发动群众主动唱红歌,主动讲故事,自觉读经典,自发传箴言,是贴近群众的集中表现。"唱读讲传"活动正是密切贴近群众,积极调动群众,深得群众喜欢,才能有效地将社会主义核心价值体系深入到人民群众认识世界和改造世界的活动中去,发挥社会主义核心价值体系的价值导向作用。

(四)"唱读讲传"活动体现了社会主义核心价值体系贵在践行的精神品质

科学的理论总是从实践中高度抽象而来,然后又回到实践中去,发挥理论指导作用。作为科学理论的社会主义核心价值体系既是抽象的又是具体的,既是理论的又是实践的。实践性这一本质属性决定了社会主义核心价值体系具有贵在践行的精神品质。社会主义核心价值体系贵在践行,贵在如何把社会主义核心价值体系的要求,实实在在地转化为全社会不同群体的共同意识和每个人的自觉意识。[2]作为社会主义核心价值体系建设的有效途径和形式,"唱读讲传"活动抓队伍,抓内容,抓典型,求创新,求保障,有效地把理论深入到群众中去,把工作落到实处,这恰恰反映了社会主义核心价值体系贵在践行的精神品质。

二、"唱读讲传"活动推进社会主义核心价值体系建设的作用表现

(一)以有效的载体提升社会主义核心价值体系建设的效果

社会主义核心价值体系重在建设,而建设又必须依托一定的载体才能落到实处,实现建设目标。这些载体主要包括政府、学校、媒体、制度、群体性的创建活动。[3]社会主义核心价值体系建设的效果受载体有效性的影响,而载体的有效性取决于其本身"健康"与否以及运行是否有效率。"唱读讲传"活动由重庆市市委书记薄熙来亲自倡导,从重庆市到各区县乃至各乡镇,《实施意见》精神都受到高度重视和认真贯彻,其中政府起到了有效的主导作用。江泽民同志说:"正确的世界观、人生观、价值观的确立,民族优良传统的发扬,共同理想和精神支柱的形成和巩固,科学文化水平的提高,都离不开教育工作。"[4]学校是社会主义核心价值体系建设的重要载体。2010 年,由重庆市主办的"中国红·青春中国心——走进大学"大型电视活动走进 100 所高校,深受师生喜欢。互联网、手机等传媒载体亦在传播主流价值、经典文化中发挥了显著作用。而群体性的创建活动则在社会主义核心价值体系建设中发挥了最大作用,如火如荼的群体性创建活动将社会主义核心价值体系的要求深入人心,明显提升了社会主义

核心价值体系的建设效果。

（二）以广博的知识丰富了社会主义核心价值体系建设的内容

社会主义核心价值体系具有高度抽象性和理论性，要从理论形态转化为民众的自觉追求，就必须具体化成利于人们认知的知识形态。而这些具体化的知识形态又反过来丰富了社会主义核心价值体系的内容，使社会主义核心价值体系日趋饱满。目前，"唱读讲传"活动呈现出"内容具体化、对象群众化、形式生动化、推进常态化"的特点。[5]"唱读讲传"活动所宣扬的知识跨越古今，传通中外，皆是文化精华，传世之作。薄熙来书记在《读点经典》的序言中称，所选作品是"多种维生素"，强调思想资源的丰富性，优秀文化之魅力尽在广博的知识中得到充分展现。社会主义核心价值体系在"唱读讲传"中被人们从不同角度，赋予各种内涵，通过多样形式加以诠释，其内容不刻板，不抽象，而且具体化和更丰富了。

（三）以生动的形式激发民众参与社会主义核心价值体系建设的积极性

"唱读讲传"，寓教于乐，寓理于情，变单调刻板为生动活泼，变说教为渗透，变灌输为感召，变封闭为开放，是社会主义核心价值体系建设生动有效的表现形式。"唱"是人们表达思想感情、交流思想信息最为生动的方式，"唱红歌"是真情的流露；"读"是人们学习知识的有效方式，"读经典"是灵魂的洗礼；"讲"，声情并茂，情理交融，最能深入人心，"讲故事"是人格的升华；"传"，利用现代媒体群发优势，扩大信息的覆盖面，主动顺应时代潮流，"传箴言"是心灵的交流。"唱读讲传"生动形象地展现社会主义核心价值体系蕴涵的真、善、美，展现社会主义核心价值体系的人文关怀和道义力量，易让观众形成情感共鸣，激发民众参与社会主义核心价值体系建设的积极性。

（四）以显著的效果创造了社会主义核心价值体系建设的榜样效应

"唱读讲传"在全民中展开，风靡巴蜀大地。中国当红网称其"外塑城市形象，内聚'精气神'，是一项了不起的全民塑魂工程！"重庆市求精中学教师岳思向重庆市 6 中学发放 1200 份调查问卷，回收问卷显示："唱读讲传"活动对中学生在精神价值方面的积极影响甚大。李长春在重庆调研时指出："重庆的实践证明，'唱读讲传'活动能够推动理论学习，促进思想政治教育，拓展精神文明创建活动，净化社会文化环境，对此中宣部要总结经验，在全国推广。"[6]重庆市"唱读讲传"活动在推进社会主义核心价值体系建设方面的效果显著，将迎来又一轮文化大繁荣，同时也为全国其他省市深入推进社会主义核心价值体系提供榜样与示范作应。

三、"唱读讲传"活动对我国社会主义核心价值体系建设的启示

（一）要用科学发展观切实指导社会主义核心价值体系的建设

社会主义核心价值体系的建设实质是一个精神文明发展的过程。发展要实现理想目标，必须在科学发展观指导下进行。科学发展观，第一要义是发展，核心是以人为本，

基本要求是全面协调可持续，根本方法是统筹兼顾。重庆市"唱读讲传"充分显示了科学发展观的指导作用：在全民中开展，从人民的利益和需求出发，坚持以人为本；有计划，有组织，有制度，从市区主城到区县乡镇，全面统筹；四大活动，四位一体，有机协调，保障有力，持续开展。我国其他省市建设社会主义核心价值体系也必须深刻领悟科学发展观之内涵，切实使用科学发展观指导建设，从人民利益出发，全局规划，切勿大搞形式主义，费财费力却毫无发展。

（二）要结合地方特色创新社会主义核心价值体系建设

重庆在我国抗日战争和解放战争中居于重要位置，红色文化厚重，曾被誉为"红色城市"。直辖以来，重庆经济突飞猛进，但文化建设相对滞后。而处在经济转型期，价值多元、信仰缺失、心态浮躁，社会主流价值观受到严重挑战。"唱读讲传"活动推进社会主义核心价值体系建设既顺应了重庆发展势头，又结合了重庆地方特色，既是官方意图，又是民间诉求。推进社会主义核心价值体系建设必须遵循地方经济文化社会发展规律，结合地方的特色开展活动，方能取得理想效果。必须把握好社会主义核心价值体系建设的共性要求和本地区的地方个性特点，进行社会主义核心价值体系的建设，不可盲目跟风，盲从借鉴。

（三）要重视传统文化推进社会主义核心价值体系建设

中国传统文化是中华文明演化而汇集成的一种反映民族特质和风貌的民族文化，是具有鲜明民族特色、历史悠久、内涵博大精深、传统优良的文化。[7]重庆市"唱读讲传"活动成功运用传统文化进行社会主义核心价值体系建设。推进社会主义核心价值体系要重视和运用传统文化这一民族基础。须把握好传统文化的内涵精髓，将传统文化的典型精神理念如"和"精神、爱国主义精神、民族精神、自强不息的奋斗精神、传统文化中的荣辱观与社会主义核心价值体系所要求的爱国精神、时代精神、创新精神相结合，建立有效结合机制，实现中国传统文化与社会主义核心价值体系双重宣传目标。

参考文献：

[1] 中共中央关于构建社会主义和谐社会若干重大问题的决定.北京：人民出版社，2006.22

[2] 叶小文.社会主义核心价值体系贵在践行.湖北省社会主义学院学报，2010(04)

[3] 褚添有.社会主义核心价值体系建设载体有效性问题研究.学校党建与思想政治教育，2010(16)

[4] 江泽民.江泽民文选(第2卷).北京：人民出版社，2006.331

[5] 何事忠.深入开展"唱读讲传".扎实推进社会主义核心价值体系建设.光明日报，2009-12-1

[6] 李长春.深入学习实践科学发展观推动文化大发展大繁荣.求是，2008(22)

[7] 杨豹.中国传统文化：社会主义核心价值体系的民族基础.理论导刊，2010(03)

公共政策制定中的利益博弈分析

赵　宇
（重庆市委党校 重庆，400041）

当前，我国已进入改革发展的关键阶段，经济体制转轨正在进行，社会转型正在进行，传统利益格局也正在打破，新的利益格局正在建立。日益复杂且逐渐细分的利益关系给现代政府的政策制定带来了极大的挑战。由于政策制定过程中牵扯到多方的利益关系，使得利益均衡的过程变得更加复杂。基于马克思主义利益矛盾理论，笔者通过博弈的方式对政策制定过程中所涉及的各利益要素和利益要素的关系进行分析，以期形成一个可行的政策分析模式，以提高我国政策制定中的科学性与公平性。

一、对马克思利益思想的解析与启示

《马克思主义哲学全书》中认为，利益在本质上属于社会关系范畴，利益是"社会化的需要，是人通过一定的社会关系表现出来的需要。社会主体维持自身的生存和发展，只有通过对社会劳动产品的占有和享有才能实现，社会主体与社会劳动产品的这种对立统一关系就是利益"。这段论述对我们解决利益矛盾问题有以下三个启示：

第一，利益是主体需要和客体满足的关系，因此我们应该从矛盾双方的需求入手，来寻求双方利益的一致性。在马克思的利益理论中，利益既具有矛盾性，也具有协调性，是两者的辩证统一。马克思、恩格斯通过"共同利益"这一概念，系统阐述了利益协调性特点。"共同利益恰恰只存在于双方、多方以及存在于各方的独立之中，共同利益就是自私利益的交换。"[1]因此，通过矛盾双方的相互妥协，寻求共同利益是解决利益矛盾的最佳方式和最终取向。

第二，社会主体维持自身的生存和发展的需要，决定了利益底线是影响利益矛盾的一个重要因素。利益底线指人们在社会、经济生活中，谈判双方讨价还价时心里可以承受或能够认可阈值的下限或某项活动进行前设定的期望目标的最低目标和基本要求。根据是否触及利益底线的划分标准，利益矛盾可以分为可解决的利益矛盾和不可解决的利益矛盾。当利益矛盾已经触及一方的利益底线，如果另外一方没有采取妥协性的策略，则双方谈判破裂，利益矛盾则无法解决。因此，始终不要触及利益底线，是解决利益矛盾的前提条件。

第三，利益是通过社会关系表现出来的，因此要受到社会规范和社会规则的约束。在人类社会的发展中，利益关系总是表现为个人之间有差异的利益动机的各种特定结合方式。于是，利益关系表现为一个发展过程，在这个过程中，个人之间的利益关系逐渐展开，在这一发展的每个阶段上，都会形成一种特定的体制，使得特定的利益关系得以稳定[2]。所以，利益矛盾要通过建立一整套的利益协调机制来进行解决。利益协调机制一方面要符合社会的基本规范和基本原则，推动利益矛盾的协调，实现从利益底线向利益共识的飞跃；另一方面，利益协调机制要维护机制的公平与公正，惩罚触及利益底线的行为，维系利益矛盾解决的可能性。因此，要建立合理的利益协调机制，这是解决利益矛盾的必由路径。

综上所述，共同利益、价值底线、合理的规则是解决利益矛盾的关键要素，也是本文构建利益博弈模型的基本要素。此外，现实社会是一个充满矛盾的社会，无论是经济、政治还是文化领域，都存在着利益矛盾。而且，不同领域之间的利益矛盾还会经常交织在一起。马克思在利益问题上并不否认利益矛盾的存在，但他在利益问题上并不是仅仅消极地承认利益矛盾的存在，而是积极地探求利益协调的途径，把追求利益和谐作为利益问题的理想旨归。追求利益和谐不仅为我们解决利益矛盾提供了价值导向，也为我国和谐社会的建设提供了理论支撑。

二、公共政策制定过程中利益博弈模型

公共政策作为政府管理各项事务的一个手段，一方面是对利益进行的权威性的分配，另一方面也为利益分配制定相应的规则。公共政策在调节各方利益时，是一个动态的、旨在追求利益均衡的过程，因此建立公共政策制定过程中的利益博弈模型有助于政府更好地制定政策。利益博弈模型（如图 1）主要是涉及两个或两个以上参与者的理性选择间相互影响的问题，并不解决如何作出决策的问题，而是解释理性的人如何在竞争状态下作出决策[3]。在利益博弈模型中，政策的制定以现行政策为基础，主张阶段性地推进政策的变化，通过妥协和协商化解矛盾，谋求组织体系的稳定发展[4]。托马斯·戴伊认为博弈模型是理性决策者陷于相互依赖的选择当中。“博弈的参与者”必须调整自己的行为，不仅要反映自己的愿望和能力，而且还要反映对其他人行为的期望[5]。这一模型包含以下几个方面的要素：

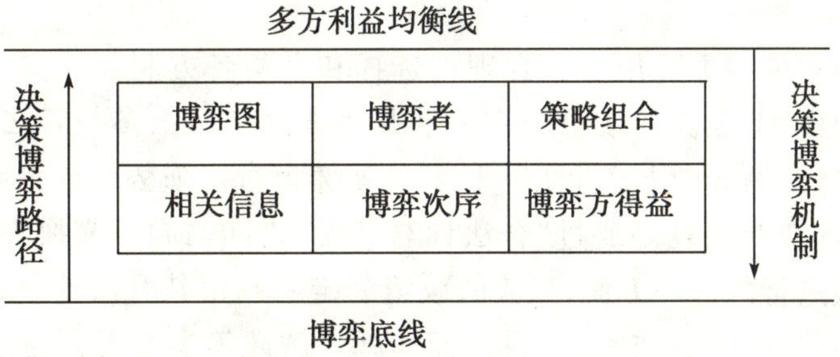

多方利益均衡线

决策博弈路径

博弈图	博弈者	策略组合
相关信息	博弈次序	博弈方得益

决策博弈机制

博弈底线

图 1 公共政策制定中的利益博弈模型

第一，利益博弈模型是以整合理性为基础的。公共政策的制定主体往往是由政府主导的，其他政策主体参与政策制定的过程。因为社会的日趋复杂性，在政策制定中，政策制定者想要拥有一个明确的政策结构和掌握所有信息是不太现实的，而且政策制定者也参与到各方利益博弈中。在此模型中，各方的利益诉求都是其自身的理性诉求，而这些各方的理性诉求往往是相互联系、互为利害的，因此很难存在单个的最优解或纳什均衡。在各方利益发生冲突后，政策制定者往往是用自己的有限理性来整合各方的理

性诉求的过程，以形成一个各方都可以接受的政策，最终政策的结果往往取决于各利益团体的博弈选择。

第二，政策的目标和底线。戴维·伊斯顿认为公共政策是对全社会价值进行权威性的分配，各方参与公共政策是为了从中获得利益，因此利益博弈模型应当包括两条线：博弈底线和利益均衡底线。博弈底线是政策形成的起点和基本条件，包括两个部分：一个是公共利益的底线，另一个是博弈参与者的底线。作为一个公共政策，所解决的问题必然触及公共利益底线和博弈参与人的底线。在利益博弈模型中，公共利益总体来说是静态的，涉及大多数人的基本利益；而博弈参与者的底线是动态的，而且各博弈参与者的底线之间是相互影响的。利益均衡线是政策的目标和终点，是政策得以实施的前提和政策得以延续的基础。利益均衡状态是一个理想中的状态，是纳什均衡中的一种，是各参与人最优选择的集合体。但因为各参与人之间是相互影响的，而且是出于一种竞争状态，因此很难实现政策结果与利益均衡线的重合，政策结果往往是在利益均衡线与博弈底线之间波动。

第三，利益博弈模型的基本要素还包括博弈的参与者、博弈的信息、博弈的次序、博弈方的得益以及策略组合。博弈的参与者是指参与博弈的直接当事人，他是博弈的决策主体和策略制定者；博弈的信息是指博弈参与者掌握的信息及信息的准确性；博弈的次序是指博弈参与者做出选择的顺序；博弈方的得益是博弈参与者采取策略后所得到的相应收益；策略组合是指博弈参与者可以选择的全部行为组合[6]。

利益博弈模型的规则和路径。所谓博弈规则是指在博弈之中双方或多方应该共同遵守的准则，如果博弈的参与者不了解规则或意图挑战规则，那么除非他有足够的能力创造出一种为各方所接受的规则，否则挑战者就将为自己的冒险行为付出代价[7]。政策博弈的路径是实现利益博弈从价值底线到价值共识的飞跃的途径，力求通过建立合作式博弈的方式来达成利益均衡，并对破坏政策底线和合作规则的人予以惩罚。政策利益的博弈路径选择还有赖于在博弈过程中发现关键性问题，并制定机制或原则加以解决。

第五，利益博弈模型主要用于整合理性选择和平衡各方利益。在公共政策的利益博弈模型中主要是一个强势的政策制定者和几个非强势政策参与者之间的博弈，这主要是在新兴治理理论的基础上产生的一种利益博弈模型。强势的政策制定者与非强势政策参与者之间的博弈往往是通过“合法性与利益”之间的利益交换方式以及“妥协与合作”的合作方式进行的。一方面，强势的政策制定者利用其合法性制定规则以维护公共利益和获得非强势政策参与者的支持，而非强势的政策参与者则通过出让自己的治理权力来换取表达自身利益的渠道和机会，从而容易产生“寻租”机会；另一方面，由于政府本身也在寻求自身利益，因此多方博弈的结果往往是通过相互让步的方式达成共识。

第六，利益博弈模型的决策过程。第一，发现并确定问题属性，确定问题中的价值取向，即在维护公共利益的基础的前提下不打破各参与主体的参与底线。第二，是要确定目标，即形成一个多方都能接受的政策。第三，利益诉求过程，即涉及相关问题的各利益主体表达其利益诉求的过程。第四，利益博弈过程，即政策制定主体通过已掌握的信息来分析各政策参与主体的自身诉求和相互关系，从中找出关键问题。第五，通过对问题的分析，拟定各种方案。第六，通过理性选择，选择方案并予以实施，协调好短期利益与长期利益的关系，对政策外部效应予以特定补偿。

三、公共政策制定的博弈原则

从公共政策制定的过程来看，政策制定过程也是利益各方为争取自身利益和公共利益而相互博弈的过程。因此，在制定公共政策时应遵循以下几个原则：

首先，公共政策的制定以现实政策环境为准绳。公共政策的制定不是一个孤立的过程，一方面过去制定的公共政策所形成的政策环境是现时政策制定者所要面对的，否则会导致牵一发而动全身的政策效果，影响政策的稳定性与公信力；另一方面，公共政策具有现实取向，是针对现实中存在的问题而提出的，如果不能有效地解决所针对的问题就会导致政策失败。因此，在制定公共政策的过程中，要以现实的政策环境为基准，以解决现实问题为导向，同时还要注意政策的稳定性和持久性。

其次，利益均衡点的确定，既要维护公共利益也不能触及利益各方的博弈底线。政策制定者在制定政策的过程中要充分考虑到各方的利益，因此利益均衡点的选择对于政策能否解决问题具有十分重要的作用。首先，公共政策的公共取向决定了其首先要维护公共利益。政策制定者在制定政策时会以最小的成本来追求最大的利益，其成本与收益的平衡点在于所制定的政策要符合生产力和经济社会的发展。其次，公共政策的制定要兼顾利益各方的博弈底线。利益各方的博弈底线是利益各方参与政策的最低承受力，因此维护利益各方的博弈底线是彰显公共政策公平性和合法性的必要条件。但是在政策制定中，由于受到相关因素的限制，往往会存在利益受损的一方，因此及时合理地给予其一定的补偿，可以在一定程度上稳定社会秩序，确保政策的顺利实施。

最后，公共政策的制定要寻求规则理性。公共政策不是孤立存在的，许多政策效应的叠加会形成政策体系，政策体系如同制度一样在一定时期内具有很强的约束性和导向性。如果政策体系本身存在问题，就如同游戏规则存在漏洞，会引导政策所涉及的利益博弈方产生“强强联合”、“搭便车”和“逆向选择”等行为，最终导致“马太效应”、“公共地悲剧”和“投机者”现象的产生，政策效果将会大打折扣。因此，在制定政策的过程中要追求规则理性，既要完善已有的政策体系，建立公平与公正的博弈原则，也要打击破坏公平与公正的博弈原则的行为，维护博弈原则的公信力和约束力，引导利益各方共同构建异质有序、和谐共存的社会。

四、构建利益博弈模型的意义

利益博弈模型作为政策制定过程中的一种政策工具，通过博弈的方式对事件中涉及的各利益要素和利益要素的关系进行分析，对提高我国公共政策的公平性和科学性具有一定的意义。与此同时，利益博弈模型还存在着一些问题。首先，对博弈参与者的利益关系分析得太多的话，容易忽视政策模型本身的价值导向，陷入到“价值悖论”之中；其次，此政策模型所使用的博弈利益分析方法需要大量而又准确的信息作为支撑，对于一些当机立断的限时性问题不适用；最后，由于此模型是以整合理性为基础的，所以需要相关利益主体的参与，如果没有形成合理的博弈平台，很难产生良好的公共政策效果。虽然政策制定过程中利益博弈模型还存在着诸多不足和一定的局限性，但毫无疑问，此模型的探索给今后的政策制定提供了一些有益的探讨。

参考文献：

[1] 马克思，恩格斯. 马克思恩格斯选集(第1卷). 北京：人民出版社，1972. 109
[2] 史理. 马克思利益理论及其当代价值. 湖北第二师范学院学报，2008(6)
[3] 张金马. 公共政策分析：概念·过程·方法. 北京：人民出版社，2004. 120～125
[4] 朴贞子，李洪霞. 政策制定模型及逻辑框架分析. 中国行政管理，2009(6)
[5] 托马斯·戴伊. 理解公共政策. 北京：北京大学出版社，2008. 29
[6] 王佃利，曹现强. 公共政策导论. 北京：中国人民大学出版社，2005. 271～275
[7] 陈东. 谈博弈规则在国际关系中的应用. 国际关系学院学报，2007(3

图书在版编目(CIP)数据
马克思主义与中国问题研究/黄蓉生主编. —重庆：西南师范大学出版社，2011.3
(含弘论丛)
ISBN 978-7-5621-5177-7

Ⅰ. ①马… Ⅱ. ①黄… Ⅲ. ①马克思主义—发展—研究—中国 Ⅳ. ①D61

中国版本图书馆 CIP 数据核字(2011)第 028396 号

西南大学研究生含弘论丛
总主编 黄蓉生
副主编 徐晓黎 李 明 崔延强

马克思主义与中国问题研究
本册主编 黄蓉生

责任编辑：张浩宇 钟小族
书籍设计：CASTALY 尚品视觉 周 娟 刘 玲
出版发行：西南师范大学出版社
(重庆·北碚 邮编：400715)
网 址：www.xscbs.com
印 刷：重庆华林天美印务有限公司
开 本：787mm×1092mm 1/16
印 张：14.75
字 数：378 千字
版 次：2011 年 4 月第 1 版
印 次：2011 年 4 月第 1 次印刷
书 号：ISBN 978-7-5621-5177-7

定 价：28.00 元

后记

为贯彻、落实“中共中央关于繁荣发展哲学社会科学的意见”的精神，促进重庆市马克思主义理论研究与建设事业的发展，进一步加强和改进研究生的培养机制，提高研究生培养质量，构建研究生素质培养的拓展平台。西南大学、重庆大学、西南政法大学、重庆师范大学、重庆邮电大学、重庆交通大学、重庆理工大学、重庆市委党校等八家单位，决定共同主办、轮流承办“重庆市研究生马克思主义论坛”，作为重庆市相关专业研究生研究交流马克思主义理论的学术平台。

2010年11月27日，第一届重庆市研究生马克思主义论坛在西南大学图书馆学术报告厅隆重召开。本届论坛于2010年4月24日、9月24日发出两次征文通知，共收到大会征文151篇。论坛秘书处组织专家评选出参会论文137篇、获奖论文116篇(获一等奖论文12篇，获二等奖论文17篇，获三等奖论文23篇，获优秀奖论文64篇)。通过《重庆市研究生马克思主义论丛》编委会组织专家的审读、筛选，《重庆市研究生马克思主义论丛》第1辑收录本届论坛的优秀论文共49篇。这些论文大体上反映出了重庆市相关学科专业研究生的培养质量和水平。他们围绕“马克思主义与中国问题”这个本届论坛会议的主题，进行了广泛的思考和积极的探索，具有较强的理论探索性和实践操作性，对于推动马克思主义相关学科的建设和发展具有积极意义。

“重庆市研究生马克思主义论坛”的设立，对促进重庆市马克思主义研究和建设事业的繁荣发展，对推动重庆市高校研究生培养机制的改革，均具有非常重要的现实意义。该《论丛》第1辑由西南大学党委书记、博士生导师黄蓉生教授主编。在编辑和出版过程中得到了本次论坛主办单位的大力支持；西南大学党委研究生工作部和西南大学马克思主义学院做了积极的工作；倪志安教授、李国安教授、周琪副教授承担了论文的审读工作；西南师范大学出版社为《论丛》的顺利出版做了大量工作，在此一并表示衷心感谢！

《重庆市研究生马克思主义论丛》编委会

2010年12月27日